Get the Hang of it
3000 Redewendungen in fünf Sprachen

# Get the Hang of it

3000 Redewendungen
in fünf Sprachen

Englisch, Deutsch, Französisch,
Spanisch, Italienisch

Mit deutschem Register

Anaconda

Titel der Originalausgabe: *The Panton Book of Idioms for Polyglots*

Überarbeitete Lizenzausgabe mit freundlicher Genehmigung.
Das Register wurde von Kai Kilian, Düsseldorf, erstellt.

Alle Lexikoneinträge folgen dem Schema:
Englisch
Deutsch
Französisch
Spanisch
Italienisch

Die Deutsche Nationalbibliothek verzeichnet diese Publikation in der Deutschen Nationalbibliografie; detaillierte bibliografische Daten sind im Internet unter http://dnb.d-nb.de abrufbar.


Umschlaggestaltung: dyadesign, Düsseldorf, www.dya.de,
unter Verwendung einer Illustration aus dem Innenteil
Satz und Layout: paquémedia, Ebergötzen
Printed in Czech Republic 2010
ISBN 978-3-86647-452-9
www.anacondaverlag.de
info@anaconda-verlag.de

# A

## A.B.C.

**He doesn't know the A.B.C. of good manners.**
Er kennt das Einmaleins des guten Benehmens nicht.
Il ne connaît pas l'A.B.C. des bonnes manières.
No tiene ni idea de buenos modales.
Non conosce l'A.B.C. dell'educazione.

## ABACK

**To be taken aback.**
Bestürzt (verblüfft, überrascht) sein.
Etre pris au dépourvu - Etre décontenancé.
Ser cogido por sorpresa.
Essere colto di sorpresa (alla sprovvista) - Essere sconcertato.

## ABIDE

**I cannot abide his rudeness.**
Ich kann seine Unverschämtheit (Grobheit, Frechheit) nicht ertragen.
Je ne peux supporter son impolitesse.
No puedo aguantar - soportar su mala educación.
Non posso sopportare la sua scortesia.

**A good citizen abides by the law.**
Ein guter Bürger befolgt das Gesetz.
Un bon citoyen respecte les lois.
Un buen ciudadano respeta las leyes.
Il buon cittadino rispetta le leggi.

## ABOUT

**To be out and about.**
Wieder auf den Beinen sein.
Recouvrer la santé - Etre rétabli.
Recobrar la salud.
Essere ristabilito.

## ABSENCE

**Absence of mind.**
Geistesabwesenheit - Zerstreutheit.
Distraction.
Distracción.
Distrazione.

## ABSENT

**Absent minded.**
Geistesabwesend - zerstreut.
Distrait.
Distraído.
Distratto.

## ABSTAINER

**A total abstainer.**
Ein völliger Abstinenzler - ein totaler Abstinenzler.
Une personne tout à fait sobre.
Una persona abstemia.
Una persona assolutamente astemia.

## ACCIDENT

**By accident.**
Zufällig.
Par inadvertance - Par hasard.
Por casualidad.
Per sbaglio - Per caso.

**A chapter of accidents.**
Eine Serie (Reihe) von Unglücksfällen.
Une série d'ennuis.
Una serie de apuros.
Una serie di guai.

**I opened the letter by accident.**
Ich öffnete den Brief versehentlich.
J'ai ouvert cette lettre par inadvertance.
Abrí la carta por casualidad.
Ho aperto la lettera senza intenzione (per caso).

## ACCORD

**Of one's own accord.**
Aus eigenem Antrieb – freiwillig.
Spontanément.
Espontáneamente.
Spontaneamente.

## ACCORDING

**According to them.**
Gemäß ihnen – nach ihnen.
Selon eux.
Según ellos.
Secondo loro.

## ACCOUNT

**To give a good account of oneself.**
Sich bewähren.
Se distinguer – Donner une bonne impression de soi.
Lucirse.
Farsi onore.

**People of no account.**
Menschen ohne Bedeutung.
Personnes qui ne sont pas dignes d'intérêt.
Gentuza.
Gente di poco conto.

## ACCOUNTING

**There is no accounting for tastes.**
Geschmäcker sind verschieden.
Chacun son goût – Tous les goûts sont dans la nature.
Sobre gustos no hay nada escrito.
Non tutti i gusti sono uguali.

## ACCOUNTS

**By all accounts.**
Nach allem, was man hört.
Selon l'avis général – Selon ce qu'en dit tout le monde.
Por lo que dicen todos.
A quanto dicono tutti.

**That accounts for her strange behaviour.**
Das erklärt ihr sonderbares Benehmen.
Voilà qui explique son étrange conduite.
Eso/ésto explica el comportamiento tan extraño.
Ciò spiega la sua strana condotta.

## ACCUSE

**He who excuses himself accuses himself.**
Wer sich entschuldigt, klagt sich an.
Qui s'excuse s'accuse.
Quien se excusa, se acusa.
Chi si scusa, si accusa.

## ACROSS

**To come across.**
Zufällig treffen (begegnen).
Rencontrer par hasard - Tomber sur ...
Tropezarse con ... - Darse de bruces con ...
Imbattersi in - Incontrare per caso ...

## ACT

**Caught in the act.**
Auf frischer Tat ertappt - dabei erwischt.
Pris sur le fait.
Ser pillado - cogido con las manos en la masa - cogido en flagrante.
Colto sul fatto (con le mani nel sacco).

## ACTION

**To bring an action against someone.**
Jemanden verklagen.
Intenter un procès contre quelqu'un.
Demandar a alguien.
Intentare una causa a qualcuno.

## ADAM

**I don't know him from Adam.**
Ich kenne ihn überhaupt (absolut) nicht - Ich habe nicht die entfernteste (geringste) Idee, woher er sein könnte.

Je ne le connais ni d'Eve, ni d'Adam.
No tengo ni la más remota - lejana idea de quien sea.
Non ho la più pallida idea di chi sia.

## ADD

**To add insult to injury.**
Das Unrecht vergrößern - Wer den Schaden hat, braucht für den Spott nicht zu sorgen.
Aggraver l'offense - Aggraver son cas.
Añadir al insulto la injuria.
Oltre al danno, la beffa.

## ADMISSION

**Free admission.**
Eintritt frei.
Entrée libre.
Entrada libre.
Ingresso libero.

## ADMITTANCE

**No admittance.**
Zutritt verboten.
Entrée interdite.
Entrada prohibida.
È vietato l'ingresso.

## ADO

**Much ado about nothing.**
Viel Lärm um nichts.
Beaucoup de bruit pour rien.
Mucho ruido y pocas nueces.
Molto rumore per nulla.

**Without more ado.**
Ohne weitere Umstände.
Sans autres difficultés.
Sin otras dificultades.
Senza ulteriori difficoltà.

## ADVANCE

**To pay in advance.**
Im Voraus zahlen.
Payer d'avance.
Pagar por adelantado.
Pagare in anticipo.

## ADVANTAGE

**May I take advantage of your kindness?**
Darf ich Ihre Freundlichkeit in Anspruch nehmen?
Puis-je abuser de votre gentillesse?
No quisiera/querría abusar/aprovecharme de su amabilidad, pero ...
Posso approfittare della sua cortesia?

## ADVICE

**If you wish good advice, consult an old man.**
Die Ansicht eines Weisen und den Rat eines Greisen soll man nicht von sich weisen.
Pour un conseil écoute l'homme âgé.
Consejo, tómalo del hombre viejo.
Chiedi consiglio a chi è vecchio.

**When a thing is done, advice comes too late.**
Rat nach der Tat kommt zu spät.
A parti pris, point de conseil.
Hecho el hecho, huelga el consejo.
Dopo Il fatto, il consiglio non vale.

## AFFECT

**To affect ignorance.**
Unwissenheit vortäuschen – sich dumm stellen.
Feindre d'ignorer – Faire le niais.
Hacerse el desentendido – el sueco – Hacer oídos sordos.
Fare lo gnorri.

**To affect indifference.**
Gleichgültigkeit vortäuschen.
Feindre l'indifférence.
Fingir indiferencia.
Fingere indifferenza.

## AFFIRMATIVE

**To answer in the affirmative.**
Bejahen – positiv beantworten – zusagen.
Répondre par l'affirmative.
Responder afirmativamente.
Dire di sì – Rispondere affermativamente.

## AFFLUENT

**In affluent circumstances.**
In wohlhabenden Verhältnissen – sehr gut situiert.
Très riche – Cousu d'or.
Muy rico – En una posición muy acomodada.
Molto ricco.

## AFFORD

**I cannot afford ...**
Ich kann es mir nicht leisten zu ...
Je ne peux pas m'offrir le luxe de ...
No puedo permitirme el lujo de ...
Non posso permettermi il lusso di ...

## AFIELD

**I shall not go far afield.**
Ich werde mich nicht weit entfernen.
Je n'irai pas bien loin.
No iré muy lejos.
Non andrò molto lontano.

## AFOOT

**There is some plan afoot.**
Es ist etwas im Anzug (im Kommen) – Es ist etwas im Gange.
Il y a anguille sous roche.
Aquí hay gato encerrado.
C'è qualcosa che bolle in pentola.

## AFTER

**After the French fashion.**
Nach (gemäß) der französischen Mode.

A la française.
A la francesa.
Alla francese.

## AGAIN

**Again and again.**
Immer wieder - wiederholt.
Encore et encore.
Una y otra vez.
Ripetutamente.

## AGAINST

**Against the grain.**
Gegen den Strich.
A contrecoeur.
A regañadientes.
A malincuore.

**To put money against a rainy day.**
Geld für schlechte Zeiten zurücklegen - Geld für schlechte Zeiten auf die hohe Kante legen.
Prévoir en cas de besoin.
Ahorrar para cuando venga el tiempo de las vacas flacas.
Risparmiare (per i giorni di magra).

## AGE

**To be of age.**
Volljährig sein.
Etre majeur.
Ser mayor de edad.
Essere maggiorenne.

**To be under age.**
Minderjährig sein.
Etre mineur.
Ser menor de edad.
Essere minorenne.

## AGENT

**I am a free agent.**
Ich bin mein eigener Herr.
Je suis libre de ma personne – Je suis libre de faire ce que je veux.
Soy libre de hacer lo que quiera.
Sono libero di fare ciò che voglio.

## AGES

**I haven't seen you for ages.**
Ich habe dich seit einer Ewigkeit nicht gesehen.
Ça fait une éternité que je ne te vois plus.
No te veo de hace un siglo.
È un secolo che non ti vedo.

## AGREE

**I agree to your conditions.**
Ich bin mit Ihren Bedingungen einverstanden.
J'accepte vos conditions.
Acepto sus/tus condiciones.
Accetto le vostre condizioni.

**I agree with you.**
Ich stimme Ihnen zu – Ich bin mit Ihnen einverstanden.
Je suis d'accord avec vous – Je suis de votre avis.
Estoy de acuerdo con Usted.
Sono d'accordo con voi.

**Cheese does not agree with me.**
Käse bekommt mir nicht.
Je ne supporte pas le fromage – Le fromage me fait mal.
El queso me hace daño.
Il formaggio mi fa male – Non sopporto il formaggio.

**Mountain air agrees with me.**
Gebirgsluft bekommt mir gut.
L'air de la montagne me convient.
El aire de la montaña me sienta bien.
L'aria di montagna mi fa bene.

## AGREED

**Agreed!**
Abgemacht! - Einverstanden!
D'accord!
¡Vale! - ¡De acuerdo!
Va bene! - D'accordo!

## AGREEMENT

**By mutual agreement.**
In gegenseitigem Einvernehmen.
D'un commun accord.
De común acuerdo.
Di comune accordo.

## AHEAD

**Go ahead!**
Vorwärts! - Fahrt fort!
Entrez! - Allez-y!
¡Siga Usted por favor!
Vai avanti!

## AIR

**To air one's opinion.**
Seine eigene Meinung kundtun (sagen).
Exprimer son opinion.
Expresar las propias ideas.
Esprimere la propria opinione.

**To air one's grievances.**
Seine Beschwerden vortragen.
Se plaindre.
Lamentarse - Quejarse.
Lamentarsi.

## AIRING

**To take an airing.**
Frische Luft schnappen.
Prendre l'air.
Tomar un poco de aire.
Prendere un po' d'aria.

## AIRS

**To put on airs.**
Sich wichtig machen.
Se donner de grands airs - Prendre des airs.
Darse importancia - Jactarse - Tirarse un farol.
Darsi delle arie.

## ALIKE

**We are alike.**
Wir sind uns ähnlich.
Nous nous ressemblons.
Nos parecemos - Nos damos un aire.
Ci assomigliamo.

## ALIVE

**Look alive!**
Mach schnell! - Schlaf nicht!
Allons, remuez-vous! - Dépêchez-vous!
¡Espabílate! - ¡Despierta!
Svegliati! - Sbrigati.

## ALL

**She is not all there.**
Sie ist nicht ganz da - Sie ist nicht ganz bei Trost.
Il lui manque une case.
Le falta un tornillo - Está un poco chiflada.
Le manca un venerdí.

**Come by all means.**
Kommt unbedingt! - Kommt auf alle Fälle!
Venez sans tarder!
¡Venga como sea! - ¡Venga a toda costa!
Venite di sicuro!

**All day long.**
Den ganzen Tag lang.
Toute la journée - Toute la sainte journée.
Durante todo el día.
Tutto il giorno.

THIS STYLE IS ALL THE RAGE AROUND HERE
BARBER

**All important.**
Von größter Bedeutung (Wichtigkeit).
De première importance.
De mucha importancia.
Di prima importanza.

**On all fours.**
Auf allen vieren.
A quatre pattes.
A cuatro patas – a gatas.
Carponi.

**One and all.**
Einer wie der andere – ohne Ausnahme.
Tous sans exception.
Todos sin excepción.
Tutti senza eccezione.

**To go for good and all.**
Für immer fortgehen.
S'en aller pour toujours.
Irse para siempre.
Andarsene per sempre.

**All at once.**
Auf einmal – plötzlich.
Tout à coup.
De repente/De buenas a primeras.
Tutto ad un tratto.

**She is not at all kind.**
Sie ist überhaupt nicht freundlich.
Elle n'a pas un brin de gentillesse.
No es nada amable.
Non è per niente gentile.

**All the better.**
Umso besser.
Tant mieux!
¡Mucho mejor!
Tanto meglio.

**All the rage.** **16**
Der letzte Schrei – die große Mode.

Le dernier cri.
El último grito de la moda.
All'ultimo grido.

**She all but died.**
Sie wäre beinahe gestorben.
Elle était sur le point de mourir.
Estaba a punto de morir.
Era sul punto di morte.

## ALLOW

**To allow for ...**
In Betracht ziehen – berücksichtigen.
Etre indulgent – Tenir compte de ...
Tener en cuenta.
Tener conto di ...

## ALLOWANCE

**To make allowance for ...**
Anrechnen.
Faire preuve d'indulgence envers quelqu'un – Faire preuve d'indulgence pour quelque chose.
Tener en cuenta que ...
Tener conto di qualcuno o qualcosa.

## ALLURING

**Not very alluring.**
Nicht sehr verlockend (verführerisch).
Pas très attrayant.
Poco atractivo.
Poco attraente.

## ALONE

**Let her alone.**
Lass sie allein! – Lass sie in Ruhe!
Laissez-la tranquille!
¡Déjala en paz!
Lasciatela stare!

**Let well alone.**
Lass es gut sein – Lass die Finger davon.
Le mieux est l'ennemi du bien.
El/lo mejor no es siempre lo/el más bueno.
Il meglio è nemico del bene.

**Better alone than in bad company.**
Besser allein als in schlechter Gesellschaft.
Mieux vaut être seul seul qu'en mauvaise compagnie.
Mejor solo que mal acompañado.
Meglio soli che male accompagnati.

## ALONG

**Come along!**
Kommt mit! – Kommt doch schon!
Venez!
¡Vengan!
Venite!

**She is difficult to get along with.**
Es ist schwierig, mit ihr auszukommen.
Il est difficile de s'entendre avec elle.
Es muy difícil llevarse bien con ella.
È difficile andare d'accordo con lei.

**She knew it all along.**
Sie wusste alles von Anfang an.
Elle le savait dès le début.
Lo sabía desde el principio.
Lo sapeva fin da principio.

## ALOOF

**To stand aloof.**
Für sich (allein) bleiben.
Rester à l'écart.
Quedarse a un lado – Mantenerse aparte.
Starsene in disparte.

## ALTERNATIVE

**There is no alternative.**
Es gibt keine Alternative – Es gibt keine andere Möglichkeit.

Il n'y a pas d'autre alternative.
No hay otra opción – alternativa.
Non c'è alternativa.

**In the alternative.**
Für den Fall, dass ...
Dans l'éventualité.
En el caso de que ...
Nell'eventualità che ...

## ALTOGETHER

**He was in the altogether.**
Er war splitternackt.
Il était comme l'avait fait sa mère.
Estaba como Dios lo trajo al mundo – en cueros – en pelotas.
Era come mamma l'ha fatto.

## AMATEUR

**An amateur actor.**
Ein Laienschauspieler – ein Amateurschauspieler.
Un acteur amateur – Un dilettante.
Un actor aficionado.
Un attore dilettante.

## AMENDS

**To make amends for.**
Schadenersatz leisten für ... – es wiedergutmachen.
Réparer une erreur.
Resarcir.
Riparare (ad un errore).

## AMISS

**Do not take my frankness amiss.**
Nehmen Sie mir meine Offenheit nicht übel.
Que ma franchise ne vous vexe pas!
No se tomen a mal mi franqueza – sinceridad.
Non offendetevi per la mia franchezza.

## ANSWER

**To answer back.**
Freche Antworten geben – schlagfertig erwidern.
Riposter à ...
Rebatir.
Rimbeccare – Ribattere.

## APPEAL

**It does not appeal to me.**
Es interessiert mich nicht – Es zieht mich nicht an.
Ça ne m'attire pas – Ça ne me dit rien.
No me atrae para nada – No me dice nada.
Non mi attira.

## APPEARANCE

**To put in an appearance.**
Einen Sprung machen zu ...
Faire un saut chez quelqu'un.
Hacer una breve visita.
Fare un salto da qualcuno – breve visita.

**Of good appearance.**
Von guter Erscheinung – gut aussehen.
Une chose belle à l'apparence.
De buena apariencia/pinta.
Di bell'aspetto.

**For appearance sake.**
Um den Schein zu wahren.
Pour sauver les apparences.
Para guardar las apariencias.
Per salvare le apparenze.

## APPLE

**He is the apple of his mother's eye.**
Er ist der Augapfel seiner Mutter.
C'est la prunelle des yeux de sa mère.
Es la niña de los ojos de su madre.
Sua madre non ha occhi che per lui – È il cocco di mamma.

**To upset a person's apple cart.**
Jemandes Pläne über den Haufen werfen.
Tout faire tomber à l'eau.
Romperle a uno todos sus planes.
Rompere le uova nel paniere a qualcuno.

**Apple pie order.**
Schönste Ordnung - perfekt.
Ordre parfait.
Orden absoluto.
Ordine perfetto.

## APRIL

**April fool's Day.**
Der erste April.
Le premier avril.
El día de los inocentes.
Il primo di Aprile.

**April fool.**
Aprilnarr.
Poisson d'avril.
¡Inocente!
Pesce di Aprile.

## APRON

**He is tied to his mother's apron strings.** 23
Er hängt an seiner Mutter Rockzipfel.
Il est toujours pendu aux jupes de sa mère.
Esta aún en las faldas de su madre.
È attaccato alle sottane di sua madre.

## APT

**Sleeping too much is apt to make one feel sleepy all the time.**
Zu viel Schlaf macht müde.
De trop dormir fait qu'on se sent toujours endormi.
El dormir demasiado puede volverle a uno somnoliento todo el día.
Il dormire troppo può far sì che ci si senta sempre assonnati.

OLD JONES IS TIED TO HIS MOTHER'S APRON STRINGS

## ARM

**To walk arm in arm.**
Arm in Arm gehen.
Aller bras dessus, bras dessous.
Caminar cogidos del brazo.
Andare a braccetto.

**To keep at arm's length.**
Sich vom Leib halten.
Tenir à distance.
Mantener - Guardar las distancias.
Mantenere le distanze.

## ARMED

**He's armed to the teeth.**
Er ist bis an die Zähne bewaffnet.
Il est armé de pied en cap.
Está armado hasta los dientes.
È armato fino ai denti.

## ARRANGE

**I'll arrange to be there.**
Ich werde es einrichten, da zu sein.
Je ferai en sorte d'y être.
Haré lo posible para estar allí.
Farò in modo di esserci.

## ART

**Life is short, but art lives on.**
Die Kunst ist lang, und kurz ist unser Leben.
La vie passe, l'art demeure.
El arte es largo y la vida breve.
La vita è breve, ma l'arte continua a vivere.

## ARTICLE

**A leading article.**
Ein Leitartikel.
Article de fond.
Editorial - Artículo de fondo.
Articolo di fondo.

## AS

**As to you.**
Was Sie anbetrifft (anbelangt, angeht).
Quant à vous.
En cuanto a Ustedes.
Quanto a voi.

## ASK

**Ask to dinner.**
Zum Essen einladen.
Inviter à dîner.
Invitar a almorzar.
Invitare a pranzo.

**Ask her in.**
Bittet sie einzutreten! - Bittet sie herein!
Priez-la d'entrer.
Pídale que entre.
Pregatela di entrare.

**She asked after you.**
Sie fragte nach Ihnen.
Elle vous demanda.
Preguntó por ti - usted.
Ha chiesto di voi.

**Ask much to have a little.**
Wer etwas will, muss vieles fordern.
Demandez beaucoup pour avoir un peu.
Pide lo más, y algo te darán.
Chi vuole assai, non domandi poco.

## ASS

**To make an ass of oneself.**
Sich lächerlich machen - sich selbst zum Narren machen.
Se couvrir de ridicule.
Hacer el ridículo.
Rendersi ridicolo.

## ASTRAY

**To go astray.**
Vom rechten Weg abkommen - sich verirren.
Se perdre - Sortir du droit chemin.
Perderse - Extraviarse.
Smarrirsi - Perdersi.

## ATTACHED

**To be attached to ...**
Hängen an ...
Etre attaché à ...
Tenerle cariño a ...
Essere affezionato a ...

## AVAIL

**It was all to no avail.**
Es war alles nutzlos (umsonst).
Tout fut inutile.
Todo fue inútil - en vano - de balde.
È stato tutto inutile.

## AVERAGE

**On the average.**
Im Durchschnitt.
En moyenne.
En término medio - En promedio.
In media.

## AWARE

**I was not aware of the fact.**
Ich war mir der Sache (Tatsache) nicht bewusst - Ich wusste nichts davon.
Je n'avais pas connaissance du fait.
No estaba enterado del hecho - No estaba al corriente del hecho.
Non ero al corrente del fatto.

## AWAY

**When the cat is away the mice will play.**
Wenn die Katze aus dem Haus ist, tanzen die Mäuse auf dem Tisch.
Quand le chat n'est pas là, les souris dansent.
Cuando el gato no está, los ratones bailan.
Quando il gatto non c'è, i topi ballano.

## AWE

**To stand in awe.**
Eine Scheu besitzen vor ... – sich fürchten vor ...
Etre intimidé.
Estar atemorizado – Sentirse intimidado.
Essere in soggezione.

## AWFULLY

**I'm awfully sorry.**
Es tut mir schrecklich leid.
Je suis vraiment désolé.
Lo siento muchísimo.
Mi dispiace tanto.

## AXE

**To have an axe to grind.**
Eigennützige Zwecke verfolgen.
Faire venir l'eau à son moulin.
Tener un interés personal.
Tirare l'acqua al proprio mulino.

SORRY TO LEAVE YOU HOLDING THE BABY
CRACK

# B

## BABY

**To be left holding the baby.** 28
Die Sache am Hals haben.
Etre dans le pétrin - Etre dans de beaux draps.
Ser dejado en dificultades.
Essere lasciato nei pasticci.

## BACK

**He is back in New York.**
Er ist wieder in New York.
Il est de retour à New York.
Está de vuelta en Nueva York.
È tornato a New York.

**He backed out at the last minute.**
Er zog sich im letzten Moment zurück - Er gab im letzten Moment auf - Er zog im letzten Moment den Schwanz ein.
Il se retira au dernier moment.
Se retiró en el último momento.
Si è ritirato all'ultimo momento.

**To put one's back into something.** 30
Alles daransetzen.
Y mettre tout son coeur.
Poner toda la carne en el asador.
Mettercela tutta.

**To back up an opinion.**
Für eine Meinung eintreten.
Appuyer une opinion.
Respaldar una opinión.
Sostenere un'opinione.

COME ON, HARRY PUT YOUR BACK INTO IT LIKE THE OTHERS
WET CEMENT KEEP OFF
CEMENT

## BACK

**To back a horse.**
Auf ein Pferd setzen.
Miser sur un cheval.
Apostar por un caballo.
Puntare su un cavallo.

## BACKBONE

**He has no backbone.**
Er hat kein Rückgrat.
C'est un ramolli – C'est une chiffe molle.
Tiene horchata en las venas.
È uno smidollato – Non ha coraggio.

**English to the backbone.**
Englisch bis aufs Mark.
Anglais jusqu'à la pointe des ongles.
Inglés hasta la médula.
Inglese fino alle midolla.

## BAD

**To use bad language.**
Schimpfworte benutzen.
Dire des gros mots.
Decir palabrotas – Tacos.
Dire parolacce.

**We are on bad terms.**
Wir stehen auf schlechtem Fuß miteinander.
Nous sommes brouillés – Nous sommes en froid.
No nos llevamos bien.
Siamo in rotta.

**That's too bad!**
Das ist doch zu dumm! – Das ist der Gipfel!
C'est le comble!
¡Esto es el colmo!
È il colmo! – È un peccato!

## BADLY

**He is badly off.**
Er ist nicht gut dran - Es geht ihm finanziell schlecht.
Il est dans de beaux draps!
Anda - está mal económicamente - Tiene problemas económicos.
Si trova in cattive acque - Ha dei problemi economici.

## BAG

**Left holding the bag.**
Im Unglück gelassen werden.
Se retrouver dans de beaux draps.
Estar pendiente de un hilo.
Essere lasciato nei guai.

**She is a bag of bones.**
Ein lebendes Skelett sein.
C'est un squelette ambulant.
Está esquelética - Está en los huesos.
È ridotta pelle e ossa.

## BAG

**To let the cat out of the bag.** 95
Die Katze aus dem Sack lassen - ein Geheimnis preisgeben.
Laisser échapper un secret.
Escapársele a alguien un secreto.
Farsi scappare un segreto.

## BALANCE

**To be off one's balance.**
Sein Gleichgewicht verloren haben - seinen Kopf verloren haben.
Avoir perdu la boussole.
Perder la cabeza - el equilibrio.
Aver perso la bussola.

## BALD

**To be as bald as a coot.**
Völlig kahl sein.
Tondu comme un oeuf - Chauve.

Estar calvo como una bola de billar.
Pelato come un uovo - Essere molto calvo.

## BALL

**To be on the ball.** 34
Auf Draht sein.
Etre en forme.
Destacarse.
Essere in gamba.

**To keep the ball rolling.**
Das Gespräch in Gang halten.
Entretenir la conversation.
Mantener viva - animar la conversación.
Tenere viva la conversazione - Animare la conversazione.

**Fancy dress ball.**
Kostümfest - Maskenball.
Bal masqué.
Baile de disfraces - de máscaras.
Ballo in maschera.

## BAND

**To be on the bandwagon.**
Die Hand im Spiel haben - einflussreich sein.
Avoir de l'influence - Avoir le bras long.
Tener la sartén por el mango.
Essere influente - Avere le mani in pasta.

## BANDY

**To bandy words with ...**
(Böse) Worte wechseln mit ... - einen Wortwechsel haben mit.
Trouver à redire à ...
Tener unas palabras con ...
Avere a che dire con ... - Litigare.

## BANG

**To bang the door.**
Die Tür zuschlagen (zuknallen).

YOU HAVE TO BE **ON THE BALL** IN OUR TEAM, PAL

Claquer la porte.
Dar un portazo.
Sbattere la porta.

## BANKRUPT

**The firm went bankrupt.**
Die Firma ging bankrott.
L'entreprise a fait faillite.
La sociedad ha quebrado - está en bancarrota.
La ditta è fallita.

**A mental bankrupt.**
Ein Schwachsinniger.
Un idiot.
Un imbécil - Un bobo - Un tonto.
Un deficiente - Un idiota.

## BARE

**He is a bare faced liar.**
Er ist ein skrupelloser (unverschämter) Lügner.
C'est un fieffé menteur.
Es un mentiroso descarado.
È un bugiardo sfacciato.

## BARE-FOOT

**A shoemaker's wife goes bare-foot.**
Der Schuster trägt die schlechtesten Schuhe.
Les cordonniers sont les plus mal chaussés.
En casa del herrero, cuchara de palo.
Il calzolaio ha le scarpe rotte.

## BARGAIN

**To make a capital bargain.**
Ein blendendes Geschäft machen.
Faire une bonne affaire.
Hacer un buen negocio.
Fare un affare d'oro.

**To make the best of a bad bargain.**
Sich so gut wie möglich aus der Affäre ziehen – aus der Not eine Tugend machen.
Faire de nécessité vertu.
Hacer de tripas corazón.
Fare di necessità virtù – Fare buon viso a cattivo gioco.

**I didn't bargain for this!**
Darauf war ich nicht gefasst (vorbereitet)!
Je ne m'attendais pas à ça!
¡No me lo esperaba!
Non me l'aspettavo!

## BARGEE

**To swear like a bargee.**
Fluchen wie ein Landsknecht.
Jurer comme un païen – Jurer comme un charretier.
Blasfemar como un hereje.
Bestemmiare come un turco.

## BARK

**His bark is worse than his bite.** 37
Hunde, die bellen, beißen nicht.
Chien qui aboite ne mord pas.
Perro ladrador poco mordedor.
Can che abbaia non morde.

## BARKING

**You are barking up the wrong tree.**
Sie sind auf dem Holzweg.
Vous accusez à tort – Vous vous trompez de personne.
Estáis acusando injustamente – Os equivocáis de persona.
Voi mi accusate ingiustamente – State sbagliando persona.

## BASK

**To bask in the sun.**
Sich in der Sonne ahlen.
Se chauffer au soleil – Lézarder.
Tumbarse tranquilamente al sol.
Crogiolarsi al sole.

DON'T WORRY,
HIS BARK IS
WORSE THAN
HIS BITE
WOOF
WOOF

## BAY

**To keep at bay.**
Jemanden in Schach halten - jemanden hinhalten.
Surveiller - Tenir quelqu'un en respect.
Tener a raya.
Tenere a bada.

## BE

**A would-be friend.**
Jemand, der gern Freund sein würde.
Une personne qui voudrait être amie d'une autre.
Alguien que quisiera ser amigo.
Uno che vorrebbe essere amico.

## BEAN

**I haven't got a bean.**
Ich habe keinen roten Heller - Ich habe keinen Pfennig.
Je suis fauché (comme les blés) - J'ai les poches plates
Estoy sin blanca.
Sono in bolletta - Sono al verde.

## BEANS

**Full of beans.**
Übermütig - aufgedreht.
Du vif-argent.
Lleno de vida - energía.
Vivacissimo - Su di giri - Pieno di vita.

## BEAR

**Don't sell the bear's skin before you've caught the bear.**
Man darf niemals die Haut eines Bären verkaufen, bevor man ihn erlegt hat.
Je ne vends pas la peau de l'ours avant de l'avoir tué.
Me reparto la piel del oso antes de cazarlo.
Non vendere la pelle dell'orso prima d'averlo preso.

**To bear up under the strain.**
Mit Geduld (Kraft) tapfer standhalten.
Avoir du coeur à l'ouvrage.

I'M FULL OF BEANS!
HEH HEH
BEANS

Aguantar sin rechistar - sin quejarse - una tarea muy dura.
Sopportare con animo una grande fatica.

**I can't bear that person.**
Ich kann diese Person nicht ausstehen (leiden, riechen).
Je ne peux souffrir cette personne.
No puedo aguantar a esa persona - No la soporto.
Non posso sopportare quella persona.

**Please bear in mind.**
Bitte beachten Sie ...
Veuillez tenir compte de ...
Por favor, ténganlo en cuenta.
Vogliate tener presente.

**Grin and bear it!**
Mach gute Miene zum bösen Spiel! - Beiß auf die Zähne!
Serre les dents et tiens bon!
Aprieta fuerte y aguanta.
Stringi i denti e tieni duro!

**Don't bear me a grudge.**
Hegen Sie keinen Groll gegen mich.
Ne m'en veuillez pas.
No me guarden rencor.
Non serbatemi rancore - Non me ne vogliate.

## BEARING

**Past all bearing.**
Wirklich unerträglich.
Vraiment insupportable - Passer les limites.
Verdaderamente inaguantable.
Veramente insopportabile - Oltrepassare i limiti.

## BEARINGS

**To lose one's bearings.**
Sich verlieren - im Ungewissen sein - im Dunkeln tappen.
Etre désorienté.
Estar desorientado.
Essere disorientato - Perdere l'orientamento.

## BEAT

**To beat about the bush.** 42
Wie die Katze um den heißen Brei herumgehen – um die Sache herumreden.
Tourner autour du pot.
Irse – andarse por las ramas.
Menare il can per l'aia.

**To beat up somebody.**
Jemanden schlagen – jemanden verprügeln.
Frapper quelqu'un.
Darle una paliza a alguien.
Pestare qualcuno.

**To beat somebody black and blue.**
Jemanden grün und blau schlagen.
Tanner le cuir à quelqu'un – Battre comme plâtre.
Darle a alguien una somanta palos.
Coprire qualcuno di lividi.

**Beat generation.**
Beat Generation.
Jeunesse brûlée.
Juventud perdida.
Gioventù bruciata.

**A woman, a dog and a walnut tree, the more you beat them, the better they'll be.**
Ein Weib, einen Esel, eine Nuss, diese drei man klopfen muss.
Bon cheval, mauvais cheval veut l'éperon; bonne femme, mauvaise femme veut le bâton.
El asno y la mujer, a palos se han de vencer.
Donne, asini e noci voglion le mani atroci.

## BEATEN

**To be off the beaten track.**
Abseits liegen – weg sein vom Fenster.
S'éloigner des chemins battus.
Andar perdido.
Allontanarsi dalle vie battute – Essere fuori strada.

STOP BEATING ABOUT THE BUSH, HARRY
FOR SALE
RARE ORIENTAL BUSHES
ENQUIRE WITHIN

WELL, YOU'VE MADE YOUR BED NOW YOU MUST LIE ON IT
RUBBISH TIP

## BEAUTY

**That's the beauty of it!**
Das ist das Schöne daran.
Ça c'est le beau de l'affaire! – Ça c'est le clou de l'affaire!
¡Esto es lo bueno!
Questo è il bello!

**Beauty is but skin deep.**
Es ist nicht alles Gold, was glänzt – Der Schein trügt.
Tout ce qui brille n'est pas or – Il ne faut pas se fier aux apparences – L'habit ne fait pas le moine.
No es oro todo lo que reluce – El hábito no hace al monje.
Non è tutto oro quel che luccica – Non si deve giudicare dalle apparenze.

## BECK

**To be at the beck and call of somebody.**
Jemandem auf den (leisesten) Wink gehorchen – nach jemandes Musik (Pfeife) tanzen.
Etre toujours aux ordres de quelqu'un.
Estar a las órdenes de alguien.
Essere sempre pronto a scattare agli ordini di qualcuno – Stare agli ordini di qualcuno.

## BECOMING

**Your dress is very becoming.**
Ihr Kleid steht Ihnen gut.
Votre robe vous va à ravir.
Este vestido le sienta a Usted muy bien.
Il vostro vestito vi dona molto.

## BED

**To take to one's bed with flu.**
Sich mit Grippe ins Bett legen.
Etre au lit avec la grippe.
Meterse en la cama con gripe.
Stare a letto con l'influenza.

**He who makes his bed must lie on it.** 43
Wie man sich bettet, so liegt man.

Vous devez assumer la responsabilité de vos actes - Faire son lit comme on se couche.
¡A lo hecho pecho!
Assumersi la responsabilità delle proprie azioni.

**To get out of bed on the wrong side.** 717
Mit schlechter Laune erwachen (aufstehen) - mit dem verkehrten (linken) Fuß zuerst aufstehen.
Se lever du pied gauche.
Levantarse de mal humor - Levantarse con el pie izquierdo.
Alzarsi di malumore - Alzarsi con il piede sinistro.

**Between you and me and the bedpost.**
Unter uns (gesagt) - im Vertrauen (gesagt).
Soit dit entre nous.
Entre nosotros - en confidencia.
Detto fra noi - in confidenza.

## BEE

**To have a bee in one's bonnet.** 46
Einen Vogel haben - übergeschnappt sein - spinnen.
Avoir une idée fixe, une manie.
Tener una idea fija, una manía.
Avere un'idea fissa, una mania - Essere fissato.

## BEFORE

**There is nothing said which has not been said before.**
Alles ist schon einmal da gewesen.
Tout a déjà été dit.
No hay nada que no esté ya dicho.
Non c'è niente che non sia già stato detto.

## BEGGARS

**Beggars cannot be choosers.** 47
Arme Leute dürfen nicht wählerisch sein.
Il n'y a pas le choix - C'est ça ou rien.
Aquí hay lentejas, o las tomas, o las dejas.
Chi è nel bisogno non può fare lo schifiltoso.

SHE'S GOT A BEE IN HER BONNET AGAIN, HARRY
BZZZZZ
BZZZ
BZZZZZ
BZZZZ
BEE HIVE
BZZZ

BEGGARS CAN'T BE CHOOSERS
YOUR MONEY OR YOUR LIFE
THANK YOU

## BEGUN

**Well begun is half done.**
Gut begonnen ist halb gewonnen.
A moitié fait qui bien commence.
Un buen comienzo evita tropiezos - Obra acabada, medio empezada.
Chi ben comincia è a metà dell'opera.

## BEHALF

**I'm going on behalf of a friend.**
Ich gehe im Namen (im Auftrag) eines Freundes.
Je vais de la part d'un ami.
Voy de parte de un amigo.
Vado per conto di un amico.

## BEHIND

**To be behind the times.**
Hinter der Zeit zurück sein - rückständig sein - altmodisch sein.
Etre arriéré.
Estar anticuado - Estar pasado de moda - Estar fuera de la onda.
Essere all'antica.

## BEING

**For the time being.**
Für den Augenblick.
Pour le moment.
Por el momento - Por ahora.
Per il momento - Al momento.

## BELFRY

**To have bats in the belfry.** 49
Verrückt sein - einen Vogel haben - spinnen.
Etre un peu fou.
Estar un poco chiflado.
Essere un po' matto.

YOU'VE GOT BATS IN THE BELFRY, VICAR

## BELIEF

**To the best of my belief.**
Nach bestem Wissen und Gewissen.
Que je sache!
Por lo que me consta.
Per quel che ne so io.

## BELIEVE

**To make believe.**
Glauben machen - vorgeben - vortäuschen - tun, als ob ...
Faire semblant.
Simular - Fingir.
Far finta.

**Seeing is believing.**
Was die Augen sehen, glaubt das Herz.
Voir c'est croire.
Ver es creer.
Vedere per credere.

## BELLY

**The eye is bigger than the belly.**
Die Augen sind oft größer als der Magen.
Il y a les yeux plus grands que le ventre.
Se llena antes el papo que el ojo.
Ha gli occhi più grandi della pancia.

## BELONGINGS

**All my belongings.**
All mein Besitz - mein ganzer Besitz.
Tout ce que je possède.
Todo lo que poseo - Todas mis pertenencias - Todos mis bienes.
Tutto ciò che posseggo - Tutti i miei averi.

## BELT

**To tighten one's belt.**
Den Gürtel enger schnallen.
Serrer la ceinture.

Apretarse el cinturón.
Stringere la cinghia.

**To belt up.** 52
Still sein – schweigen – den Mund halten.
Se taire.
Callarse – Cerrar el pico.
Stare zitto – Chiudere il becco – Tacere.

## BENEFIT

**To give somebody the benefit of the doubt.**
Den vorhandenen Zweifel zu jemandes Gunsten auslegen.
Accorder à quelqu'un le bénéfice du doute.
Darle a alguien el beneficio de la duda.
Dare a qualcuno il beneficio del dubbio.

## BESIDE

**To be beside oneself.**
Außer sich sein – wütend sein.
Etre hors de soi.
Estar fuera de sí.
Essere fuori di sé.

**Beside the point.**
Nicht zur Sache gehörig.
Non pertinent.
No ser pertinente – Ser incongruente.
Non pertinente – Incongruo.

**That is beside the question.**
Das gehört nicht zur Sache – Das ist nicht maßgebend.
Ça n'a rien à voir.
No viene al caso – No tiene nada que ver.
Questo non c'entra.

## BEST

**Bestseller.**
Bestseller – Verkaufsschlager.
«Best-seller» – Le livre le plus vendu.
El libro más vendido – »Bestseller«.
Il libro più venduto – »Bestseller«.

AND YOU CAN BELT UP AS WELL
VOTE
DAILY BLA
HIGHER FOOD PRICES!

**I'll do my best.**
Ich werde mein Bestes tun.
Je ferai de mon mieux.
Haré todo lo que esté a mi alcance - Lo haré lo mejor que pueda.
Farò del mio meglio.

**To be in one's Sunday best.**
Sein Sonntagskleid anhaben.
Mettre l'habit du dimanche.
Ponerse el traje de los domingos.
Indossare l'abito della festa - Indossare l'abito della domenica.

**To put one's best foot forward.** 490
Sich beeilen - so schnell wie möglich laufen.
Se dépêcher - hâter le pas.
Darse prisa.
Affrettarsi - camminare il più rapidamente possibile.

**The best is enemy of the good.**
Das Bessere ist der Feind des Guten.
Le mieux est l'ennemi du bien.
Lo - el más bueno no es siempre lo - el mejor.
Il meglio è nemico del bene.

## BET

**You bet I'm going!**
Aber sicher gehe ich! - Sie können sicher sein, dass ich gehe!
Vous pouvez être certain que j'y vais de ce pas!
¿Qué se apuestan que me voy?
Ci puoi scommettere che ci vado!

## BETTER

**All the better!**
Umso besser.
Tant mieux!
¡Mucho mejor!
Tanto meglio!

**You look better.**
Sie sehen besser aus.

Vous avez meilleure mine.
Tienes mejor aspecto – Te encuentro mejor.
A un aspetto migliore.

**I thought better of it.**
Ich habe meine Meinung geändert.
Je suis revenu sur mon opinion.
He cambiado de opinión.
Mi sono ricreduto.

**He has been better than his word.**
Er hat mehr getan, als er versprach.
Il a fait plus qu'il ne l'avait laissé entendre.
Ha hecho más de lo prometido.
Ha fatto più di quanto avesse promesso.

## BETWEEN

**Between the devil and the deep blue sea.**
Zwischen zwei Feuern – in aussichtsloser Lage – in der Zwickmühle.
Se trouver entre l'enclume et le marteau.
Entre la espada y la pared.
Fra l'incudine e il martello.

## BID

**To make a bid for something.**
Sich um etwas bemühen.
Essayer d'obtenir quelque chose – Faire des pieds et des mains pour ...
Tratar de obtener algo.
Cercare di ottenere qualcosa.

## BIG

**Big shot.** 55
Großes Tier – Bonze.
Un gros bonnet – Une grosse légume.
Pez gordo.
Pezzo grosso.

**To talk big.**
Große Worte gebrauchen (machen).

HE'S QUITE A BIG SHOT AROUND HERE
CIRCUS
THE HUMAN CANNON BALL

Parler avec des mots ronflants.
Hablar con palabras »rimbombantes«.
Usare parole roboanti – Usare paroloni.

**To be too big for one's boots.** 72
Sich wichtig machen – angeben.
Se monter la tête – Se donner des airs.
Darse aires – Marcarse un farol.
Montarsi la testa – Darsi delle arie.

## BIRD

**Bird of ill omen.**
Unglücksvogel – Pechvogel.
Oiseau de mauvais augure.
Pájaro de mal agüero.
Uccello del malaugurio.

**Better a bird in the hand than two in the bush.**
Ein Spatz in der Hand ist besser als eine Taube auf dem Dach.
Un tiens vaut mieux que deux tu l'auras.
Más vale pájaro en mano que ciento volando.
Meglio un uovo oggi che una gallina domani.

**The early bird catches the worm.** 57
Morgenstund hat Gold im Mund.
L'avenir appartient à ceux qui se lèvent tôt.
A quien madruga Dios le ayuda.
Il mattino ha l'oro in bocca.

## BIRDS

**Birds of a feather flock together.**
Gleich und gleich gesellt sich gern.
Qui s'assemble se ressemble.
Cada oveja con su pareja – Dios los cría y ellos se juntan.
Dio li fa poi li accoppia.

**Bird's eye view.**
Vogelperspektive.
Vue à vol d'oiseau.
A vista de pájaro.
Vista panoramica – Veduta dall'alto, a volo d'uccello.

IT'S THE EARLY BIRD WHO GETS THE WORM

**To kill two birds with one stone.**
Zwei Fliegen mit einer Klappe schlagen.
Faire d'une pierre deux coups.
Matar dos pájaros de un tiro.
Prendere due piccioni con una fava.

## BIT

**He is a bit of a bore!**
Er ist ein lästiger Mensch – Er ist eine Nervensäge.
C'est un raseur – C'est un casse-pieds.
Es un pesado – un pelmazo.
È un seccatore!

**I gave him a bit of my mind.**
Ich sagte ihm (gehörig) die Meinung.
Je lui ai parlé en toute franchise.
Le he hablado con sinceridad – franqueza.
Gli parlai molto francamente.

## BITE

**To bite the dust.**
Ins Gras beißen.
Mordre la poussière.
Morder el polvo.
Mordere la polvere.

**To bite off more than one can chew.** 59
Die Augen sind größer als der Magen – sich zu viel zumuten.
Faire le pas plus long que la jambe.
Abarcar más de lo que uno puede.
Fare il passo più lungo della gamba.

## BITTEN

**Once bitten, twice shy.**
Gebranntes Kind scheut das Feuer.
Chat échaudé craint l'eau froide.
Gato escaldado, del agua fría huye.
Il gatto scottato teme l'acqua fredda.

YOU'VE BITTEN OFF MORE THAN YOU CAN CHEW

**You've bitten off more than you can chew!** 59
Sich zu viel zumuten – Den Mund zu voll nehmen.
Tu as fait le pas plus long que la jambe!
Has abarcado más de lo que podías hacer.
Hai fatto il passo più lungo della gamba!

**He was bitten with a real mania for tennis.**
Er war von einer Manie (Sucht, Leidenschaft) für das Tennisspiel befallen – Er hatte einen Fimmel für Tennis.
Il était pris d'une véritable passion pour le tennis.
Le había entrado la manía del tenis.
Gli è venuta la mania del tennis.

## BITTER

**To the bitter end.**
Bis zum bitteren Ende – bis zur bitteren Neige.
Jusqu'au bout.
Hasta el final.
Fino in fondo.

## BLACK

**To have something down in black and white.**
Etwas schwarz auf weiß haben.
Ecrire quelque chose noir sur blanc.
Poner una cosa por escrito.
Mettere nero su bianco.

**I'm in her black books.**
Ich stehe auf ihrer schwarzen Liste.
Je suis mal vu d'elle – Je ne suis pas dans ses petits papiers.
Estoy en su lista negra.
Sono sulla sua lista nera.

**As black as pitch.**
Pechschwarz – schwarz wie die Nacht.
Noir comme le charbon.
Negro como el carbón.
Nero come il carbone (come la pece).

**There are black sheep in every flock.**
Überall gibt es schwarze Schafe.
Chaque troupeau a sa brebis galeuse.

En cada rebaño hay una oveja descarriada.
In ogni gregge c'è una pecora nera.

## BLACKMAIL

**To blackmail somebody.**
Jemanden erpressen.
Faire chanter quelqu'un – Faire du chantage.
Hacer chantaje a alguien.
Ricattare qualcuno.

## BLANK

**A blank look.** 62
Ein verdutzter (verblüffter, ausdrucksloser) Blick.
L'air absent – Le regard vague.
Una mirada vaga.
Uno sguardo assente

**He told me point blank.**
Er sagte es mir klipp und klar.
Il me l'a dit clair et net.
Me lo dijo bien a las claras.
Me lo disse chiaro e tondo.

## BLANKET

**A wet blanket.**
Ein Spielverderber.
Un trouble-fête.
Un aguafiestas.
Un guastafeste.

## BLAZES

**To go to blazes.** 63
Sich zum Teufel scheren.
Aller au diable.
Irse al diablo – al infierno.
Andare all'inferno.

**To run like blazes.**
Wie verrückt laufen – um sein Leben rennen.
Courir comme l'éclair – Courir à perdre haleine.

DON'T GIVE ME THAT BLANK LOOK WHEN I ASK YOU A QUESTION, LAD

OH—
GO TO
BLAZES!
FANCY
DRESS
BALL
TONIGHT

Correrer como si fuese cuestión de vida o muerte - Escapar como una flecha.
Correrre come una saetta - Correrre come un pazzo.

## BLEED

**To bleed white.**
Bis zum Weißbluten auspressen - bis zum Letzten.
Saigner à blanc - Epuiser - Réduire à l'extrême.
Desangrar - Agotar al máximo.
Dissanguare - Ridurre allo stremo.

## BLESSED

**Well, I'm blessed!**
Na so was!
Mon Dieu, j'ai peine à y croire! - Mon Dieu, est-ce possible!
¡Dios mío, no es posible!
Dio mio, non è possibile!

**It is more blessed to give than to receive.**
Geben ist seliger denn Nehmen.
Il y a plus de bonheur à donner qu'à recevoir.
Más bienaventurada cosa es dar que recibir.
Si prova più gioia a dare che a ricevere.

## BLIND

**To turn a blind eye.**
Ein Auge zudrücken.
Faire semblant de ne rien voir.
Cerrar un ojo.
Fingere di non vedere - Chiudere un occhio.

**As blind as a bat.**
Stockblind.
Etre aveugle comme une taupe.
Cegatón - Ciego como un topo.
Completamente cieco - Orbo come una talpa.

**None so blind as those who won't see.**
Keiner ist so blind wie derjenige, der nicht sehen will.
Il n'est pire aveugle que celui qui ne veut pas voir.

No hay peor ciego que el que no quiere ver.
Non c'è peggior cieco di chi non vuol vedere.

## BLOCK

**A chip off the old block.** 105
Ganz wie der Vater – Der Apfel fällt nicht weit vom Stamm.
Quelqu'un qui ne fait pas mentir ses origines – Tel père tel fils.
Del tal palo, tal astilla.
Tale padre tale figlio – Esser fatti della stessa scorza.

## BLOOD

**You cannot get blood out of a stone.**
Unmögliches von jemandem verlangen.
C'est comme tirer l'huile d'un mur – C'est demander l'impossible.
No se pueden pedir peras al olmo.
Non si può cavar sangue da una rapa.

**Blood is thicker than water.**
Blut ist ein ganz besonderer Saft – Blut ist dicker als Wasser.
Le sang, ce n'est pas l'eau.
La sangre no es agua.
Il sangue non è acqua.

**Blood and thunder!**
Donner und Blitz! – Potzblitz!
Sensationnel! – Extra.
¡Sensacional!
Sensazionale!

**My blood was up.**
Ich war außer mir – Ich habe die Kontrolle verloren.
J'étais sorti de mes gonds.
Perdí los estribos.
Avevo perso le staffe.

## BLOW

**To blow one's own trumpet.** 668
Sein eigenes Lob singen.
Se lancer des fleurs.

Echarse - Tirarse flores (a uno mismo).
Tessere le proprie lodi.

## BLOWN

**The trouble has blown over.**
Die Schwierigkeiten haben sich in Dunst (Luft) aufgelöst - Die Aufregungen sind vorbei - Die Sorgen sind wie weggeweht (weggeblasen).
L'agitation est passée.
Los problemas se han disipado - La agitación ha pasado.
L'agitazione è sfumata - I problemi sono volati via.

## BLOWS

**To come to blows.**
Handgemein (handgreiflich, tätlich) werden - aneinandergeraten.
En venir aux mains.
Venir a las manos.
Venire alle mani.

## BLUE

**Out of the blue.** 67
Aus heiterem Himmel - aus dem Blauen.
Soudain.
Inesperadamente - Como caído del cielo.
Improvvisamente.

**To feel blue.**
Niedergeschlagen sein.
Avoir l'âme en peine - Etre mélancolique.
Estar triste.
Sentirsi triste - Essere malinconico.

**Once in a blue moon.**
Alle heiligen Zeiten - höchst selten - ab und zu.
Tous les trente-six du mois.
De Pascuas a Ramos - De uvas a peras.
Una volta ogni morte di papa (vescovo).

IT JUST CAME OUT OF THE BLUE
PAINT

## BOAT

**To be in the same boat.** 69

In der gleichen (misslichen) Lage sein – im selben Boot sitzen.

Nous faisons tous partie du même lot – Etre dans le même bateau.

Estar en el mismo baile.

Essere nella stessa barca.

## BOB

**To bob up like a cork.**

Immer wieder hochkommen – sich nicht unterkriegen lassen.

Revenir à la surface – Faire surface – Se reprendre.

Salir a flote.

Tornare a galla (in auge) – Riprendersi subito dopo una disfatta.

## BODY

**To keep body and soul together.**

Leib und Seele zusammenhalten.

Sauver sa peau.

Salvar el pellejo.

Salvare la pelle – Mantenersi in vita.

## BOLD

**As bold as brass.**

Unverschämt – frech wie Oskar.

Effronté.

Descarado.

Sfacciato – Sfrontato – Faccia di bronzo.

## BOLTED

**He bolted out.**

Er brannte durch – Er machte sich aus dem Staub.

Il prit ses jambes à son cou.

Se largó – Se fue por pies.

Se l'è data a gambe – Si lanciò fuori.

WE'RE ALL IN THE SAME BOAT MISTER JONES

## BONE

**To have a bone to pick.**
Ein Hühnchen zu rupfen haben.
Se fourrer dans un drôle de guêpier.
Meterse en un buen lío.
Avere una brutta gatta da pelare.

**I have a bone to pick with you.**
Ich habe ein Hühnchen mit Ihnen zu rupfen.
J'ai de bonnes raisons de me plaindre de vous.
Tengo sobradas razones para quejarme de ti.
Ho un conto in sospeso con lei.

## BONE

**It's no use fighting over a bone!**
Sie streiten um des Kaisers Bart.
On ne se bat pas pour un os.
No es bueno pelear por un hueso.
Non val la pena di litigare per un osso.

## BONES

**He made no bones about it.**
Er machte nicht viel Federlesen.
Il n'a pas eu de scrupule à le dire.
No tuvo ningún reparo en decírselo.
Non si è fatto scrupolo a dirlo.

## BOO

**She woudn't say boo to a goose.**
Sie würde keiner Fliege etwas zuleide tun.
Il ne ferait pas de mal à une mouche.
No mataría una mosca – No ha roto un plato en su vida.
Non farebbe male a una mosca.

## BOOT

**To get the boot.**
(Plötzlich) entlassen (gefeuert) werden.
Etre licencié.
Ser puesto de patitas en la calle.
Essere licenziato in tronco.

## BOOTS

**My heart was in my boots.**
Das Herz rutschte mir in die Hose.
J'avais la tremblote.
Temblaba de miedo.
Avevo la tremarella – Avevo molta paura.

**To lick somebody's boots.**
Jemandem in den Hintern kriechen – jemandem schmeicheln.
Lécher les bottes de quelqu'un.
Hacer la pelota a alguien – Dorar la píldora.
Leccare i piedi a qualcuno.

**To be too big for one's boots.** 72
Sich wichtig machen – größenwahnsinnig sein.
Se faire remarquer – Se donner des airs.
Marcarse un farol – Tenérselo creído.
Darsi delle arie – Mettersi in mostra.

## BORE

**He is such a bore!**
Er ist eine solche Nervensäge!
Il est tellement embêtant!
¡Es un pelmazo! – ¡Es un rollo!
È così noioso!

## BORED

**To be bored to tears.**
Zum Sterben langweilig sein.
S'ennuyer à mourir.
Estar aburridísimo – Estar muerto de aburrimiento.
Essere annoiato a morte.

## BORN

**To be born with a silver spoon in one's mouth.** 600
Ein Glückskind sein – ein Sonntagskind sein.
Etre né coiffé.
Nacer con estrella.
Essere nato con la camicia.

THE TROUBLE IS YOU'RE TOO BIG FOR YOUR BOOTS

## BOTTLED

**He bottled up his grief.**
Er verbarg seinen Gram – Er behielt seinen Kummer für sich.
Il contint sa douleur.
Contuvo su dolor.
Tenne il suo dolore dentro di sé.

## BOTTOM

**What's at the bottom of all this?**
Was ist der Grund von alledem?
Qu'y-a-t'il derrière tout ça?
¿Que se está tramando debajo de todo ésto?
Che cosa c'è sotto?

## BOUNDS

**To keep within bounds.**
In vernünftigen Grenzen halten.
Ne pas dépasser les limites.
¡No te pases!
Non uscire dai limiti.

## BOW

**To bow low.**
Sich zu Füßen werfen – sich verbeugen.
Se prosterner.
Postrarse – Prosternarse.
Prostrarsi.

## BRACING

**Bracing air.**
Eine erfrischende Brise – ein erfrischender Luftzug.
Air fortifiant.
Aire fortificante.
Aria corroborante.

## BRAIN

**To brain somebody.**
Jemandem den Schädel einschlagen.

Casser les reins à quelqu'un.
Romperle a alguien la cabeza.
Spaccare la testa a qualcuno.

**He has women on the brain.**
Er hat nur (die) Frauen im Kopf.
Il ne pense qu'aux femmes.
Piensa sólo en las mujeres.
Non pensa che alle donne.

## BRAND

**Brand new.**
Brandneu.
Flambant neuf.
Nuevo flamante.
Nuovo di zecca.

## BRAVE

**To put on a brave face.**
Gute Miene zum bösen Spiel machen.
Faire contre mauvaise fortune bon coeur.
Hacer de tripas corazón.
Far buon viso a cattivo gioco.

## BREAD

**To quarrel with one's bread and butter.**
Mit seinem Los unzufrieden sein - sich ins eigene Fleisch schneiden.
Se plaindre de son état.
Quejarse de la propia situación.
Lamentarsi del proprio stato.

## BREAD

**To take the bread out of somebody's mouth.** 75
Jemandem sein Brot nehmen.
Oter le pain de la bouche à quelqu'un.
Quitarle a alguien el pan de la boca.
Levare il pane di bocca a qualcuno.

HONESTLY, YOU'D TAKE THE BREAD OUT OF ANYONE'S MOUTH, JOHN

## BREADWINNER

**The breadwinner.**
Das Familienoberhaupt - der Ernährer - der Geldverdiener.
Le chef de famille.
El cabeza de familia.
Il capofamiglia.

## BREAK

**A lucky break.**
Glück - ein glücklicher Umstand.
Un coup chanceux.
Un golpe de suerte - Un lance de fortuna.
Un colpo fortunato.

**To break down into tears.**
In Tränen ausbrechen.
Eclater en sanglots.
Estallar en llanto - en lágrimas.
Scoppiare in pianto.

**To break the ice.** 314
Das Eis brechen.
Briser la glace.
Romper el hielo.
Rompere il ghiaccio.

**To break the news.**
Eine Neuigkeit mitteilen (verbreiten).
Faire part d'une nouvelle - Annoncer une nouvelle.
Dar - Comunicar una noticia.
Comunicare una notizia.

**Omelets are not made without breaking eggs.**
Wo gehobelt wird, fallen Späne.
On ne peut pas faire d'omelette sans casser des oeufs.
No se hacen tortillas sin huevos.
Non si fanno frittate senza rompere uova.

## BREAKDOWN

**A nervous breakdown.**
Ein Nervenzusammenbruch.
Une dépression nerveuse.

Depresión nerviosa.
Un esaurimento nervoso.

## BREAKNECK

**At breakneck speed.**
In halsbrecherischer Geschwindigkeit.
Courir comme un dératé.
A la velocidad del rayo.
A rotta di collo.

## BREAST

**To make a clean breast of something.**
Offen gestehen - sich das Gewissen erleichtern.
Se délivrer d'un grand poids - Avouer.
Quitarse un peso de encima - Liberarse la conciencia.
Confessare tutto - Togliersi un peso dallo stomaco.

## BREATH

**To be short of breath.**
Kurzatmig sein - von kurzem Atem sein - ohne Ausdauer sein.
Avoir le souffle court.
Estar sin aliento - Estar jadeando.
Avere il fiato grosso.

## BREATHER

**To take a breather.**
Luft schnappen.
Prendre un bol d'air.
Tomar una bocanada de aire.
Prendere una boccata d'aria.

## BREATHLESS

**Breathless silence.**
Atemberaubende Stille - Totenstille.
Un silence plein de mystère.
Un silencio embarazante.
Silenzio assoluto.

## BREWING

**Something is brewing.**
Es braut sich etwas zusammen – Es liegt etwas in der Luft.
Il y a anguille sous roche.
Aquí se cuece algo – Aquí hay gato encerrado.
Qualcosa bolle in pentola.

## BRIBE

**To take a bribe.**
Sich bestechen (verführen) lassen.
Se laisser corrompre – Accepter un pot-de-vin.
Dejarse sobornar.
Lasciarsi corrompere.

## BRIGHT

**As bright as a new pin.**
Blank wie Silber (Gold) – glänzend – leuchtend – strahlend.
Brillant comme un sou neuf.
Radiante.
Lucentissimo.

## BRING

**I couldn't bring myself to do it.**
Ich könnte mich nicht dazu aufschwingen (überwinden), es zu tun.
Je ne pus me décider à le faire.
No me decidí a hacerlo.
Non potei decidermi a farlo.

**To bring down the house.** 79
Stürmischen Beifall auslösen.
Faire s'écrouler le théâtre sous les applaudissements.
Echar la casa abajo – Hacer venir abajo el teatro por los aplausos.
Fare crollare il teatro sotto gli applausi.

**To bring up to date.**
Auf den neuesten Stand bringen.
Ajourner.
Ponerse al día.
Aggiornare.

HIS CONCERTO BROUGHT THE HOUSE DOWN
THEATRE
Pirella! GREAT SUCCESS!
TONIGHT The Great Pirella! INTERNATIONAL PIANIST
HOUSE FULL

**Those who bring are always welcome.**
Wer bringt, ist überall willkommen.
Bienvenu qui apporte.
Los dones cautivan hasta a los dioses.
Chi porta, è sempre il benvenuto.

## BRING

**To bring up a child.**
Ein Kind erziehen (aufziehen), großziehen.
Elever un enfant.
Criar - Educar un niño.
Educare un bambino - Allevare un bambino.

**To bring off.**
Zustande (fertig) bringen.
Réussir.
LLevar - Conducir a buen puerto algo.
Riuscire - Condurre in porto qualcosa.

## BROAD

**To give a broad hint.**
Einen Wink mit dem Zaunpfahl geben.
Faire une allusion explicite - Faire comprendre clairement.
Hacer una alusión clara - Aludir claramente.
Fare un'allusione esplicita - Fare capire molto chiaramente.

## BROADLY

**Broadly speaking.**
Grundsätzlich gesprochen - allgemein gesagt.
En général.
En general - Por lo general.
In linea di massima - In generale.

## BROKE

**I'm stone broke.**
Ich bin pleite - Ich bin abgebrannt - Ich bin bankrott.
Je suis fauché.
Estoy sin blanca - Estoy sin un duro - Estoy pelado.
Sono al verde - Sono in bolletta.

**To go broke.**
Bankrott gehen.
Courir à la ruine.
Arruinarse.
Andare in rovina.

## BROKEN

**Broken English.**
Gebrochenes Englisch - fehlerhaftes Englisch.
Anglais incorrect - Anglais estropié.
Inglés incorrecto.
Inglese scorretto.

**To speak broken French.**
Französisch gebrochen sprechen.
Baragouiner le français.
Chapurrear el francés.
Balbettare il francese.

## BROOM

**A new broom sweeps clean.**
Neue Besen kehren gut.
Rien ne vaut un balai neuf.
Escoba nueva barre bien.
Scopa nuova scopa bene.

## BROTH

**Every cook praises his own broth.**
Jeder Krämer lobt seine Ware.
Chacun loue son oeuvre.
Cada ollero su olla alaba.
Ognuno loda il suo operato.

## BROUGHT

**I was brought to do this.**
Ich wurde dazu gebracht, das zu tun.
Je fus poussé à agir ainsi.
Fui obligado a hacerlo.
Fui spinto a fare questo.

**I brought it upon myself.**
Ich habe es selbst verschuldet.
Je l'ai bien cherché.
Bien me lo merezco.
Me lo sono cercato io.

## BROWN

**As brown as a berry.**
Schokoladenbraun.
Bronzé.
Muy moreno - bronceado.
Molto abbronzato.

## BRUNT

**I bore the brunt of the expense.**
Ich trage die Hauptlast der Ausgaben.
J'ai soutenu la majeure partie des frais.
Yo pagué la mayor parte de los gastos.
Ho sostenuto la maggior parte della spesa.

**To bear the brunt of an attack.**
Die volle Wucht des Angriffs auf sich nehmen.
Résister au coup d'une attaque.
Sobrellevar la fuerza de un ataque.
Sostenere l'urto d'un attacco.

## BRUSH

**To give someone the brush off.** 83
Jemanden abwimmeln (loswerden).
Se débarrasser de quelqu'un.
Librarse de alguien.
Liberarsi di qualcuno - Scaricare qualcuno.

**To brush up one's German.**
Sein Deutsch auffrischen.
Rafraîchir son allemand.
Ponerse al día con - Repasar el alemán.
Rispolverare il proprio tedesco.

ARE YOU GIVING ME THE BRUSH OFF, HILDA?
WIZZO BRUSHES REPRESENTATIVE

## BUBBLE

**To bubble over with joy.**
Vor Freude übersprudeln.
Semer la bonne humeur.
Rebosar de gozo - alegría.
Scoppiare di gioia.

**To bubble over with anger.**
Vor Wut (Zorn) überschäumen (kochen).
Etre noir de colère.
Hervir de cólera.
Bollire d'ira.

## BUCK

**Buck up!**
Kopf hoch! - Los!
Dépêchez-vous! - Courage!
¡Date prisa! - Ánimo.
Sbrigatevi! - Coraggio!

## BUD

**Nipped in the bud.**
Im Keim erstickt.
Tué dans l'oeuf.
Muerto al nacer.
Soffocato sul nascere.

## BULL

**To take the bull by the horns.**
Den Stier bei den Hörnern fassen (nehmen).
Prendre le taureau par les cornes.
Coger el toro por los cuernos.
Prendere il toro per le corna.

## BUNDLE

**To bundle off.**
Sich davonmachen - sich aus dem Staub machen - abhauen.
Plier bagage.
Liar los bártulos.
Far fagotto.

## BURN

**To burn one's boats.**
Alle Brücken hinter sich abbrechen – Alle Verbindungen lösen.
Couper les ponts.
Hacer borrón y cuenta nueva.
Far saltare i ponti dietro le spalle.

**To burn the candle at both ends.**
Das Geld mit vollen Händen zum Fenster hinauswerfen.
Brûler la chandelle par les deux bouts.
Derrochar el dinero – Tener agujeros en las manos.
Esagerare nel lavoro e nel divertimento.

## BURY

**To bury the hatchet.** 286
Das Kriegsbeil begraben.
Faire la paix.
Hacer las paces.
Fare la pace.

**To bury one's head in the sand.** 86
Seinen Kopf in den Sand stecken.
Refuser de voir les choses en face – Fermer les yeux.
Esconder la cabeza debajo del brazo.
Chiudere gli occhi alla realtà – Nascondere la testa nella sabbia.

## BUSINESS

**Business is business.**
Geschäft ist Geschäft.
Les affaires sont les affaires.
El negocio es el negocio.
Gli affari sono affari.

## BUSY

**As busy as a bee.**
Fleißig wie eine Ameise (Biene).
Assidu au travail.
Trabajador como la cigarra.
Laborioso come un'ape (una formica).

THE TROUBLE WITH YOU IS, YOU BURY YOUR HEAD IN THE SAND
SUNNYDAY ZOO
OSTRICH

## BUTTER

**She looks as if butter wouldn't melt in her mouth.**
Sie sieht aus, als könnte sie nicht bis drei zählen.
On dirait une sainte nitouche.
Parece que no hubiese roto un plato en su vida – Parece una mosquita muerta.
Sembra una santarellina.

## BUTTONHOLE

**To buttonhole someone.**
Anbändeln mit jemandem – einen Annäherungsversuch machen.
Tenir la jambe à quelqu'un.
Coger rollo con alguien.
Attaccare bottone con qualcuno.

## BUY

**He that buys what he does not want, must often sell what he does want.**
Wer Unnötiges kauft, muss bald Notwendiges verkaufen.
Qui achète ce dont il n'a pas besoin devra vendre ce qu'il ne voudrait pas.
Quien compra lo que no puede, vende lo que le duele.
Chi compra il superfluo, venderà il necessario.

## BYGONES

**Let bygones be bygones.**
Lass das Vergangene vergangen sein – Lass Vergangenes ruhen.
La page est tournée – Oubliez et pardonnez.
Haz borrón y cuenta nueva.
Acqua passata non macina più – Mettiamoci una pietra sopra.

# C

## CAKE

**You can't have your cake and eat it.**
Du kannst nur eines von beiden tun (haben) - Entweder oder! - Man kann nicht auf zwei Hochzeiten tanzen.
On ne fait pas d'omelette sans casser les oeufs.
No se puede tener todo - No se puede estar en la sopa y en la ensalada.
Non si può avere la botte piena e la moglie ubriaca.

**A piece of cake.**
Eine leichte Sache - eine Kleinigkeit - Nichts leichter als das!
Une chose simple comme bonjour.
Un juego de niños - Una cosa muy fácil.
Una cosa facile.

**He takes the cake for rudeness.**
Den Rekord an Unhöflichkeit brechen - Er bricht den Rekord an Grobheit.
C'est lui qui a le pompon pour ce qui est de l'impolitesse.
Se lleva la palma en mala educación.
Detiene il primato della scortesia.

## CALL

**To call a strike.**
Einen Streik ausrufen.
Proclamer une grève.
Declararse en huelga.
Proclamare uno sciopero.

**To call someone names.**
Eine Person beschimpfen.
Injurier quelqu'un - Traiter une personne de noms d'oiseaux.
Insultar a alguien.
Ingiuriare una persona.

**Let's call it a day!** 90
Es reicht für heute!
Ça suffit pour aujourd'hui!
¡Es suficiente! – ¡Basta por hoy!
Basta per oggi! – Abbiamo finito per oggi.

**I shall call for you.**
Ich werde Sie abholen.
Je passerai vous prendre.
Pasaré a recogerles.
Passerò a prendervi.

**To call at the Smiths.**
Die Smiths besuchen – bei den Smiths vorsprechen.
Passer chez les Smith.
Pasar por la casa de los Smith.
Passare dagli Smith.

## CAME

**I don't know how it came about.**
Ich weiß nicht, wie es geschah – ..., wie es passiert ist.
Je ne sais pas comment cela est arrivé.
No sé cómo pasó.
Non so come è avvenuto.

**He came into a lot of money.**
Er erbte viel Geld.
Il hérita d'une grosse fortune.
Ha heredado un montón de dinero.
Ereditò molto denaro.

## CANDIDATE

**To be a candidate for ...**
Ein Kandidat sein für ... – kandidieren für ...
Etre candidat à ... – Aspirer à ...
Aspirar – Ser candidato a ...
Aspirare a ...

## CANDLE

**Not worth the candle.**
Es ist nicht der Mühe wert.

I WANT TO
CALL IT A DAY
HAROLD

Le jeu n'en vaut pas la chandelle.
No merece la pena.
Il gioco non vale la candela.

**He can't hold a candle to his brother.**
Er kann seinem Bruder nicht das Wasser reichen.
Il n'arrive pas à la cheville de son frère.
No le llega a la suela del zapato (a su hermano).
Non è all'altezza di suo fratello.

## CAP

**She has set her cap at him.**
Sie hat ein Auge auf ihn geworfen.
Elle a posé les yeux sur lui.
Le ha puesto los ojos encima.
Gli ha messo gli occhi addosso.

**A feather in one's cap.**
Darauf kann man stolz sein.
Une chose dont on peut se vanter.
Algo de que estar orgulloso.
Una cosa di cui vantarsi.

**The cap fits.**
Die Beobachtung stimmt.
Observation pertinente – Faire mouche.
La observación es acertada.
L'osservazione è giusta.

## CAPITAL

**A capital dinner.**
Ein ausgezeichnetes Essen.
Un excellent dîner.
Una cena excelente – Estupenda.
Un ottimo pranzo.

## CARD

**A knowing card.**
Jemand, der die Karten kennt – ein Erzschlauer – ein (schlauer) Fuchs.
Un malin de première grandeur.

De armas tomar – De siete suelas.
Un furbo matricolato.

**To throw up one's card.**
Sich als besiegt geben – das Handtuch werfen.
S'avouer vaincu.
Darse por vencido.
Darsi per vinto.

## CARDS

**It's on the cards.**
Es ist (durchaus) möglich.
C'est possible.
Es posible.
È possibile.

## CARE

**I don't care a hang (damn, cent).**
Das ist mir völlig gleich – Das kümmert mich einen Dreck.
Je m'en fiche éperdument – Je m'en fiche royalement – Je m'en fiche comme de l'an quarante.
No me importa un comino, un bledo, un pepino.
Non me ne importa un fico secco.

**Care killed the cat.**
Übertriebene Fürsorge schadet nur.
Les soucis font blanchir les cheveux de bonne heure.
Quien se apura, su muerte apresura.
Le preoccupazioni fanno venire i capelli bianchi.

## CARRY

**To carry out a plan.**
Einen Plan ausführen.
Mettre à exécution un plan – Réaliser un plan.
Llevar a cabo un plan.
Realizzare un piano.

**To carry the day.**
Siegen – Sieger bleiben.
Remporter une victoire.

Salirse con la suya.
Riportare una vittoria - Spuntarla.

## CART

**To put the cart before the horse.** 94
Das Pferd beim Schwanz aufzäumen.
Mettre la charrue avant les boeufs.
Empezar la casa por el tejado.
Mettere il carro innanzi ai buoi.

## CASH

**Cash in hand.**
Barbestand - Kassenbestand.
Payer rubis sur l'ongle - Payer comptant - Payer «cash».
Dinero contante y sonante - Dinero en efectivo.
Soldi alla mano.

## CAST

**To cast lots.**
Auslosen - das Los ziehen - das Los entscheiden lassen.
Tirer au sort.
Sortear - Echar a suertes.
Tirare a sorte.

## CAT

**A cat may look at a king.**
Wir sind alle gleich.
Nous sommes tous égaux.
Somos todos iguales.
Siamo tutti uguali.

**There isn't room to swing a cat!** 632
Dort ist kaum Platz zum Umdrehen.
L'espace est très restreint.
No cabe ni un alfiler.
Lo spazio è ristrettissimo!

**To let the cat out of the bag.** 95
Die Katze aus dem Sack lassen.
Laisser échapper un secret.

YOU'RE PUTTING THE CART BEFORE THE HORSE, MISTER SMITH

I'VE
LET THE CAT
OUT OF THE
BAG
OFFICIAL
SECRETS
DEP'T
VET
TOP
SECRET
LATEST DESIGN

Dejar escapar un secreto.
Lasciarsi scappare un segreto.

**A cat and dog life.**
Wie Hund und Katze leben.
Une vie faite de querelles continuelles –
Etre comme chien et chat.
Vivir como el perro y el gato.
Essere come cani e gatto.

## CATCH

**It wasn't a great catch.**
Es war kein großer Fang.
Il n'a pas tellement fait prise.
No cazó – pescó mucho.
Non fece molta presa.

**To catch it.**
Strafe (Tadel) bekommen – gerügt werden.
Recevoir une râclée – Se faire rosser.
Recibir una paliza.
Buscarne delle belle – Prenderle.

**Catch me going there!**
Es besteht keine Gefahr, dass ich hingehe!
Je ne risque pas d'y aller!
¡No correré el riesgo de ir!
Non c'è pericolo che ci vada!

**To catch cold.**
Sich erkälten.
Prendre froid – Attraper un rhume.
Coger un resfriado – Resfriarse.
Raffreddarsi – Prendere un raffreddore.

**The sleeping fox catches no poultry.**
Ohne Fleiß kein Preis.
A renard endormi rien ne tombe dans la gueule.
A la vulpeja dormida no le cae nada en la boca.
Chi dorme, non piglia pesci.

## CATS

**To rain cats and dogs.**
Es gießt (schüttet, regnet) in Strömen.
Il pleut des cordes - Il pleut à verse.
Llover a cántaros.
Piovere a dirotto (a cantinelle).

## CAUGHT

**To be caught in the rain.**
Vom Regen überrascht werden.
Etre surpris par la pluie.
Ser sorprendido por la lluvia.
Essere sorpreso dalla pioggia.

**Never fry a fish till it's caught.**
Ungefangene Fische kann man nicht braten.
Pour faire un civet, il faut tuer un lièvre.
No le llames grano hasta que esté encerrado.
Non dire gatto se non l'hai nel sacco.

## CENT

**He hasn't got a cent.**
Er hat nicht einen roten Heller - Er besitzt keinen Pfennig.
Il n'a pas un sou - Il n'a pas un rond.
No tiene un duro - un real.
Non ha il becco di un quattrino.

## CEREMONY

**Please don't stand on ceremony.**
Bitte sei nicht so förmlich.
Ne fais pas tant de cérémonies!
Por favor, no hagan cumplidos.
Ti prego di non fare complimenti.

## CHALK

**As like as chalk and cheese.**
Grundverschieden (sehr ungleich) sein.
N'être semblables qu'en apparence.
Ser aparentemente iguales.
Essere simili solo in apparenza.

**Not to know chalk from cheese.**
Ein X nicht vom U unterscheiden können.
Prendre des vessies pour des lanternes.
No saber dónde se tiene la mano derecha.
Prendere lucciole per lanterne.

**He is the best by a long chalk.**
Er ist bei Weitem der Beste.
Il est de loin le meilleur.
Es con gran diferencia el mejor.
È di gran lunga il migliore.

## CHANCE

**If ever I had the chance.**
Wenn ich jemals die Gelegenheit habe.
Si j'en avais seulement l'occasion!
Si me dieran la oportunidad – Si tuviera la ocasión.
Se mai me ne capitasse l'occasione.

**To stand a good chance of success.**
Gute Möglichkeiten haben zu gewinnen –
Gute Aussichten haben, erfolgreich zu sein.
Avoir de grandes chances de réussir.
Tener muchas probabilidades de triunfar.
Avere una buona probabilità di successo.

**I'll take my chance.**
Ich will mein Glück versuchen.
Je courrai le risque.
Correré el riesgo.
Correrò il rischio.

**A chance acquaintance.**
Eine Zufallsbekanntschaft – eine zufällige Bekanntschaft.
Une connaissance fortuite.
Un conocimiento fortuito.
Una conoscenza fortuita.

## CHANCES

**The chances are against you.**
Die Umstände sind gegen dich.
Tu as peu de chances de ... – Le sort est contre toi.

MATERNITY WARD
NURSE, I'VE CHANGED MY MIND

Tienes pocas posibilidades.
Hai poche probabilità.

## CHANGE

**Have you any change?**
Haben Sie etwas Kleingeld?
Avez-vous de la monnaie?
¿Tienen cambio?
Avete spiccioli (moneta)?

**Keep the change.**
Behalten Sie den Rest!
Gardez le reste.
Tenga la vuelta – el resto.
Tenete il resto.

**Go away for a change.**
Zur Abwechslung fortgehen (verreisen).
Allez changer d'air!
¡Vaya y cambie de aires!
Andate a cambiare aria.

**To change one's mind.** 99
Seine Meinung ändern.
Changer d'idée.
Cambiar de idea.
Cambiare idea.

## CHARGE

**In the charge of ...**
Beauftragt mit ... – verantwortlich für ...
Sous la surveillance de ...
A cargo de ... – Bajo la vigilancia de ...
Sotto la custodia di ...

**How much do you charge for ...?**
Wie viel berechnen Sie für ...?
Combien prenez-vous pour ...?
¿Cuánto cuesta?
Quanto fate pagare per ...?

**He is in charge of that office.**
Er ist der Leiter dieses Büros.
Il est à la tête de ce bureau.
Está a cargo de esa oficina.
Egli dirige quell'ufficio.

## CHARITY

**Charity begins at home.**
Jeder ist sich selbst der Nächste.
Charité bien ordonnée commence par soi-même.
La caridad comienza por uno mismo.
La prima carità è quella di casa (comincia in famiglia).

## CHATTERED

**His teeth chattered.**
Seine Zähne klapperten.
Il claquait des dents.
Le castañeaban los dientes.
Gli battevano i denti.

## CHEAP

**Don't make yourself cheap!**
Setz dich nicht selber herab! – Mach dich nicht kleiner, als du bist!
Ne te vends pas pour une bouchée de pain!
¡No te vendas por nada!
Non degradarti!

## CHECK

**To hold oneself in check.**
Sich im Zaum halten – sich beherrschen.
Se dominer – Se maîtriser.
Controlarse – Dominarse.
Controllarsi.

## CHEEK

**To have the cheek to ...**
Die Frechheit besitzen zu ...
Avoir le toupet de ... – Avoir le culot de ...

Tener el descaro de ...
Avere la faccia tosta di ...

## CHEER

**Be of good cheer!**
Nur Mut!
Prenez courage! - Courage!
¡Ánimo!
Fatevi coraggio!

## CHEESE

**A cheese-paring spirit.**
Ein knauseriger (geiziger, kleinlicher) Mann.
Parcimonie mesquine - Tas de choses sans valeur.
Tacañería - Acumulador de cosas sin valor.
Avarizia gretta - Accozzaglia di cose senza valore.

## CHEQUERED

**A chequered career.**
Eine abwechslungsreiche Karriere.
Une carrière mouvementée - Une carrière aventureuse.
Una carrera muy movida.
Una carriera movimentata.

## CHESHIRE

**To laugh like a Cheshire cat.**
Übers ganze Gesicht lachen.
Sourire de façon stéréotypée.
Sonrisa de lado a lado.
Ridere in modo stereotipato.

## CHICKEN

**To be chicken.**
Keinen Mut haben.
Dégonflé - froussard.
Ser un cobarde - Ser una gallina.
Non avere fegato - essere codardi.

## CHICKENS

**To count one's chickens before they hatch.**
Das Fell des Bären verkaufen, ehe man ihn erlegt hat.
Vendre la peau de l'ours avant de l'avoir tué.
Hacerse castillos en el aire.
Vendere la pelle dell'orso prima di averlo preso.

## CHILD

**The child says nothing, but what he heard at the fireplace.**
Wie die Alten sungen, so zwitschern auch die Jungen.
Ce que l'enfant entend au foyer est bientôt connu jusqu'au moustier. – Les enfants répètent ce qu'ils ont entendu.
Lo que el niño oyó en el hogar, eso dice en el portal.
Il bambino ripete ciò che e sente in casa.

**Old men are twice children.**
Die Alten werden zweimal Kinder.
Vieillir c'est redevenir enfant.
La vejez tornó por los días en que nació.
I vecchi tornano a essere bambini.

## CHINWAG

**To have a chinwag.**
Sich unterhalten – plaudern.
Faire la causette.
Charlar.
Fare una chiacchierata.

## CHIP

**To have a chip on one's shoulder.**
(Vor Zorn) geladen sein.
Avoir envie de se disputer – Chercher la petite bête.
Tener ganas de discutir.
Aver voglia di litigare.

**To chip in.**
Ins Wort fallen.
Interrompre une conversation.

Interrumpir una conversación –
Entrometerse en una conversación.
Mettere il becco – Interrompere una conversazione.

**A chip off the old block.** 105
Ganz wie der Vater – Der Apfel fällt nicht weit vom Stamm.
Il est le digne fils de son père! – Tel Père tel fils.
Del tal palo, tal astilla.
Tale padre tale figlio.

## CHOOSES

**He is a man that picks and chooses.**
Er hat immer an allem etwas auszusetzen – er meckert immer.
C'est un homme difficile (à contenter).
Es un hombre difícil de contentar.
È un uomo difficile da accontentare (dai gusti difficili).

## CHUMP

**He is off his chump.**
Er ist nicht ganz bei Trost – Er hat nicht alle Tassen im Schrank.
Il a perdu la raison.
Ha perdido la cabeza.
È fuori di senno.

## CHURCH

**As poor as a church mouse.**
Arm wie eine Kirchenmaus.
Etre pauvre comme Job – Etre sur la paille.
Pobre como una rata.
Povero in canna.

**All are not saints that go to church.**
Nicht nur Heilige gehen zur Kirche.
Tous ceux qui vont à l'église ne sont pas des saints.
No todos los que estudian son letrados.
Non son tutti santi quelli che vanno in chiesa.

HE'S CERTAINLY A CHIP OFF THE OLD BLOCK

## CLAMOUR

**To clamour for something.**
Wütend nach etwas verlangen.
Réclamer quelque chose.
Pedir a gritos una cosa.
Reclamare qualcosa.

## CLASH

**These colours clash.**
Diese Farben passen nicht zusammen – Diese Farben harmonieren nicht miteinander.
Ces couleurs jurent – Ces couleurs sont criardes.
Estos colores desentonan – no van bien.
Questi colori stonano (fanno a cazzotti).

## CLEAN

**To get clean off.**
Sauber davonkommen.
Avoir les mains propres – Etre réhabilité.
Salir con las manos limpias.
Venirne fuori pulito.

## CLEAR

**Keep clear of him!**
Meiden Sie ihn! – Halten Sie sich fern von ihm!
Evitez-le!
¡Evítalo!
Evitatelo! – State alla larga da lui!

**To clear oneself.**
Seine Unschuld beweisen.
Prouver son innocence – Se disculper.
Demostrar la propia inocencia.
Dimostrare la propria innocenza.

**To clear out.**
Sich aus dem Staub machen – verschwinden – sich verziehen – abhauen.
S'esquiver – Décamper – Jouer la fille de l'air.
Largarse – Salir pitando – Salir por pies.
Svignarsela.

**To clear up a misunderstanding.**
Ein Missverständnis aufklären.
Dissiper un malentendu.
Aclarar un malentendido.
Chiarire un malinteso.

**To clear up.**
Aufräumen - fertig machen - sauber machen - putzen - ins Reine bringen - in Ordnung bringen - klären - aufklaren (Wetter).
Faire le ménage.
Hacer limpieza.
Fare le pulizie.

## CLEARING

**The weather is clearing up.**
Das Wetter klart auf.
Le temps se remet au beau.
El tiempo esta mejorando.
Il tempo si sta rasserenando.

## CLEFT

**In a cleft stick.**
In einer schwierigen Lage - in der Klemme.
Ne pas pouvoir se remuer - Etre à l'étroit.
No poderse mover - Estar apretujados - Estar como en una lata de sardinas.
Non aver spazio neanche per girarsi - Essere in una situazione difficile.

## CLIMB

**To climb down.**
Nachgeben - klein beigeben.
Rabattre de ses prétentions.
Bajar el listón - Reducir las pretensiones.
Ridurre le proprie pretese.

## CLOAK

**Cloak and dagger story.**
Spionagegeschichte.

Roman de cape et d'épée.
Novela de capa y espada.
Romanzo di spionaggio.

## CLOCK

**A clock watcher.** 109
Ein Ungeduldiger.
Un impatient.
Un impaciente.
Una persona impaziente.

## CLOCKWORK

**Like clockwork.**
Genauestens.
Avec la plus grande précision.
A toque de campana – Con la máxima puntualidad.
Con la massima esattezza – Puntuale come un orologio.

## CLOSE

**It's close in here.**
Die Luft ist schwül (stickig) hier drinnen.
L'air est vicié là-dedans – On étouffe ici.
El aire es sofocante aquí dentro.
L'aria è soffocante qua dentro.

**Close weather.**
Schwüles Wetter.
Temps lourd.
Bochorno.
Tempo afoso.

**To be close-fisted.**
Geizig sein – knauserig sein.
Etre avare – Etre radin.
Ser tacaño.
Essere avaro.

## CLOTH

**Cut your coat according to your cloth.**
Strecken Sie sich nach der Decke!

WE DON'T LIKE CLOCK WATCHERS HERE, SMITH
WATCH & CLOCK REPAIRS
FOR SALE

Menez le train de vie que vous permettent vos moyens – N'ayez pas la folie des grandeurs.
No abarcar más de lo que uno puede.
Non fare il passo più lungo della gamba.

## CLOTHING

**A wolf in sheep's clothing.**
Ein Wolf im Schafspelz.
Le loup qui s'est fait agneau.
Un lobo con piel de oveja.
Un lupo travestito da agnello.

## CLOUD

**Every cloud has a silver lining.**
Jedes Unglück hat auch sein Gutes – Glück im Unglück haben.
Chaque chose a du bon.
Todo tiene su lado bueno.
Ogni cosa ha il suo lato buono – Non tutto il male viene per nuocere.

**To be under a cloud.**
Ungern gesehen sein – schlecht angesehen sein – verdächtig sein.
Etre mal vu.
Estar mal visto.
Essere malvisto – Essere sospettato.

## CLOUT

**Never cast a clout till May is out.**
Man soll den Tag nicht vor dem Abend loben.
En avril ne te découvre pas d'un fil; en mai, fais ce qu'il te plaît.
Hasta el cuarenta de mayo no te quites el sayo.
Aprile non ti scoprire.

## CLOVER

**To be in clover.**
Im Wohlstand leben – wie ein König leben.
Vivre dans le luxe – Etre comme un pacha.

Vivir a lo grande – Vivir como un rey.
Vivere nel lusso – Stare come un papa.

## CLUB

**Let's club together.**
Lassen Sie uns zusammenlegen – Tun wir uns zusammen.
Partageons les frais.
Pagar a escote.
Dividiamo la spesa – Facciamo alla romana.

## COAL

**As black as coal.**
Schwarz wie Kohle.
Noir comme le charbon.
Negro como el carbón.
Nero come il carbone.

## COALS

**To carry coals to Newcastle.**
Eulen nach Athen tragen.
Porter de l'eau à la rivière.
Llevar piedras al cerro – Vender miel al colmenero.
Portare vasi a Samo – Portare acqua al mare.

## COBWEBS

**To blow away the cobwebs.** 112
Sich einen klaren Kopf schaffen.
Se rafraîchir les idées.
Refrescarse las ideas.
Rinfrescarsi le idee.

## COCK

**The cock of the walk.**
Der Hahn im Korb.
Le coq du village.
El gallo del corral.
Il gallo del pollaio.

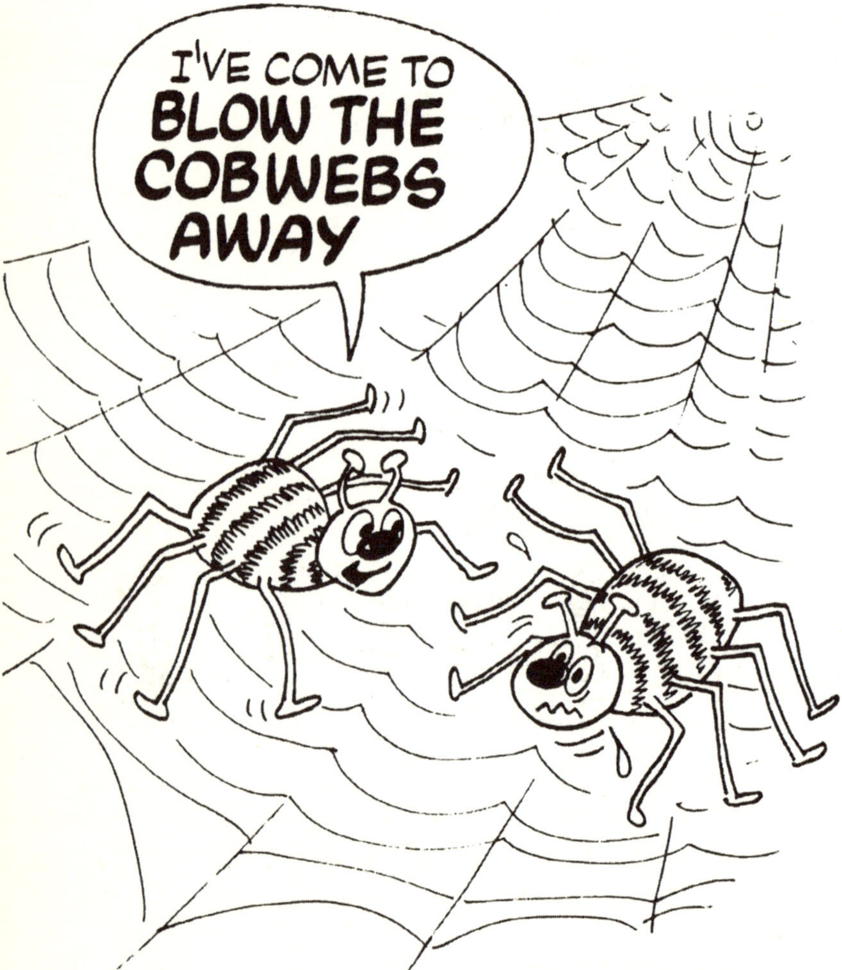
I'VE COME TO BLOW THE COBWEBS AWAY

AND WHAT IF I
COCK A SNOOK
AT YOUR REQUEST
FOR A RAISE IN SALARY,
MISTER JONES?
MANAGER

**A cock and bull story.**
Ein Ammenmärchen - eine Lügengeschichte.
Des sornettes - Des balivernes - Des blagues.
Una patraña - Un cuento chino.
Una panzana - Una fandonia.

**To cock a snook at someone.** 113
Jemandem eine lange Nase zeigen.
Faire un pied-de-nez à quelqu'un.
Hacer muecas - gestos a alguien.
Fare marameo a qualcuno.

## COD

**Cods wallop.** 115
Eine Ohrfeige.
Une gifle.
Un bofetón - Una bofetada - Un guantazo.
Una sberla - Pesci in faccia.

## COIN

**To coin a word.**
Ein Wort prägen.
Forger (créer) un mot.
Acuñar una palabra - Inventar una palabra.
Coniare una parola.

**To coin money.**
Geld wie Heu verdienen.
Gagner de l'argent à la pelle.
Ganar montones de dinero.
Fare soldi a palate.

## COLD

**Stone cold.**
Eiskalt.
Froid comme le marbre.
Frío como el hielo.
Freddissimo - Freddo como il marmo.

**To throw cold water on a plan.**

Einen Plan verderben.

SHE SMACKED YOU IN THE EYE? THAT'S CODS WALLOP

Décourager une entreprise.
Echar un jarro de agua fría a un plan.
Scoraggiare un progetto.

**To give the cold shoulder.**
Die kalte Schulter zeigen.
Traiter avec froideur.
Comportarse con frialdad.
Trattare con freddezza.

**To get cold feet.** 117
Kalte Füße bekommen – Angst kriegen.
Avoir peur.
Tener miedo.
Raggelarsi dalla paura.

**To be left out in the cold.** 118
Übergangen (ignoriert) werden.
Etre négligé – Etre négligent.
Dejar abandonado.
Essere trascurato.

**A cold hand and a warm heart.**
Kalte Hände, warmes Herz.
A main froide, coeur chaud.
Manos frías, corazón caliente.
Mani fredde, cuore caldo.

## COLLAR

**I collared him on the doorstep.**
Ich fasste (erwischte) ihn auf der Türschwelle.
Je l'ai arrêté sur le seuil.
Lo detuve – Lo pillé en el umbral.
Lo fermai sulla soglia.

## COLLECT

**Give me time to collect myself.**
Geben Sie mir Zeit, mich zu fassen.
Donnez-moi le temps de me ressaisir.
Dame tiempo para recobrarme – recuperarme.
Datemi il tempo di riprendermi.

YOU'RE NOT GETTING **COLD FEET**, ARE YOU ?
BANK

POOR OLD INOOK HAS BEEN LEFT OUT IN THE COLD

## COLLIDED

**The two planes collided.**
Die zwei Flugzeuge stießen zusammen.
Les deux avions entrèrent en collision.
Los dos aviones chocaron.
I due aerei entrarono in collisione.

## COLOUR

**To be off colour.**
Sich nicht wohl fühlen.
Changer de couleur – Se sentir mal.
Cambiar de color – No estar bien.
Stare poco bene.

## COLOURLESS

**A colourless person.**
Eine blasse Person – eine farblose Person.
Une personne insignifiante – Une personne fade.
Un soso.
Una persona scialba.

## COLOURS

**To come out in one's true colours.**
Sein wahres Gesicht zeigen – sein wahres Wesen zeigen.
Montrer son vrai caractère.
Manifestar el propio y verdadero carácter.
Mostrare il proprio vero carattere.

**To come off with flying colours.**
Mit fliegenden Fahnen siegen.
S'en tirer avec les honneurs.
Salir con honra de un asunto.
Uscire da un'impresa con tutti gli onori.

**To stick to one's colours.**
Einer Sache treu bleiben – die Fahne nicht wechseln.
Ne pas retourner sa veste – Etre fidèle à ses principes.
No ser como veleta al viento.
Non mutare bandiera – Restar fedele ai propri principi.

# COME

**Come out with it!**
Sprechen Sie es aus! - Heraus mit der Sprache!
Décidez-vous à parler!
¡Resuélvase a hablar!
Decidetevi a parlare!

**Look what I've come to!**
Schauen Sie, wie weit es mit mir gekommen ist!
Regardez à quoi je suis réduit!
¡Miren hasta dónde he llegado!
Guardate come sono ridotto.

**To come out of it well.**
Gut abschneiden (gut wegkommen) bei einem Geschäft (einer Sache).
Bien s'en tirer.
Salir bien parado de un asunto.
Venire fuori bene da un affare.

**To come to no good.**
Es niemals zu etwas Gutem bringen - schlecht enden.
Mal finir.
Salir mal parado.
Finir male.

**To come in handy.**
Gelegen kommen - sich gut treffen.
Convenir - Cela me convient.
Acomodar - Convenir.
Far comodo.

**Come to think of it.**
Wenn ich es so recht bedenke.
Maintenant que j'y pense.
Pensándolo bien.
Ora che ci penso.

**To come down upon ...**
Sich stürzen auf ... - jemandem aufs Dach steigen - jemandem den Kopf waschen.
Faire un lavage de cerveau à ...
Lavarle a alguien el cerebro.
Dare una lavata di capo a ...

**To come in useful.**
Nützlich sein.
Etre utile.
Ser útil.
Essere utile – Tornare utile.

**First come, first served.**
Wer zuerst kommt, mahlt zuerst.
Premier arrivé, premier servi.
El primer venido, primer servido.
Chi tardi arriva, male alloggia.

## COMING

**I don't know if I'm coming or going!** 122
Nichts mehr verstehen – durcheinander sein.
Je n'y comprends rien! – Je n'y vois que du feu!
¡No entiendo ni jota! – ¡No entiendo una palabra!
Non capisco un'acca! – Non capisco un tubo!

## COMMIT

**He wouldn't commit himself.**
Er wollte sich nicht verpflichten.
Il n'a pas voulu s'engager – Il n'a pas voulu se compromettre.
No quiso comprometerse.
Non volle impegnarsi.

## COMMON

**As common as dirt.**
Gewöhnlich – ordinär.
Très vulgaire.
Vulgar – Soez.
Volgare – Comune – Ordinario.

## COMMONPLACE

**He's very commonplace.**
Er ist sehr banal.
Il est très banal – Il est d'un commun!
Es muy banal.
È molto banale.

I DON'T KNOW IF I'M COMING OR GOING

## COMPANY

**I sin in good company.**
Bessere Menschen als ich haben das auch gemacht – Bessere Leute tun das ebenfalls.
Des hommes mieux que moi en ont fait autant.
Hombres mejores que yo lo han hecho igual.
Uomini migliori di me hanno fatto altrettando.

**We parted company.**
Wir trennten uns.
Nous prîmes congé – Nous nous séparâmes.
Nos separamos.
Ci separammo – Abbiamo preso due strade diverse.

**Two's company three's none.**
Viele Köche verderben den Brei – Drei sind einer zu viel.
On est mieux quand on est peu nombreux.
Cuanta menos gente, mejor.
Poca brigata, vita beata.

## COMPARE

**To compare notes.**
Meinungen (Erfahrungen) austauschen – sich beraten.
Echanger des points de vue (des idées).
Intercambiar puntos de vista.
Scambiare vedute.

## COMPARISON

**Comparisons are odious.**
Jeder Vergleich hinkt.
Comparaison n'a pas raison.
Toda comparación es odiosa.
I confronti sono odiosi.

## COMPLAINT

**There is no reason for complaint.**
Es gibt keinen Grund zur Klage.
Il n'y a pas de quoi se plaindre.
No hay por qué lamentarse.
Non c'è motivo di lamentarsi.

## COMPLIMENTS

**To pay one's compliments.**
Seine Empfehlungen senden.
Faire ses hommages.
Saludar – Rendir homenajes.
Fare i propri omaggi.

## COMPOSURE

**To recover one's composure.**
Seine Fassung wiedergewinnen.
Reprendre son sang-froid.
Recobrar ánimo.
Riprendere il proprio sangue freddo.

## CONCEITED

**He is a conceited ass.**
Er ist voller Dünkel (Einbildung) – Er ist überheblich (eingebildet).
Il est plein de suffisance – Il est plein de morgue.
Es un presumido – presuntuoso.
È pieno di boria.

## CONCERNED

**I'm concerned about John.**
Ich bin besorgt um John.
Je suis inquiet pour John.
John me preocupa.
Sono preoccupato per John.

**The parties concerned.**
Die Beteiligten.
Les parties concernées.
Las partes interesadas.
Le parti interessate.

## CONCOCTION

**What a concoction!**
Welch komische (seltsame) Mischung!
Quel mélange!

¡Qué mejunje!
Che strano miscuglio!

## CONFESS

**A fault confessed is half redressed.**
Ein eingestandener Fehler ist halb behoben – Eine zugegebene Schuld ist halb verziehen.
Faute avouée est à moitié pardonnée.
Un pecado confesado está medio perdonado.
Peccato confessato è mezzo perdonato.

## CONFOUND

**Confound them!**
Zum Teufel mit ihnen!
Qu'ils aillent au diable!
¡Que se vayan al diablo! – ¡Que se vayan a la porra – a hacer puñetas – a hacer gárgaras!
Che il diavolo se li porti!

## CONJURE

**To conjure up a picture.**
Ein Bild heraufbeschwören.
Evoquer une image.
Evocar una imagen.
Evocare un'immagine.

## CONNECTIONS

**To have good connections.**
Gute Beziehungen haben – Vitamin B haben.
Avoir des connaissances – Etre connu – Avoir le bras long.
Tener enchufe – Tener buenos contactos.
Avere conoscenze autorevoli – Essere ben introdotto.

## CONS

**The pros and the cons.**
Das Für und Wider – Pro und Kontra.
Le pour et le contre.
Los pros y los contras.
Il pro e il contro.

## CONSENT

**Silence gives consent.**
Stillschweigen bedeutet Zustimmung.
Qui ne dit mot consent.
Quien calla otorga.
Chi tace acconsente.

## CONSIDERATE

**A considerate man.**
Ein rücksichtsvoller Mann.
Un homme plein d'attentions.
Un hombre considerado.
Un uomo pieno di riguardi.

## CONSISTENTLY

**To act consistently.**
Konsequent (logisch) handeln.
Agir en conséquence - Agir de façon cohérente.
Actuar con coherencia.
Agire coerentemente.

## CONSUMMATE

**With cosummate ease.**
Mit größter Leichtigkeit.
Avec la plus grande facilité.
Con gran facilidad.
Con la massima facilità.

**A consummate liar.**
Ein perfekter Lügner.
Un fieffé menteur.
Un gran embustero.
Un bugiardo matricolato.

## CONTEMPT

**Familiarity breeds contempt.**
Vertraulichkeit schadet dem Respekt.
La familiarité engendre le mépris.
La familiaridad es causa de menosprecio.
Troppa confidenza toglie riverenza.

## CONVENIENCE

**At your convenience.**
Wann es Ihnen passt.
A votre convenance.
Cuando le venga bien a Usted.
Con vostro comodo.

## COOK

**To cook somebody's goose.**
Jemandem alles kaputt machen – jemanden fertigmachen – jemandem auf den Pelz rücken.
Faire sa fête à quelqu'un – Arranger quelqu'un.
Zurrarle a alguien la badana.
Conciare qualcuno per le feste.

## COOKS

**Too many cooks spoil the broth.**
Viele Köche verderben den Brei.
Trop de personnes, cela nuit à la tâche.
Casa de dos puertas mala es de guardar.
Troppi galli a cantar nonfa mai giorno – Troppi cuochi guastano la cucina.

## COOL

**As cool as a cucumber.**
Kalt wie Eis – eiskalt – kaltblütig.
Très frais – Ayant du sang-froid.
Fresca como una rosa – Fresco como un pimiento – De sangre fría.
Freschissimo – Di sangue freddo – fresco come una rosa.

**To cool one's heels.**
Warten müssen.
Poiroter – Attendre longtemps.
Esperar a alguien por mucho tiempo.
Stare ad aspettare a lungo.

## COPE

**We can't cope with him.**
Wir sind ihm nicht gewachsen.
Nous ne pouvons lui tenir tête.

No podemos con él.
Non possiamo tenergli testa.

## CORE

**He is English to the core.**
Er ist bis ins Mark (durch und durch) Engländer.
Il est Anglais jusqu'au bout des ongles.
Es inglés de pura cepa.
È inglese fino alle midolla.

## CORNER

**I'm in a tight corner.**
Ich bin in der Klemme - Ich bin in Verlegenheit.
Je me retrouve le dos au mur - Je suis coincé.
Estoy entre la espada y la pared.
Mi trovo con le spalle al muro.

**To turn the corner.**
Eine Krise überstehen.
Surmonter le pire.
Superar la crisis.
Superare il peggio.

## COUNSEL

**To keep one's own counsel.**
Seine Absicht für sich behalten.
Cacher ce que l'on sait.
Callar lo que uno sabe.
Tacere ciò che si sa.

**Night is mother of counsel.**
Guter Rat kommt über Nacht.
La nuit porte conseil.
La noche trae consejo.
La notte porta consiglio.

## COUNTRY

**God made the country and man made the town.**
Gott schuf die Natur, die Städte sind vom Menschen.
Dieu fit la campagne, l'homme fit la ville.

Dios hizo el campo y el hombre la ciudad.
Dio fece la campagna, l'uomo fece la città.

## COURSE

**To give free course to ...**
Jemandem freie Hand lassen.
Donner libre cours à ...
Dar luz verde a ...
Dare libero sfogo a ...

**To let things take their course.**
Den Dingen ihren Lauf lassen.
Laisser que les choses suivent leur cours.
Dejar que las cosas sigan su curso natural.
Lasciare andare le cose per il loro corso (verso).

**That's a matter of course.**
Das ist eine Selbstverständlichkeit.
Cela va de soi.
Esto es obvio.
Questo va da sé – È ovvio.

## COURT

**You are courting trouble.**
Du beschwörst Unheil (Schwierigkeiten) herauf.
Tu cherches des ennuis.
Te estás buscando problemas.
Vai in cerca di guai.

**To court failure.**
Ein Versagen herausfordern.
Rechercher l'insuccès.
Exponer al fracaso.
Andare in cerca dell'insuccesso.

## COVENTRY

**To send to Coventry.**
Den Kontakt abbrechen – gesellschaftlich kaltstellen.
Mettre au ban de la société.
Alejar a alguien – Desterrarlo.
Mettere al bando.

## CRACK

**To crack a joke.**
Einen Witz reißen.
Faire un mot d'esprit (une boutade).
Decir un chiste – Gastar bromas.
Dire una battuta – Raccontare una barzelletta.

**To crack up.** 131
Zusammenbrechen.
Craquer – Faire une dépression nerveuse.
Estar hecho polvo – Tener una depresión.
Andare a pezzi – Avere un esaurimento nervoso.

## CRACKING

**To get cracking.** 132
Sich beeilen.
Se dépêcher.
Apresurarse – Darse prisa.
Sbrigarsi – Darsi una mossa.

## CRANE

**To crane one's neck.**
Sich den Hals verrenken nach ...
Allonger le cou pour essayer de voir.
Alargar – Estirar el cuello.
Allungare il collo.

## CRANK

**He is a crank!**
Er ist ein komischer Kauz!
C'est un excentrique!
¡Es un excéntrico!
È un eccentrico!

## CREDIT

**To take the credit for something.**
Sich etwas als Verdienst anrechnen – den Ruhm für etwas in Anspruch nehmen.
Tirer mérite de quelque chose.

I TELL YOU I'M CRACKING UP, DOCTOR
PSYCHIATRIST

GET CRACKING, HARRY
STORE
EGGS
EGGS
EGGS
EGGS
EGGS
EGGS
EGGS
EGGS

Atribuirse el mérito de algo.
Prendersi il merito per qualche cosa.

## CREEP

**To give somebody the creeps.**
Jemandem das Gruseln beibringen – jemandem eine Gänsehaut machen.
Donner des frissons à quelqu'un.
Poner a alguien los pelos de punta.
Far rabbrividire qualcuno.

**It makes one's flesh creep.**
Es überläuft einen kalt – eine Gänsehaut davon bekommen.
Donner des frissons.
Pone a uno los pelos de punta – Le pone a uno la carne de gallina.
Far rabbrividire.

## CRISS-CROSS

**Everything went criss-cross.**
Alles ging schief.
Tout alla de travers.
Todo ha salido al revés.
Tutto andò di traverso (storto).

## CROCK

**To crock up.**
Erkranken.
Tomber malade.
Ponerse enfermo.
Avere un crollo (psicologico).

## CROOK

**By hook or by crook.**
Um jeden Preis – unter allen Umständen.
De gré ou de force.
Por las buenas o por las malas – De buen o de mal grado.
Di riffa o di raffa.

**He is a bit of a crook.**
Er ist eine etwas verdächtige Person – Er ist ein kleiner Gauner (Betrüger).
C'est une personne un peu louche.
Es un fullero.
È un tipo un po' losco.

## CROSS

**I feel very cross.**
Ich bin schlechter Laune (schlecht gelaunt).
Je suis d'une humeur exécrable.
Estoy de mal talante – de mal humor.
Sono di pessimo umore.

## CROSSED

**It crossed my mind.**
Es kam mir in den Sinn – Es fiel mir ein.
Cela me traversa l'esprit.
Se me pasó por la cabeza – Se me antojó – Se me ocurrió.
Mi passò per la mente.

## CRY

**To cry one's eye out.**
Sich die Augen ausweinen.
Pleurer à chaudes larmes.
Llorar a lágrima viva – Llorar a mares.
Consumarsi gli occhi dal piangere – Piangere lacrime calde .

**It's no use crying over a spilt milk!** 402
Geschehen ist geschehen – Hin ist hin.
Ce qui est fait est fait!
¡A lo hecho pecho!
È inutile piangere sul latte versato.

## CUP

**One's cup of tea.** 135
Nach jemandes Geschmack sein.
Le cheval de bataille.
El caballo de batalla.
La persona che va a genio.

NOW
THIS ONE IS
JUST YOUR
CUP OF
TEA
The International TEA CORPORATION
MANAGING DIRECTOR
INSURANCE Co..

## CURE

**To be past cure.**
Unheilbar sein.
Etre incurable.
Ser incurable – No tener remedio.
Essere incurabile.

**Prevention is better than cure.**
Vorbeugen ist besser als heilen.
Prévenir vaut mieux que guérir.
Más vale prevenir que curar.
Prevenire è meglio che curare.

## CURSED

**To be cursed with ...**
Mit etwas gestraft (geplagt) sein.
Etre affligé par ...
Estar afligido por ...
Essere afflitto da ...

## CURSES

**Curses come home to roost.**
Wer böse Worte säht, wird Fluch ernten – Wie man in den Wald hineinruft, so schallt es heraus.
Les malédictions retombent toujours sur ceux qui les lancent.
Las maldiciones recaen en la cabeza de quien las prefiere.
Le maledizioni ricadono sul capo di chi le scaglia.

## CUT

**To be cut up.**
Tief betrübt sein.
Eprouver une grande douleur.
Estar apesadumbrado – muy afligido.
Essere molto addolorato – Essere a pezzi.

**To cut one's stick.**
Sich aus dem Staub machen – abhauen.
Couper la corde.
Cerrar el grifo.
Tagliare la corda.

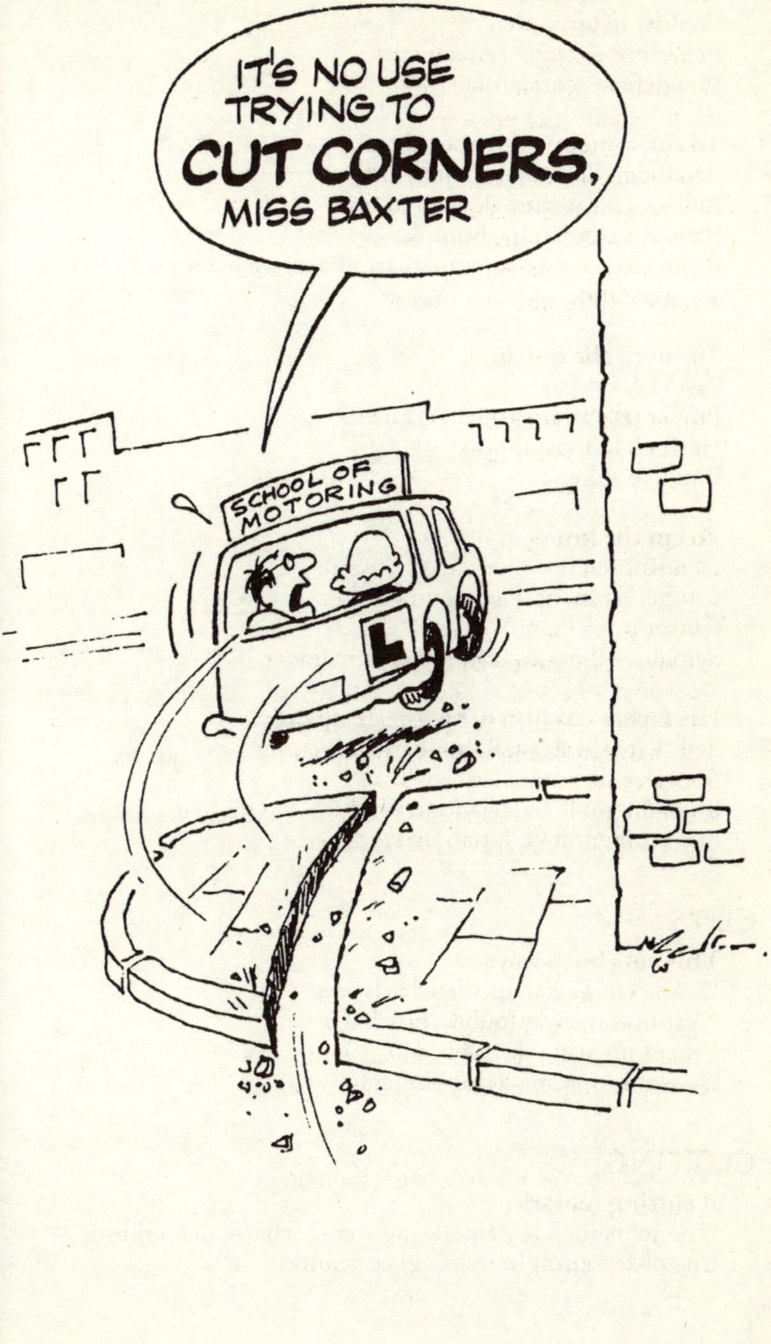
IT'S NO USE TRYING TO CUT CORNERS, MISS BAXTER
SCHOOL OF MOTORING
L

**To cut corners.** 137
Den Weg abkürzen.
Prendre le raccourci.
Echar por el atajo - Atajar.
Prendere la scorciatoia.

**To cut someone down to size.** 139
Jemanden demütigen - jemanden herabsetzen.
Rabaisser le caquet de quelqu'un.
Bajarle a alguien los humos.
Ridimensionare qualcuno. Fare abbassare la cresta a qualcuno.

**To cut to the quick.**
Tief verwunden.
Piquer (atteindre, toucher) au vif.
Herir en lo más hondo.
Pungere sul vivo.

**To cut the knot.**
Den Knoten durchschlagen (lösen).
Couper (trancher) le noeud gordien
Cortar por lo sano.
Sciogliere il nodo - Dipanare la matassa.

**His father cut him off without a penny.**
Sein Vater hinterließ ihm keinen Pfennig.
Son père lui coupa les vivres.
Su padre no le ha dejado ni un duro - ni un real.
Suo padre non gli lasciò un soldo.

## CUTS

**This cuts both ways.**
Das ist ein zweischneidiges Schwert.
C'est une arme à double tranchant.
Esta es un arma de doble filo.
Questa è un'arma a doppio taglio.

## CUTTING

**A cutting remark.**
Eine schneidende Bemerkung - eine scharfe Bemerkung.
Une observation (remarque) cinglante.

I SOON CUT HIM DOWN TO SIZE
FOREMAN

Una observación mordaz.
Un'osservazione mordace, pungente.

**A cutting wind.**
Ein schneidender Wind.
Un vent tranchant.
Un viento cortante.
Un vento tagliente.

# D

## DAGGERS

**To look daggers (at).**
Mit Blicken durchbohren.
Foudroyer du regard.
Fulminar con la mirada.
Fulminare con lo sguardo.

## DARK

**To keep something in the dark.**
Geheim halten.
Tenir une chose secrète.
Guardar un secreto.
Tener segreto.

## DASH

**I must dash off.**
Ich muss abhauen.
Je dois me sauver (me précipiter).
Tengo que irme – marcharme.
Devo scappare via.

## DASHED

**His hopes were dashed.**
Seine Hoffnungen waren zunichte.
Ses espoirs furent anéantis.
Sus esperanzas han sido frustradas.
Le sue speranze furono distrutte.

## DATE

**Up to date.**
Zeitgemäß – modern – auf der Höhe – aktuell.
Moderne – D'actualité – A la page.
Al día – De actualidad.
Moderno – D'attualità – Aggiornato.

**Out of date.**
Unmodern - veraltet - überholt.
Dépassé - Démodé.
Anticuado - En desuso - Pasado de moda.
Fuori moda - Antiquato.

## DAUGHTER

**Like father, like son; like mother, like daughter.**
Wie der Vater, so der Sohn; wie die Mutter, so die Tochter.
Tel père, tel fils; telle mère, telle fille.
De tal palo, tal astilla.
Tale il padre, tale il figlio; tale la madre, tale la figlia.

## DAUNTED

**I was daunted.**
Ich war entmutigt - Ich fühlte mich entmutigt.
Je me sentis découragé.
Me desanimé.
Mi sentii scoraggiato.

## DAWDLE

**To dawdle over something.**
Mit etwas trödeln.
Tirer les choses en longueur, traîner les choses en longueur.
Dar largas a un asunto.
Tirare per le lunghe.

## DAWNED

**It never dawned upon me.**
Es ist mir nie in den Sinn gekommen.
Ça ne m'est jamais venu à l'esprit - Ça ne m'est jamais passé par la tête.
Nunca se me ha pasado por la cabeza.
Non mi è mai passato per la testa.

## DAY

**To live from day to day.**
Von der Hand in den Mund leben.
Vivre au jour le jour.

Vivir al día.
Vivere alla giornata.

**Every dog has his day.**
Jeder hat einmal Glück im Leben.
La fortune sourit parfois même aux plus malheureux - Tôt ou tard la fortune nous sourit.
Todos tienen su pedacito de cielo.
Ognuno ha il suo quarto d'ora di fortuna.

**Patient men win the day.**
Beharrlichkeit führt zum Ziel.
La patience vient à bout de tout.
Con la paciencia todo se alcanza.
Con la pazienza si ottiene tutto.

## DAYS

**In those days.**
In jenen Tagen - damals.
En ce temps-là.
Por aquellos días.
A quei tempi.

## DEAD

**What a dead town!**
Welch eine tote Stadt!
Quelle ville monotone! - Quelle ville morte!
¡Qué ciudad tan aburrida!
Che città monotona! - Che città morta!

**At dead of night.**
Mitten in der Nacht.
Au coeur de la nuit.
En mitad de la noche.
Nel cuore della notte.

**A dead cert.** 144
Eine todsichere Sache.
Une chose sûre et certaine.
Algo muy cierto.
Una cosa certa.

DO YOU WANT TO KNOW A DEAD CERT'?

**It's a dead certainty.**
Es ist todsicher.
C'est absolument sûr.
Es completamente seguro.
È assolutamente sicuro.

## DEADLOCK

**Matters were at a deadlock.**
Die Dinge waren an einem toten Punkt angelangt.
L'affaire était au point mort.
Las cosas estaban en un callejón sin salida.
Le cose erano a un punto morto.

## DEAF

**As deaf as a post.**
Stocktaub.
Sourd comme un pot.
Sordo como una tapia.
Sordo come una campana.

**To turn a deaf ear.**
Taub sein gegen ...
Faire la sourde oreille.
Hacerse el sueco – Hacer oídos de mercader.
Far orecchie da mercante.

**None so deaf as those who won't hear.**
Keiner ist so taub wie derjenige, der nicht hören will.
Il n'est pire sourd que celui qui ne veut pas entendre.
No hay peor sordo que el que no quiere oír.
Non c'è peggior sordo di chi non vuol sentire.

## DEALINGS

**These are foul dealings.**
Das sind faule Geschäfte – Das ist Betrug.
Ça c'est une trahison!
Esto es un engaño – una traición.
Questo è un tradimento!

## DEAR

**To run for dear life.**
Rennen, als ob es ums Leben ginge.
Courir comme s'il en allait de la vie – Courir comme un dératé.
Darse prisa como si fuera cuestión de vida o muerte.
Correre come un pazzo – Darsela a gambe.

## DEBT

**To be head over heels in debt.**
Von Kopf bis Fuß in Schulden stecken – bis zum Hals in Schulden stecken.
Etre couvert de dettes – Etre endetté jusqu'au cou.
Estar hasta el cuello de deudas – Estar con la soga al cuello.
Essere sommerso dai debiti – Essere nei debiti fino al collo.

## DECENT

**A decent chap.**
Ein anständiger Kerl.
Un homme comme il faut.
Un hombre como se debe.
Un uomo come si deve.

## DECLINING

**In one's declining years.**
An seinem Lebensabend.
Vers la fin de la vie.
En el declinar de la vida.
Sul finire della vita.

## DEEP

**Still waters run deep.**
Stille Wasser gründen tief.
Il n'est pire eau que l'eau qui dort.
Donde más fondo el río, hace menos ruido.
Le acque chete rovinano i ponti.

**To go off the deep end.** 
Zornig werden – sich ärgern.
Se mettre en colère – Monter sur ses grands chevaux.

HE'S GONE OFF THE DEEP END AGAIN
SWIMMING POOL

Enfadarse/Cabrearse.
Montare su tutte le furie.

## DEFICIENT

**Mentally deficient.**
Schwachsinnig.
Fou – Idiot.
Bobo – Tonto.
Mentecatto.

## DEGREE

**In some degree.**
Bis zu einem gewissen Punkt.
Jusqu'à un certain point.
Hasta cierto punto.
Fino a un certo punto.

## DEGREES

**By degrees.**
Allmählich – nach und nach – mit der Zeit.
Peu à peu.
Poco a poco – gradualmente.
Per gradi.

## DEMAND

**Supply and demand.**
Angebot und Nachfrage.
L'offre et la demande.
La oferta y la demanda.
Domanda e offerta.

**In great demand.**
In großer Nachfrage – sehr gefragt.
Très recherché – Très prisé.
Muy solicitado – muy demandado.
Ricercatissimo – Molto richiesto.

## DESERVE

**One good turn deserves another.**
Eine Gefälligkeit ist der andern wert.
Un service en vaut un autre.
Un favor se paga con otro.
A un favore si risponde con un altro favore – Ciò che è fatto è reso.

## DEVIL

**A devil-may-care manner.**
Eine verwegene Art – eine freche Art.
Un air je-m'en-foutiste.
Una pinta de fresco – pasota – desvergonzado.
Un'aria da »me ne infischio« (da strafottente – menefreghista)

**To be a devil.** 150
Ein Teufel sein.
Etre un diable.
Ser travieso – ser malo – ser un demonio.
Essere un diavolo.

## DIAMOND

**A rough diamond.**
Ein ungeschliffener Mensch – ein Mensch mit rauer Schale und gutem Kern.
Le bourru bienfaisant – Un homme bourru.
Una persona arisca – un cardo (pero buena).
Un burbero benefico – Una persona rozza ma buona.

## DIE

**Never say die!**
Nur nicht verzweifeln! – Kopf hoch!
Il ne faut jamais se désespérer!
¡No hay que desanimarse!
Non bisogna mai disperarsi!

**Call no man happy till he dies.**
Keiner ist vor seinem Tod glücklich zu preisen.
Nul avant sa mort ne peut être dit heureux.

HE'S BEEN A
LITTLE DEVIL
LATELY, DOCTOR

Nadie se alabe hasta que acabe.
Nessuno può dirsi felice a questo mondo.

## DIFFER

**Tastes differ.**
Über Geschmack lässt sich nicht streiten.
Chacun ses goûts.
Sobre gustos no hay nada escrito.
Ognuno ha i suoi gusti.

**We agreed to differ.**
Wir einigten uns dahin, dass jeder seine Meinung behalten konnte.
Chacun décida de rester sur ses positions.
Quedamos en mantener nuestras opiniones personales.
Abbiamo ammesso di avere opinioni diverse.

## DIFFERENCE

**To split the difference.**
Einen Kompromiss schließen.
En venir à un compromis.
Llegar a un compromiso.
Venire a un compromesso – Giungere a un compromesso.

## DIFFERENT

**They are as different as day and night.**
Sie sind wie Tag und Nacht.
C'est le jour et la nuit.
Son como el día y la noche.
Sono come il giorno e la notte.

## DIGGER

**He is a gold-digger.**
Er ist ein Opportunist.
Il est très intéressé.
Es un aprovechado – un oportunista – un interesado.
È molto interessato – È un opportunista.

## DIRTY

**A dirty look.** 153
Ein schmutziger Blick – ein dreckiger Blick.
Un regard vicieux.
Una mirada sucia – lujuriosa.
Un'occhiataccia.

## DISGRACE

**It's no disgrace to be poor.**
Armut ist keine Schande.
Ce n'est pas une honte d'être pauvre.
No es una desgracia ser pobre.
Non è una vergogna essere povero.

## DISH

**Better are small fish than an empty dish.**
Besser ein kleiner Fisch als gar nichts auf dem Tisch.
Faute de grives, on mange des merles.
A falta de pan, buenas son tortas.
Meglio poco che niente – In mancanza dei cavalli, trottano gli asini.

## DISLIKE

**To take a dislike to ...**
Eine Abneigung fassen gegen ...
Prendre en antipathie (en grippe).
Tener aversión por.
Prendere in antipatia.

## DISPENSE

**I can dispense with your help.**
Ich kann auf Ihre Hilfe verzichten.
Je peux me dispenser de votre aide. Je peux me passer de votre aide.
No necesito su ayuda.
Posso fare a meno del suo aiuto.

WHAT'S THAT DIRTY LOOK FOR?
SWEEP

## DISPUTE

**Beyond all dispute.**
Außer Frage - zweifellos.
(C'est) incontestable - indiscutable - indéniable.
Sin discusión - Sin lugar a dudas.
(È) incontestabile - È innegabile.

## DISTANCE

**To keep one's distance.**
Distanz halten - den Abstand wahren.
Prendre ses distances - Rester à sa place. (Conserver, garder) prendre ses distances.
Mantener - Guardar las distancias.
Mantenere le distanze.

## DIZZY

**He got dizzy.**
Ihm wurde schwindelig.
Il fut pris de vertige.
Estaba mareado - Le daba vueltas la cabeza.
Gli venne il capogiro.

## DO

**That will do!**
Das genügt! - Das reicht! - Genug davon!
Ça suffit!
¡Está bien, basta!
Va bene, basta!

**To do up.**
Renovieren - neu herrichten.
Remettre à neuf - Moderniser.
Modernizar.
Rimodernare.

**To do away with ...**
Beseitigen - abschaffen.
Faire disparaître. Supprimer
Deshacerse de ...
Far sparire.

**To do in someone.**
Jemanden beiseiteschaffen.
Descendre quelqu'un.
Matar a alguien.
Accoppare qualcuno. Far fuori qualcuno.

**By doing nothing we do ill.**
Müßiggang ist aller Laster Anfang.
Qui ne fait rien fait mal.
Muchos males engendra la ociosidad.
L'ozio è il padre dei vizi.

**When in Rome do as the Romans do.**
Andere Länder, andere Sitten.
Quand tu seras à Rome, agis comme les Romains. Il faut vivre à Rome comme à Rome.
Cuando a Roma fueres, haz come vieres.
Paese che vai usanza che trovi.

**Who talks most does least.**
Die Faulen und Dreisten schreien am meisten.
Les grands diseurs ne sont pas les grands faiseurs.
Perro ladrador, poco mordedor.
Chi parla molto, agisce poco.

## DOCTOR

**To doctor oneself.**
Sich selbst verarzten.
Se soigner soi-même.
Recetarse - Curarse a sí mismo.
Essere il medico di se stesso.

## DOG

**A dog in the manger.**
Ein Neidhammel.
Le chien du jardinier - Un égoïste.
El perro del hortelano que ni come ni deja comer.
Uno stupido egoista.

**Let sleeping dogs lie.**
Schlafende Hunde soll man nicht wecken.

Ne réveillez pas le chat qui dort.
No hay que buscarle tres pies al gato.
Non svegliare il can che dorme.

**To go to the dogs.**
Vor die Hunde gehen.
Etre ruiné – Aller au diable.
Irse todo a paseo – a la porra – al diablo.
Andare in malora.

**Top dog.**
Der Überlegene – der Sieger.
Une grosse légume.
Pez gordo.
Un pezzo grosso.

**To be an underdog.**
Das fünfte Rad am Wagen sein.
Etre la dernière roue de la charrette.
Ser el último mono.
Essere l'ultima ruota del carro.

**Every dog has his day.**
Jeder hat einmal Glück im Leben.
La fortune nous sourit tôt ou tard.
Todos tienen su pedacito de cielo.
La fortuna, prima o poi sorride a tutti.

**Give a dog an ill name and hang him.**
Jemanden aufgrund von Gerüchten verurteilen.
La calomnie détruit.
La calumnia destruye.
La calunnia uccide.

**You can't teach an old dog new tricks.**
Man kann einen alten Hund nicht ändern.
Ce n'est pas au vieux singe qu'on apprend à faire la grimace.
No se puede decir al maestro cómo enseñar.
È difficile cambiare abitudini in vecchiaia.

**He is a lucky dog!**
Er ist ein Glückspilz.
C'est quelqu'un qui a de la chance!

Es un tipo con mucha suerte.
È un tipo fortunato!

**To give to the dogs.**
Vergeuden – zum Fenster hinauswerfen – Perlen vor die Säue werfen.
Faire du gaspillage.
Echar margaritas a los puercos – cerdos.
Buttar via – Sprecare qualcosa – Gettar perle ai porci.

**To help a lame dog over a stile.**
Jemandem in der Not helfen.
Secourir quelqu'un dans le besoin.
Ayudar a un amigo en caso de necesidad.
Dimostrarsi amico di qualcuno – Soccorrere qualcuno in un momento di bisogno.

**In the dog house.** 158
Im Unglück sein.
Etre mis au ban.
Estar en desgracia.
Essere in disgrazia.

**To lead a dog's life.** 159
Ein Hundeleben führen.
Mener une vie de chien.
LLevar una vida de perros.
Fare una vita da cani.

**Not to have a dog's chance.**
Keinerlei Aussicht haben.
N'avoir aucune chance de s'en sortir.
No tener ninguna posibilidad de salir bien.
Non avere nessuna probabilità di cavarsela.

**To be dogged by misfortune.**
Vom Unglück verfolgt sein.
Etre poursuivi par la malchance.
LLevar la negra encima.
Essere perseguitato dalla sfortuna.

**He that lies down with dogs must rise up with fleas.**
Legst du dich mit den Hunden hin, stehst du mit den Flöhen auf.

IN THE DOG HOUSE AGAIN, HARRY?
FIDO

HONESTLY, ENID, YOU LEAD HIM A DOGS LIFE
WOOF
HAROLD

Qui se couche avec des chiens se lève avec des puces.
Quien con perros se acuesta, con pulgas se levanta.
Chi va a letto con i cani, si alza con le pulci.

**Love me, love my dog.**
Wer die Kirschen will, muss auch die Steine nehmen.
Qui m'aime, aime mon chien.
Quien quiere a Beltrán, quiere a su can.
Chi ama me, ama il mio cane.

**He is a sly dog!**
Er ist ein schlauer Fuchs!
C'est quelqu'un d'astucieux!
¡Es un zorro!
È un tipo astuto!

**To rain cats and dogs.**
Wie aus Eimern regnen – in Strömen gießen.
Il pleut à verse – Il tombe des cordes.
Llover a cántaros.
Piovere a dirotto vive a catinelle.

## DOG

**Dog does not eat dog.**
Eine Krähe hackt der anderen kein Auge aus.
Les loups ne se mangent pas entre eux.
Los lobos no se comen entre ellos.
Cane non mangia cane – I lupi non si mordono fra di loro.

## DOING

**The patient is doing well.**
Der Patient ist auf dem Weg der Besserung (Genesung).
Le malade est en voie de guérison.
El paciente se está mejorando.
L'ammalato è in via di guarigione.

## DOINGS

**Pretty doings these!**
Schöne Sache! – Schöne Geschichte!
C'est du beau!

¡Qué buenos! – ¡Qué bonitos!
Bella roba!

## DONE

**To have done with ...**
Fertig sein mit ...
En finir avec ...
Acabar con ...
Farla finita con ...

**We are done for!**
Wir sind erledigt (geliefert)!
Nous sommes perdus!
¡Se acabó! – ¡Estamos perdidos!
Siamo spacciati!

## DOOR

**It will be laid at your door!**
Es wird Ihre Schuld sein!
Ce sera de votre faute!
Será culpa suya.
La colpa sarà vostra!

**To open a door to ...**
Möglich machen – die Möglichkeit eröffnen zu ...
Ouvrir la route à ... – Rendre possible.
Abrir puertas – caminos a ...
Aprire la strada a ... – Rendere possibile.

**Money opens all doors.**
Geld regiert die Welt.
L'argent ouvre toutes les portes.
El dinero abre todas las puertas.
Il denaro apre tutte le porte.

**Sweep before your own door.**
Jeder soll vor seiner eigenen Tür kehren.
Que chacun balaie devant sa porte.
Cada cual en su casa y Dios en la de todos.
Non ficcare il naso negli affari altrui.

**When poverty comes through the door, love jumps out the window.**
Wenn die Not an die Tür klopft, springt die Liebe aus dem Fenster.
Quand la pauvreté frappe à la porte, l'amour s'en va par la fenêtre.
Cuando el hambre entra por la puerta, el amor huye por la ventana.
Quando la fame entra dalla porta, l'amore se ne va dalla finestra.

## DOORNAIL

**To be as dead as a doornail.**
Mausetot.
Etre raide mort.
Estar muerto.
Essere morto stecchito.

**To be as deaf as a doornail.**
Stocktaub.
Etre sourd comme un pot.
Ser sordo como una tapia.
Essere sordo come una campana.

## DOT

**To dot one's i's and cross one's t's.**
Mit dem i-Punkt versehen sein - peinlich genau sein.
Etre méticuleux - Etre tatillon - Etre vétilleux.
Ser meticuloso.
Essere meticoloso (pignolo).

## DOTES

**She dotes on her children.**
Sie ist vernarrt in ihre Kinder.
Elle adore ses enfants.
Adora a sus hijos.
Adora i suoi figli.

## DOTTY

**He is dotty.**
Er ist übergeschnappt – Er ist ein bisschen verrückt.
Il est un peu sonné (toqué) – Il est devenu gâteux – Il est retombé en enfance.
Está un poco tocado – Le falta un tornillo.
È un po' tocco – È rimbambito.

## DOUBLE

**To talk double Dutch.**
Kauderwelsch sprechen – chinesisch sprechen.
Parler hébreu – Parler charabia – Parler petit nègre.
Hablar en chino.
Parlare un gergo incomprensibile – Parlare turco.

## DOUBLE-FACED

**To be double-faced.**
Heuchlerisch (scheinheilig, unaufrichtig) sein – zwei Gesichter haben.
Etre hypocrite.
Ser hipócrita – cínico.
Essere ipocrita – Avere la doppia faccia.

## DOWN

**To be down and out.** 164
Erledigt (ruiniert) sein.
Etre épuisé.
Estar exhausto – Estar agotado.
Essere sfinito (esausto).

**To be down on one's luck.**
Pech haben.
Etre malchanceux.
Tener mala suerte.
Essere sfortunato.

**To be on the down grade.**
Im Verfall sein – absteigen – auf dem absteigenden Ast sein.
Etre en décadence.

I SEE OLD HARRY'S DOWN AND OUT AGAIN
HIC

Estar en decadencia.
Essere in decadenza.

**To run down ...**
Schlecht sprechen von ...
Dire du mal de ...
Poner como hoja de perejil a ... - Poner por los suelos.
Sparlare di ...

**I'm rather run down.** 529
Ich bin ziemlich erschöpft (abgespannt).
Je suis un peu las - J'ai les nerfs fatigués.
Estoy abatido.
Ho un po' di esaurimento.

**To write it down.**
Aufschreiben - eine Notiz machen.
Prendre note.
Tomar nota.
Prendere un appunto.

**To be down in the mouth.**
Niedergeschlagen sein.
Etre abattu.
Estar deprimido - Bajo de moral.
Essere abbattuto.

**To send a student down.**
Einen Studenten dispensieren.
Renvoyer un étudiant.
Expulsar a un estudiante.
Espellere uno studente.

## DOWN

**To be down on someone.**
Jemanden sehr streng behandeln.
Traiter très sévèrement quelqu'un.
Ser muy severo con alguien.
Trattare qualcuno molto severamente.

## DOWNRIGHT

**He's a downright scoundrel!**
Er ist ein Erzschurke (Schlawiner, Erzgauner).
C'est un sacré vaurien! - C'est un sacré chenapan!
Es un pícaro bribón.
È un furfante di tre cotte!

## DOWNS

**The ups and downs of life.** 680
Das Auf und Ab im Leben - die Höhen und Tiefen des Lebens.
Les hauts et les bas de la vie.
Los altibajos de la vida.
Gli alti e bassi della vita.

## DOZEN

**To talk nineteen to the dozen.**
Wie ein Buch reden.
Parler sans arrêt.
Hablar por los codos - Hablar como una cotorra.
Parlare senza tregua - Parlare rapidamente.

## DRAW

**To draw up a programme.**
Ein Programm aufstellen.
Mettre sur pied un programme.
Redactar un programa.
Compilare un programma.

**To draw in one's horns.**
Vorsichtig sein.
Se montrer prudent.
Ser prudente.
Essere prudente.

**Money draws money.**
Geld kommt zu Geld.
L'argent appelle l'argent.
Dinero llama a dinero.
I soldi chiamano soldi.

I CAN'T SEE WHAT YOU'RE DRIVING AT MR. JONES
D. JONES
DRIVING SCHOOL

SHE'S DRIVING ME UP THE WALL

## DREGS

**To drain the cup of misery to the dregs.**
Den Unglücksbecher bis zur Neige leeren.
Boire le calice jusqu'à la lie.
Beber la copa hasta la última gota.
Bere il calice sino all'ultima goccia.

## DRINK

**To drink to ...**
Anstoßen auf das Wohl von ...
Boire à la santé de ... – Trinquer.
Beber a la salud de ...
Bere alla salute di ...

## DRIVE

**To drive crazy.**
Verrückt machen.
Devenir fou – Faire tourner en bourrique.
Volver loco.
Fare impazzire.

**To drive at something.** 167
Auf etwas gerichtet sein – auf etwas abzielen.
Mirer à quelque chose.
Apuntar a algo.
Mirare a qualcosa.

**To drive someone up the wall.** 168
Jemanden auf die Palme bringen.
Faire devenir fou.
Volver loco a alguien.
Far impazzire qualcuno.

## DROP

**Prices dropped.**
Die Preise fielen (sanken).
Les prix baissèrent.
Los precios bajaron.
I prezzi diminuirono.

**To drop in.**
Einen kurzen Besuch machen.
Se pointer chez quelqu'un – Entrer chez quelqu'un en passant – Arriver à l'improviste.
Dejarse caer de improviso.
Fare una visitina – Piombare in casa di qualcuno.

## DRUM

**To drum a lesson into a boy's head.**
Einem Jungen eine Lektion einpauken.
Faire entrer une leçon dans la tête d'un enfant à force de rabâchage.
Inculcar una lección en la cabeza de un muchacho.
Inculcare una lezione in testa ad un ragazzo.

## DRUNK

**As drunk as a lord.**
Total blau (betrunken, besoffen).
Ivre mort.
Borracho como una cuba.
Ubriaco fradicio.

## DRY

**As dry as a bone.**
Trocken wie Heu.
Très sec.
Sequísimo – Seco como un espárrago.
Molto asciutto – Secco come un chiodo.

**Dry up!**
Hör auf! – Sei still! – Halt die Klappe!
Taisez-vous! Arrêtez!
¡Cállate! – ¡Calla! – ¡Silencio!
Sta' zitto! – Smettila! – Piantala!

## DUCK

**To take to something like a duck to water.**
Aus dem Ärmel schütteln.
Etre à l'aise pour faire quelque chose.

CHEERIO, HARRY.
DROP IN
ANY TIME
The Great
ZORRO!
(HIGH DIVER)
BLOGGS CIRCUS

Hacerlo como en un abrir de ojos.
Fare qualcssa facilmente come bere un bicchiere d'acqua.

## DUCKS

**To play ducks and drakes with one's money.**
Sein Geld vergeuden.
Gaspiller son argent.
Tirar la casa por la ventana.
Sperperare il proprio denaro.

## DUDGEON

**To be in high dudgeon.**
Vor Wut kochen.
Etre très en colère - Etre vexé.
Estar muy enfadado - cabreado.
Essere molto in collera - Essere offeso.

## DUE

**Give the devil his due.**
Gebt dem Kaiser, was des Kaisers ist.
Il faut savoir reconnaître ce qui est juste.
Dar a Dios lo que es de Dios y al César lo que es del César.
Date a Cesare quel che è di Cesare.

## DULL

**As dull as ditchwater.**
Stinklangweilig.
Ennuyeux à mourir.
Aburre de morir.
Estremamente noioso.

## DUMPS

**To be down in the dumps.**
Niedergeschlagen sein - trübsinnig sein.
Ne pas avoir le moral.
Estar deprimido.
Essere giù di morale (giù di corda).

## DUST

**To make the dust fly.**
Sich ins Zeug legen.
Se donner du mal.
Ponerse a trabajar – Poner los motores en marcha.
Seminare zizzania – Mettere confusione.

**To throw dust in someone's eyes.** 174
Jemandem Sand in die Augen streuen.
Embrouiller quelqu'un – Jeter de la poudre aux yeux de quelqu'un.
Tirarle a alguien tierra en los ojos.
Gettare fumo negli occhi a qualcuno.

## DUTY

**To be on duty.**
Dienst haben.
Etre de service.
Estar de turno – Estar de servicio.
Essere di servizio.

## DWELL

**Don't let's dwell upon this subject.**
Lassen Sie uns nicht länger bei diesem Thema verweilen.
N'insistons pas sur ce sujet.
No insistamos sobre este tema.
Non insistiamo su questo argomento.

## DYE

**A scoundrel of the deepest dye.**
Ein Schurke übelster Sorte.
Un vaurien de la pire espèce.
Un bribón – pícaro de la peor especie – calaña.
Un furfante della peggior specie.

## DYING

**I'm dying to ...**
Ich sterbe für ... – Ich würde schrecklich gern ...
Je meurs d'envie de ...
Tengo unas ganas locas de ...
Muoio dalla voglia di ...

YOU CAN'T THROW DUST IN MY EYES, ENID

# E

## EAR

**To go in one ear and out the other.** 176
In ein Ohr hineingehen und zum anderen hinaus.
Entrer par une oreille et sortir de l'autre.
Entrar por un oído y salir por el otro.
Entrare da un orecchio ed uscire dall'altro.

**To turn a deaf ear.**
Taub sein – sich taub stellen.
Ne pas prêter attention à ...
No prestar atención – Hacerse el sordo – el sueco.
Non dare ascolto – Fare orecchi da mercante.

**To send someone on his way with a flea in his ear.**
Jemanden zusammenstauchen.
Dire ses quatre vérités à quelqu'un.
Cantarle a alguien las cuarenta – Decir unas cuantas verdades.
Dire delle verità spiacevoli a qualcuno.

**To have one's ears burning.** 177
In den Ohren pfeifen.
Avoir les oreilles qui sifflent.
Zumbarle a uno los oídos.
Avere le orecchie che fischiano.

**Over head and ears in debt.**
Die Schulden wachsen ihm über den Kopf.
Il a des dettes par dessus la tête.
Deber a todo el mundo.
Ha debiti fin sopra i capelli.

**Walls have ears.**
Wände haben Ohren.
Les murs ont des oreilles.
Las paredes oyen.
I muri hanno orecchi.

EVERYTHING I TELL HIM GOES IN ONE EAR AND OUT THE OTHER
DOCTOR J. JONES
EAR SPECIALIST

MY EARS ARE BURNING, HARRY
ALARM
COUNTY FIRE BRIGADE

## EARLY

**To be an early riser.**
Ein Frühaufsteher sein.
Etre matinal.
Ser madrugador.
Essere mattiniero.

**The early bird gets the worm.** 57
Der frühe Vogel fängt den Wurm.
Le dernier arrivé est le plus mal servi.
A quien madruga Dios le ayuda.
Chi tardi arriva male alloggia.

**An early bird.**
Ein Morgenmensch.
Une personne matinale.
Un madrugador.
Un tipo mattiniero.

## EARNEST

**To be in earnest.**
Ernst sein – es ernst meinen – im Ernst sprechen.
Parler sérieusement.
Hablar en serio.
Fare sul serio.

## EARSHOT

**Within earshot.**
In Hörweite.
Très près de l'oreille – Collé à l'oreille.
Al alcance del oído.
A portata d'orecchio.

## EARTH

**Why on earth do you say so?**
Warum in aller Welt sagen Sie das?
Comment pouvez-vous parler ainsi?
¿Por qué tiene que decir éso?
Perché mai dite così?

## EASE

**To set at ease.**
Beruhigen.
Rassurer.
Asegurar.
Rassicurare.

## EASY

**To take things easy.**
Dinge leicht nehmen – sich nicht aufregen.
Prendre les choses comme elles viennent.
Tomar las cosas como vienen – son.
Prendere il mondo come viene.

**As easy as lying.**
Sehr leicht – kinderleicht – mühelos.
Simple comme bonjour.
Tan fácil como abrir y cerrar los ojos –
Ser un juego de niños.
Facilissimo – Facile come bere un bicchier d'acqua.

**As easy as A.B.C.**
Leicht wie das ABC.
Simple comme bonjour.
Tan fácil como hacer una »o« con un canuto.
Facile come l'A.B.C.

**An easy going father.**
Ein großzügiger Vater.
Un père coulant.
Un padre condescendiente – con manga ancha.
Un padre di manica larga.

## EAT

**To eat one's heart out.**
Sich aufregen.
Se faire du mauvais sang.
Roerse las entrañas – Roerse por dentro.
Rodersi il fegato.

**To eat one's words.**
Alles zurücknehmen.
Se rétracter - Revenir sur sa promesse.
Tragarse sus palabras - Retirar lo dicho.
Rimangiarsi la parola.

**You can't eat your cake and have it.**
Sie können nur eines von beiden tun (haben) - Man kann nicht alles haben - Man kann nicht auf zwei Hochzeiten tanzen.
On ne fait pas d'omelette sans casser des oeufs.
Quiere estar en la sopa y en la ensalada.
Non si può avere la botte piena e la moglie ubriaca.

**Live not to eat, but eat to live.**
Man lebt nicht, um zu essen, man isst, um zu leben.
Il faut manger pour vivre et non pas vivre pour manger.
No hay que vivir para comer, sino comer para vivir.
Si deve mangiare per vivere, non vivere per mangiare.

## EGGS

**To teach one's grandmother to suck eggs.**
Den Fischen das Schwimmen beibringen.
Apprendre au vieux singe à faire la grimace.
No se puede decir al maestro cómo enseñar.
Insegnare ai pesci a nuotare - Insegnare ai gatti ad arrampicarsi.

**To put all one's eggs in one basket.** 181
Alles auf eine Karte setzen.
Jouer le tout pour le tout - Mettre tous les oeufs dans le même panier.
Jugárselo todo en una carta.
Giocare il tutto per tutto.

## EGGS

**To egg on.**
Anreizen - anstacheln - aufhetzen.
Inciter.
Incitar.
Incitare.

DON'T PUT ALL YOUR EGGS IN ONE BASKET, HARRY
DELIVERIES
FARM PRODUCE
EGGS
EGGS
EGGS
EGGS
EGGS

**Better an egg today than a hen tomorrow.**
Lieber den Spatz in der Hand als die Taube auf dem Dach.
Mieux vaut un oeuf aujourd'hui qu'une poule demain.
Mejor es huevo hoy que pollo mañana.
Meglio un uovo oggi che una gallina domani.

## EKE

**To eke out an existence.**
Sich kümmerlich durchschlagen.
Gagner péniblement son pain (sa vie).
Ganar apenas lo suficiente para vivir - Ganarse apenas la vida.
Guadagnarsi a stento la vita.

## ELBOW

**To have elbow room.**
Ellbogenfreiheit haben.
Ne pas avoir les mains liées.
Tener suficiente espacio para moverse.
Avere spazio per muoversi.

## ELBOWS

**Out at elbows.**
Schäbig - heruntergekommen.
Qui a des difficultés financières.
Estar en una situación económica difícil.
In dissesto.

## EMBROIDERY

**Better to go heaven in rags than hell in embroidery.**
Besser arm in Ehren als reich in Schanden.
Mieux vaut aller au paradis en haillons qu'en enfer en habit de dentelle.
Más vale honra sin barcos que barcos sin honra.
Meglio povertà onorata che ricchezza svergognata.

## EMERGENCY

**In an emergency.**
Im Notfall - notfalls.

En cas de nécessité.
En caso de emergencia.
In caso di necessità (di emergenza).

## EMOTIONAL

**To be emotional.**
Emotional (gefühlsbetont) sein.
Etre émotif - Etre impressionnable.
Ser emotivo - emocional.
Essere impressionabile.

## EMPTY

**Empty-headed!**
Hohlkopf!
Ecervelé! - Idiot!
¡Bobo! - ¡Cabeza hueca! - ¡Tonto!
Sciocco! - Testa vuota!

## END

**To have one's hair stand on end.** 268
Einen Schock versetzen.
Faire se dresser les cheveux sur sa tête.
Ponérsele a uno los pelos de punta.
Far rizzare i capelli a qualcuno.

**To be at one's wits' end.**
Mit seiner Weisheit am Ende sein - sich nicht mehr zu helfen wissen.
Ne savoir que faire.
No saber que camino - rumbo tomar.
Non sapere più che pesci pigliare.

**This is an end of the matter!**
Schluss damit!
Qu'on en finisse!
¡No se hable más del asunto!
Non se ne parli più!

**He has no end of friends.**
Er hat eine Unmenge von Freunden.
Il a un tas d'amis.

OH OH —
THIS LOOKS LIKE
THE END OF
THE LINE

Tiene un montón de amigos – Tiene muchos amigos.
Ha un'infinità di amici.

**The end of the line!** 184
Das ist das Ende!
C'est la fin!
¡Es el fin!
È la fine!

## END

**To be at the end of one's tether.**
Am Ende seiner Kräfte (Geduld) sein – sich nicht mehr zu helfen wissen.
Etre à bout de patience.
Estar al límite de las propias capacidades – Estar al límite de la paciencia.
Essere al limite delle proprie capacità (della propria pazienza).

## ENDS

**To the ends of the earth.**
Bis ans Ende der Welt.
Jusqu'au bout du monde.
En el »culo« del mundo.
Fino in capo al mondo.

**To make both ends meet.**
Mit seinem Geld auskommen.
Equilibrer la balance.
Apenas ganar para el puchero.
Pareggiare il bilancio.

**All's well that ends well.**
Ende gut, alles gut.
Tout est bien qui finit bien.
Bien está lo que bien acaba.
Tutto è bene quel che finisce bene.

## ENGLISH

**I told him in plain English.**
Ich sagte es ihm klar und deutlich (klipp und klar).

Je le lui ai dit clair et net.
Se lo dije simple y llanamente.
Glielo dissi chiaro e tondo.

## ENOUGH

**That's enough!**
Das genügt – Schluss damit!
Ça suffit!
¡Basta! – ¡Es suficiente!
Basta!

**Enough is as good as a feast.**
Allzu viel ist ungesund.
Ni trop, ni trop peu.
Más vale poco y bueno que mucho y malo.
La giusta misura è meglio del troppo – Né troppo, né troppo poco.

## ENTERTAIN

**To entertain a lot.**
Viele Gäste empfangen.
Recevoir beaucoup.
Recibir muchos invitados.
Ricevere molto.

## ENTITLED

**I'm entitled to this money.**
Ich habe Anspruch auf dieses Geld.
Cet argent me revient de droit.
Tengo derecho a este dinero.
Ho diritto a questo denaro.

## ESCAPE

**To have a narrow escape.**
Mit knapper Not entkommen.
L'échapper belle.
Salvarse de milagro – Salvarse por un pelo.
Scamparla per miracolo.

## ESTRANGED

**To become estranged.**
Sich abwenden von ...
Ne plus être amis.
Terminar las amistades.
Non essere più amici.

## EVEN

**To break even.**
Ohne Gewinn (oder Verlust) abschließen.
Terminer à égalité
Empatar con alguien.
Finire alla pari.

**To get even with somebody.**
Mit jemandem abrechnen – sich rächen.
Régler les comptes – Se venger de quelqu'un.
Vengarse de alguien.
Pareggiare i conti con qualcuno – Vendicarsi.

## EVENTS

**At all events.**
Auf alle Fälle – jedenfalls.
En tout cas.
De cualquier manera – De todos modos.
In ogni caso.

## EVERY

**Every now and then.**
Gelegentlich – hin und wieder.
De temps en temps.
De vez en cuando.
Di quando in quando.

## EVIDENCE

**To give evidence.**
Bezeugen – als Zeuge aussagen.
Témoigner.
Atestiguar.
Testimoniare.

## EVIL

**Money is the root of all evil.**
Geld ist die Wurzel allen Übels.
L'avarice est la source de tous les maux.
La avaricia es la raíz de todos los males.
L'avarizia è la radice di tutti i mali.

## EXCEPTION

**The exception proves the rule.**
Die Ausnahme bestätigt die Regel.
L'exception confirme la règle.
La excepción confirma la regla.
L'eccezione conferma la regola.

## EXERCISE

**To take exercise.**
Sich in Bewegung setzen.
Se mettre un peu en mouvement - Faire un peu d'exercice.
Hacer un poco de ejercicio.
Fare un po' di moto.

## EXHIBITION

**To make an exhibition of oneself.** 189
Sich lächerlich machen - sich zum Gespött machen.
Se rendre ridicule.
Hacer el ridículo.
Rendersi ridicolo.

## EXISTENCE

**To lead a wretched existence.**
Ein kümmerliches Dasein führen.
Avoir une vie malheureuse.
LLevar una vida infeliz.
Condurre una vita infelice.

## EXTENT

**To a certain extent.**
Bis zu einem gewissen Grad.
Jusqu'à un certain point.

HARRY ALWAYS MAKES AN EXHIBITION OF HIMSELF
BATH

Hasta cierto punto.
Fino ad un certo punto.

## EXTRA

**No extras.**
Keine Nebenkosten - alles eingeschlossen (inbegriffen).
Tout compris.
Todo incluído.
Tutto compreso.

## EXTRAORDINARY

**How very extraordinary!**
Seltsam! - Merkwürdig! - Wie ungewöhnlich!
Comme c'est étrange!
¡Es muy extraño!
Stranissimo!

**A man of extraordinary genius.**
Ein Mann von ungewöhnlicher Begabung.
Un homme d'une rare intelligence.
Un hombre de una extraordinaria inteligencia.
Un uomo di rara intelligenza.

## EXTRAVAGANCY

**His wife's extravagancy ruined him.**
Die Verschwendungssucht seiner Frau ruinierte ihn.
La prodigalité de sa femme le mena à la ruine.
Las extravagancias de su mujer le llevaron a la ruina.
La prodigalità di sua moglie lo mandò in rovina.

## EYE

**To see eye to eye with somebody.** 548
Mit jemandem übereinstimmen.
Etre parfaitement d'accord avec quelqu'un.
Estar completamente de acuerdo con alguien.
Essere perfettamente d'accordo con qualcuno.

**An eye for an eye and a tooth for a tooth.**
Auge um Auge, Zahn um Zahn.
Oeil pour oeil, dent pour dent.

Ojo por ojo, diente por diente.
Occhio per occhio, dente per dente.

## EYES

**To be up to one's eyes in work.** 192
Bis zum Hals in Arbeit stecken – bis über die Ohren in Arbeit stecken.
Avoir beaucoup à faire – Avoir du travail par-dessus la tête.
Estar hasta los topes de trabajo – Estar muy atareado.
Essere molto indaffarato.

**Four eyes see more than two.**
Vier Augen sehen mehr als zwei.
Quatre yeux voient mieux que deux.
Cuatro ojos ven más que dos.
Quattro occhi vedono più di due.

I'M UP TO MY EYES IN WORK
SEWAGE WORKS

# F

## FACE

**To put a good face on.**
Gute Miene zum bösen Spiel machen.
Faire contre mauvaise fortune bon coeur.
Poner buena cara.
Far buon viso a cattivo gioco.

**To face the music.** 194
Der Gefahr ins Auge sehen.
Affronter avec courage un danger, une situation difficile.
Afrontar con valor un peligro o una situación difícil.
Affrontare coraggiosamente un pericolo
(una situazione difficile).

**To set one's face against ...**
Sich widersetzen – sich wenden gegen ...
S'opposer résolument à ...
Oponerse rotundamente a ...
Opporsi risolutamente a ...

## FACES

**To make faces.**
Fratzen (Gesichter, Grimassen) schneiden.
Faire des grimaces.
Hacer muecas – gestos.
Fare smorfie.

## FACT

**In point of fact.**
In der Tat – tatsächlich – eigentlich – offen gesagt.
A vrai dire.
A decir verdad.
A dire il vero.

THIS IS WHERE YOU FACE THE MUSIC, SENOR

## FACTS

**The facts of life.**
Die (die Sexualität betreffenden) Tatsachen des Lebens.
Les faits se rapportant à la vie sexuelle.
Lo que es la vida (sexual).
I fatti riguardanti la vita sessuale.

## FAGGED

**To be fagged out.**
Erschöpft sein - kaputt sein.
Etre épuisé.
Estar agotado - extenuado - exhausto - hecho polvo.
Essere sfinito.

## FAINT

**To feel faint.**
Sich matt fühlen.
Se sentir défaillir.
Desmayarse - Sentirse desfallecer.
Sentirsi venir meno.

**I haven't the faintest idea.**
Ich habe nicht die geringste (leiseste) Ahnung.
Je n'en ai pas la moindre idée.
No tengo la menor - mínima idea - No tengo la más remota idea.
Non ne ho la più pallida idea.

**He was faint with hunger.**
Er war ganz schwach vor Hunger.
La faim l'avait épuisé (diminué).
Estaba muerto de hambre.
Era stremato per la fame.

**Faint heart never won fair lady.**
Wer nicht wagt, der nicht gewinnt.
Une personne timide n'aura jamais de succès.
Quien no arriesga nunca gana.
Un timido non avrà mai successo.

## FAIR

**As fair as a rose.**
Wunderschön.
Fraîche comme une rose – Très belle.
Hermosa como una rosa.
Bella come un fiore.

**By fair means or foul.**
Entweder oder.
De gré ou de force.
Por las buenas o por las manos.
Per amore o per forza.

**A fair-weather friend.**
Ein Freund im Glück.
Amitié passagère.
Amigo de conveniencias.
Amico di convenienza.

**All's fair in love and war.**
In Liebe und Krieg ist alles gestattet.
En amour comme à la guerre tout est permis.
En la guerra como en el amor todo está permitido.
In amore e in guerra tutto è lecito.

## FALL

**To fall in love.**
Sich verlieben (verknallen).
Tomber amoureux.
Enamorarse.
Innamorarsi.

**A fall in prices.**
Ein Fallen der Preise – ein Preissturz.
Une baisse des prix.
Una baja en los precios.
Un ribasso dei prezzi.

**To fall out with ...**
Ausfallend sein.
En venir aux mots.
Tener unas palabras.
Rompere i rapporti con ...

**To fall short of ...**
Zurückbleiben hinter ... - nachstehen.
Etre inférieur à ...
Ser inferior a ... - Ser menos que ...
Essere inferiore a ...

**To fall ill.**
Erkranken.
Tomber malade.
Caer - Ponerse enfermo - Enfermarse.
Ammalarsi.

**He has nobody to fall back upon.**
Er hat niemanden, auf den er zurückgreifen kann.
Il n'a personne sur qui compter.
No tiene en quien apoyarse.
Non ha nessuno a cui ricorrere.

## FALSE

**To sail under false colours.**
Unter falscher Flagge segeln - sich für jemanden ausgeben, der man nicht ist.
Passer pour ce que l'on n'est pas - Se montrer sous un mauvais jour.
Hacerse pasar por lo que no es.
Spacciarsi per quello che non si è.

## FAMILIAR

**To be on familiar terms with someone.**
Mit jemandem gut bekannt sein - jemanden gut kennen.
Etre familier avec quelqu'un - Etre en bons termes.
Tener confianza con alguien.
Avere familiarità con qualcuno - Essere in confidenza con qualcuno.

**To be too familiar.**
Zu familiär sein - zu vertraulich sein.
Avoir trop de familiarités.
Tomarse demasiadas confianzas.
Prendersi troppa confidenza.

## FAMILIARITY

**Familiarity breeds contempt.**
Übermäßige Vertrautheit (plumpe Vertraulichkeit) erzeugt Respektlosigkeit.
L'excès de familiarité nuit au respect.
La excesiva confianza hace perder el respeto.
Confidenza toglie riverenza – L'eccessiva familiarità fa perdere il rispetto.

## FAMISHING

**To be famishing.**
Heißhunger haben.
Avoir une faim de loup.
Tener un hambre canina.
Avere una fame da lupo.

## FAMOUSLY

**To get on famously.**
Riesige Fortschritte machen – ausgezeichnet vorankommen.
Faire de grands progrès.
Hacer grandes progresos – Progresar.
Fare grandissimi progressi.

## FAN

**To fan the fire.**
Das Feuer anfachen (schüren).
Souffler sur le feu – Attiser le feu.
Echar leña al fuego – Atizar el fuego.
Soffiare sul fuoco.

## FANCY

**Fancy that!**
Stell dir vor! – Nicht zu glauben!
Ça alors!
¡Qué raro!
Ma guarda un po'!

**I don't fancy this salmon.**
Dieser Lachs gefällt mir nicht.
Ce saumon ne m'inspire pas (confiance).

No me gusta este tipo.
Questo salmone non m'ispira fiducia.

**To take a fancy to someone.**
Gefallen finden an ... – schwärmen für ...
Prendre quelqu'un en sympathie.
Caer bien – Simpatizar con ...
Prendere in simpatia qualcuno.

## FAR

**A far away look.**
Ein abwesender Blick.
Un regard lointain.
Una mirada vaga.
Uno sguardo assente.

**From far and wide.**
Weit und breit.
De tous les côtés – Partout.
Por todas partes.
Da tutte le parti.

**Far from beautiful.**
Alles andere als schön.
Loin d'être belle.
Nada guapa – Lejos de ser guapa.
Tutt'altro che bella – Ben lungi dall'esser bella.

**To be a far cry from ...**
Weit entfernt sein von ...
Il y a une belle différence.
Existir una gran diferencia.
C'è una bella differenza.

**So far, so good.**
So weit, so gut.
Jusque là ça va.
Hasta aquí todo bien.
Fin qui va bene.

## FAST

**To play fast and loose.**
Zeit schinden – verzögern.
Hésiter – Ne pas savoir sur quel pied danser.
Vacilar.
Fare a tira e molla.

**Hard and fast rules.**
Strenge und starre Regeln.
Règlements sévères.
Reglas muy rígidas.
Regolamenti rigidi.

**A fast girl.**
Ein leichtes Mädchen.
Une fille frivole.
Una chica alegre – ligera de cascos.
Una ragazza poco seria.

**Fast bind, fast find.**
Vertrauen ist gut, Kontrolle ist besser.
Méfiance est mère de sûreté.
Confiar es bueno, no fiarse es mejor.
Fidarsi è bene, non fidarsi è meglio.

## FAT

**As fat as a porpoise.**
Fett wie ein Schwein.
Gros comme une vache.
Más gordo que una vaca.
Molto grasso (di persona).

**As fat as butter.**
Fett wie Öl.
Très gras.
Graso – grasiento como la manteca.
Molto grasso (di condimento).

**As fat as a pig.**
Fett wie ein Schwein.
Gras comme un porc.
Gordo como un cerdo.
Grasso come un maiale.

## FATE

**As sure as fate.**
Ganz sicher – bombensicher.
Très sûr.
Absolutamente seguro.
Certissimo.

## FAT-HEAD

**Fat-head.**
Dickkopf – sturer Kopf.
Têtu – Tête dure.
Testarudo – cabezón.
Zuccone – Testa dura.

## FATHOM

**I cannot fathom his meaning.**
Ich verstehe nicht, was er meint.
Je n'arrive pas à saisir le sens de ses mots.
No logro comprender lo que quiere decir.
Non riesco a cogliere il significato delle sue parole.

## FAULT

**Generous to a fault.**
Über die Maßen großzügig.
Généreux jusqu'à l'excès.
Excesivamente generoso – generoso con exceso.
Generoso fino all'eccesso.

## FAULT-FINDER

**Fault-finder.**
Besserwisser – Nörgler – Meckerer.
Critiqueur.
Criticón – Sacafaltas.
Criticone.

## FAVOUR

**To curry favour with someone.**
Sich bei jemandem lieb Kind machen.
Etre dans les bonnes grâces de quelqu'un.

Caer en gracia.
Entrare nelle grazie di qualcuno.

## FEASTED

**He feasted his eyes on her.**
Er verschlang sie mit den Augen.
Il la dévorait des yeux.
Se la comía con los ojos.
Se la divorava con gli occhi.

## FEATHER

**To show the white feather.**
Sich feig zeigen.
Se montrer vil.
Mostrarse cobarde.
Mostrarsi vile.

**Birds of a feather.**
Leute gleicher Art – gleich und gleich.
Gens de la même espèce.
Gente de la misma calaña – de la misma especie.
Gente della stessa sorta (risma).

## FED

**To be fed up.**
Es satt haben – die Nase voll haben.
En avoir assez.
Estar hasta las narices de ... – Estar harto de ...
Essere stufo – Averne abbastanza – Non poterne più.

## FEEL

**I feel sorry for you.**
Ich habe Mitgfühl mit Ihnen – Ich bedauere Sie.
Je vous plains.
Lo siento – Le compadezco.
Vi compiango.

**I don't feel quite myself.**
Ich bin nicht auf dem Posten (Damm).
Je ne me sens pas bien.

No me encuentro muy bien.
Non mi sento troppo bene.

## FEELINGS

**She hurt my feelings.**
Sie verletzte meine Gefühle.
Elle blessa mon amour-propre – Elle me vexa.
Ella hirió mis sentimientos.
Mi ha offeso.

## FELLOW

**A jolly good fellow.**
Ein prima Kerl.
Un bon petit diable.
Un chico – muchacho excelente.
Un buon diavolo.

## FENCE

**To sit on the fence.**
Sich abwartend (neutral) verhalten.
Rester neutre.
Permanecer neutral – No tomar partido.
Rimanere neutrale.

## FEND

**To fend off a blow.**
Einen Schlag abwenden.
Parer un coup.
Parar un golpe.
Parare un colpo.

## FERRET

**To ferret out.**
Herausfinden.
Arracher un secret avec habileté.
Sacarle a alguien un secreto.
Strappare abilmente un segreto a qualcuno.

## FEW

**A good few people.**
Eine ganze Menge Leute.
Pas mal de gens.
Un buen número de gente.
Un bel po' di gente.

## FIDDLESTICKS

**Fiddlesticks!**
Unsinn! - Blödsinn! - Quatsch!
Des blagues!
Cuentos chinos - Mentiras - Patrañas.
Frottole!

## FIERCE

**As fierce as a tiger.**
Wild wie ein Tiger.
Féroce comme un lion.
Fiero - Feroz como un león.
Molto feroce - Feroce come una tigre.

## FIFTY

**To go 50-50**
Halbe-halbe machen.
Chacun paye sa part - Faire «fifty-fifty».
Pagar a escote.
Pagare metà per uno.

## FIGURE

**To keep one's figure.**
Seine Figur halten - schlank bleiben.
Garder la ligne - Tenir la ligne.
Mantener - Guardar la línea.
Conservare la linea.

**To figure out a problem.**
Ein Problem lösen.
Résoudre un problème.
Resolver un problema.
Risolvere un problema.

**To cut a brilliant figure.**
Einen guten Eindruck machen – eine gute Figur abgeben.
Avoir de la prestance – Faire bonne impression.
Hacer un buen papel – Quedar bien.
Fare una bella figura.

**To cut a poor figure.**
Eine traurige Figur abgeben.
Faire piètre figure.
Hacer un mal papel – Quedar mal.
Fare una brutta figura.

**A figure of speech.**
Eine Redewendung.
Une figure rhétorique.
Una figura retórica.
Una figura retorica.

## FILL

**To cry one's fill.**
Sich ausweinen.
Pleurer toutes les larmes de son corps – Pleurer à chaudes larmes.
Deshacerse en lágrimas.
Piangere tutte le proprie lacrime.

**To have one's fill of back luck.**
Genug vom Unglück haben.
Avoir sa part de malchance.
Tener su parte – golpe de mala suerte.
Avere la propria parte di sfortuna.

**To eat one's fill.**
Sich satt essen.
Manger à satiété.
Comer hasta saciarse.
Mangiare a sazietà.

## FIND

**To find fault with ...**
Etwas auszusetzen haben an ... – nörgeln.
Trouver à redire.

Sacarle defectos a ... – Ponerle faltas a ...
Trovare da ridire su qualcosa (o su qualcuno).

**I've found you out!**
Ich habe dich ertappt (entlarvt)!
Je t'ai pris sur le fait!
¡Te he cogido! – ¡Pillado!
Ti ho colto in fallo!

**He who seeks will find.**
Wer sucht, der findet.
Qui cherche, trouve.
Quien busca, halla.
Chi cerca, trova.

**We must take the world as we find it.**
Man muss die Dinge nehmen, wie sie sind.
Il faut laisser aller le monde comme il va.
Tomemos las cosas como vienen.
Bisogna prendere il mondo come viene.

## FINGERS

**He's all fingers and thumbs!**
Er ist ungeschickt – Er hat zwei linke Hände!
Il est maladroit!
¡Es un manazas! – ¡Un torpe!
È maldestro!

**My fingers itch.**
Es juckt mir (mich) in den Fingern.
Je suis impatient – Les doigts me démangent.
Estoy impaciente – Me muero de impaciencia.
Sono impaziente – Mi prudono le mani.

**I'll cross my fingers for you!**
Viel Glück! – Ich drück' dir die Daumen!
Bonne chance!
¡Que tengas suerte! – ¡Que te vaya bien!
Incrocirò le dita per te! – Buona fortuna!

## FIRE

**There's no smoke without fire.**
Kein Rauch ohne Feuer.
Il n'y a pas de fumée sans feu.
No hay humo sin fuego.
Non c'è fumo senza arrosto.

**To pour oil on the fire.**
Öl ins Feuer gießen.
Souffler sur le feu – Jeter de l'huile sur le feu – Fomenter des discordes.
Echar leña al fuego.
Soffiare sul fuoco – Fomentare discordie.

**To set the Thames on fire.**
Eine sensationelle Sache machen.
Faire une chose extraordinaire.
Hacer algo sensacional.
Fare una cosa sensazionale.

**Out of the frying pan into the fire.**
Vom Regen in die Traufe.
Tomber de Charybde en Scylla.
Salir de Poncio y meterse en Pilatos.
Dalla padella nella brace.

**Fire and water are good servants, but bad masters.**
Feuer und Wasser sind gute Diener, aber schlechte Herren.
Le feu et l'eau sont bons serviteurs mais mauvais maîtres.
El fuego y el agua son buenos servidores pero ruines amos.
Il fuoco e l'acqua son buoni servitori, ma cattivi padroni.

## FIRM

**As firm as a rock.**
Hart (stark) wie ein Felsen.
Solide comme un roc.
Firme como una roca.
Molto solido – Saldo come una roccia.

## FIRST

**A first-rate show.**
Eine erstklassige Aufführung.

Un spectacle de premier ordre.
Un espectáculo de primera categoría - clase.
Uno spettacolo di prim'ordine.

**First and foremost.**
Zuallererst - vor allem.
Avant tout.
Antes que nada - Antes de nada - Ante todo.
Prima di tutto.

## FISH

**A queer fish.** 209
Ein komischer Kauz.
Une personne étrange - Un drôle de type!
Un tipo raro.
Una strana persona.

**To feel like a fish out of water.** 210
Nicht im eigenen Element sein - nicht in seinem Element sein.
Se sentir comme un poisson hors de l'eau.
Sentirse como un pez fuera del agua.
Sentirsi come un pesce fuor d'acqua.

**As drunk as a fish.**
Stockbesoffen.
Ivre mort.
Borracho como una cuba.
Ubriaco fradicio.

**I've another fish to fry.**
Ich habe Wichtigeres zu tun.
Avoir d'autres chats à fouetter.
Tengo otros problemas que resolver - Ya tengo suficientes problemas.
Ho un'altra gatta da pelare.

**A pretty kettle of fish!** 211
Eine schöne Bescherung!
Une belle salade! - Un beau gâchis!
Un buen lío - jaleo - berenjenal.
Un bel pasticcio!

SHE'S A QUEER FISH, ALICE

SOMETIMES I FEEL
LIKE A FISH
OUT OF
WATER

THAT'S A PRETTY KETTLE OF FISH, SON

## FISH

**I have better fish to fry.**
Ich habe Besseres zu tun.
J'ai mieux à faire.
Tengo cosas mejores que hacer.
Ho di meglio da fare.

**All's fish that comes to his net.**
Er nimmt unbesehen alles (mit) - Ihm ist alles recht.
Pour lui tout est bon.
Para él todo es bueno.
Per lui tutto va bene.

## FISHY

**A fishy business.**
Ein faules Geschäft - ein anrüchiges Geschäft.
Une affaire louche.
Un asunto sucio.
Un affare sospetto.

## FIT

**A fit of anger.**
Ein Wutanfall.
Un excès de colère.
Un arrebato de ira - cólera.
Uno scatto d'ira.

**As fit as a fiddle.**
Kerngesund - munter wie ein Fisch.
Etre en parfaite santé.
Sano como una manzana.
Sano come un pesce.

## FITS

**By fits and starts.**
Stoßweise - ruckweise - nach und nach.
Par à-coups.
A trancas y barrancas.
A sbalzi.

## FIX

**To fix something up.**
Etwas festsetzen (arrangieren).
Fixer quelque chose.
Establecer - Fijar algo.
Stabilire qualche cosa.

**To fix on something.**
Sich für etwas entscheiden.
Se décider pour quelque chose.
Decidirse por algo.
Decidersi per qualche cosa.

## FIZZLED

**His enthusiasm fizzled out.**
Seine Begeisterung verpuffte.
Son enthousiasme s'évanouit.
Su entusiasmo se desvaneció.
Il suo entusiasmo si dileguò.

## FLAIR

**To have a flair for music.**
Eine Begabung für Musik haben.
Avoir un penchant pour la musique.
Tener oído para la música.
Essere portato per la musica.

## FLARE

**To flare up.**
Aufbrausen - platzen.
Se mettre en colère.
Enfadarse - Enfurecerse.
Andare in collera.

## FLASHED

**It flashed across my mind.**
Es schoss mir durch den Kopf.
Cela me sauta à l'esprit.
Me pasó por la cabeza.
Mi balenò per la mente.

## FLASHY

**A flashy suit.**
Ein auffälliges Kleid.
Un habit voyant.
Un vestido llamativo.
Un vestito appariscente.

## FLAT

**As flat as a pancake.**
Platt wie ein Pfannkuchen.
Plat comme une sole.
Aplastado como una tortilla.
Piatto come una sogliola.

**As flat as a board.**
Flach wie ein Brett.
Plat comme une planche.
Aplastado como una tortilla.
Piatto come un tavolo.

**To fall flat.**
Ein Fiasko erleben.
Faire «fiasco» - Echouer.
Fracasar.
Far fiasco.

## FLATLY

**To flatly refuse.**
Eine glatte Absage geben.
Refuser catégoriquement.
Rehusarse absolutamente.
Rifiutare nettamente.

## FLEA

**A flea in someone's ear.** 216
Ein Floh im Ohr.
La puce à l'oreille - Un reproche.
Una mosca detrás de la oreja - Dar a alguien una mala espina.
Una pulce nell'orecchio.

## FLEECE

**To fleece someone of all his money.**
Jemanden um sein ganzes Geld bringen.
Dépouiller quelqu'un de son argent.
Desplumar a alguien.
Spogliare qualcuno di tutto il suo denaro.

## FLEECED

**I was fleeced at the market.**
Ich wurde auf dem Markt geschröpft (ausgenommen).
Je me suis fait plumer au marché.
Me desplumaron en el mercado.
Mi hanno pelato al mercato.

## FLEET

**As fleet as a deer.**
Flink wie ein Wiesel.
Très agile - Etre comme une gazelle.
Ágil como una liebre - ardilla.
Molto agile - Agile come una gazzella.

## FLESH

**A flesh wound.**
Eine Fleischwunde.
Une blessure superficielle.
Una herida superficial.
Una ferita superficiale.

## FLEW

**The door flew open.**
Die Tür flog auf.
La porte s'ouvrit subitement.
La puerta se abrió de improviso.
La porta si spalancò!

I'VE JUST SENT A SALESMAN AWAY WITH A FLEA IN HIS EAR
ZIPPO'S PERFORMING FLEAS

## FLINT

**To skin a flint.**
Ein Pfennigfuchser sein - geizig sein.
Demander une chose impossible.
Pelar una piedra - Pedir peras al olmo.
Cavar sangue da una rapa.

## FLOAT

**To float around.** 218
Bummeln.
Vadrouiller.
Callejear - Holgazanear.
Bighellonare.

## FLUSTER

**To be all in a fluster.**
Ganz verwirrt sein.
Etre excité.
Estar muy excitado.
Essere tutto eccitato.

## FLY

**To let fly at a person.**
Mit einer Person grob werden - jemandem den Kopf waschen.
Lui en dire des vertes et des pas mûres - Lui en dire de toutes les couleurs.
Ponerle a alguien las peras al cuarto - Cantarle las cuarenta a alguien.
Dirne un sacco e una sporta a una persona.

**To fly into a rage.**
Wütend werden - in Wut geraten.
Etre dans une rage folle.
Enfurecerse.
Andare su tutte le furie.

DON'T WORRY, HE'S FLOATING AROUND SOMEWHERE

**I must fly!** 220
Ich muss fliehen! - Ich muss weg.
Je dois me sauver!
¡Me voy volando! - Tengo que irme volando.
Devo scappare! - Devo volare!

## FOGEY

**An old fogey.**
Ein alter Spießer - ein komischer Kauz.
Un vieux fossile.
Un vejestorio - Un carroza.
Un vecchio fossile.

## FOGGIEST

**I haven't the foggiest.**
Es ist mir schleierhaft.
Je n'ai pas la moindre idée.
No tengo ni zorra idea - No tengo la menor idea.
Non ho la minima idea.

## FOND

**I'm fond of music.**
Ich liebe Musik - Ich schwärme für Musik.
J'aime la musique.
Soy un amante de la música.
Sono amante della musica.

## FONDEST

**My fondest wish.**
Mein brennendster Wunsch.
Mon plus cher désir.
Mi más ardiente deseo.
Il mio più ardente desiderio.

## FOOD

**To be off one's food.**
An Appetitlosigkeit leiden.
Souffrir d'inappétence.

AH WELL, I MUST FLY

HAROLD IS ALWAYS PLAYING THE FOOL

Ser un inapetente.
Soffrire d'inappetenza.

## FOOL

**To make a fool of somebody.**
Jemanden zum Narren halten - jemanden auf den Arm nehmen.
Se moquer de quelqu'un.
Burlarse - Tomar el pelo a alguien.
Prendere in giro qualcuno.

**A fool's bolt is soon shot.**
Dummheit entblößt sich selbst.
Les personnes stupides ont peu de flèches à leur arc.
El necio tarde o temprano viene cazado.
Gli sciocchi hanno poche frecce al loro arco.

**To play the fool.** 221
Den Narren spielen - verrückt spielen.
Faire le fou - Faire l'imbécile.
Hacerse el loco.
Fare il matto - Fare lo scemo.

**Man is a fool, or a physician at thirty.**
Ein Mann mit Verstand braucht keinen Arzt.
Un homme sensé n'a pas besoin de médecin.
El hombre sabio es médico de si mismo.
Un uomo assennato non ha bisogno di medico.

**To fool one's time away.**
Seine Zeit vertrödeln.
Gâcher son temps.
Perder el tiempo.
Sciupare il proprio tempo.

**There's no fool like an old fool.**
Es gibt keinen schlimmeren Narren als einen alten Narren.
Il n'y a pas de pire sourd que celui qui ne veut pas entendre.
No hay peor sordo que el que no quiere oir.
Non c'è peggior pazzo di un vecchio pazzo.

**A fool and his money are soon parted.**
Ein Narr und sein Geld sind nicht lange freund in der Welt.

Le fou et son argent sont bientôt séparés.
El tonto y su dinero son pronto separados.
Il pazzo e il suo denaro son presto separati.

## FOOL'S

**A fool's paradise.**
Ein Wolkenkuckucksheim – eine Illusion.
Un bonheur éphémère.
Una felicidad ilusoria.
Una felicità illusoria.

## FOOT

**To have one foot in the grave.** 260
Mit einem Fuß im Grab stehen.
Avoir un pied dans la tombe.
Estar con un pie en la tumba.
Avere un piede nella fossa.

**To put one's foot down.** 489
Energisch werden – ein Machtwort sprechen.
S'arc-bouter – Se buter – S'entêter.
No dar la pata a torcer – Emperrarse en algo.
Puntare i piedi – Impuntarsi – Intestardirsi.

**To put one's foot in it.**
Sich danebenbenehmen – ins Fettnäpfchen treten.
Faire une gaffe.
Meter la pata.
Fare una »gaffe«.

**To start off on the wrong foot.** 224
Schlecht beginnen (anfangen).
Partir du mauvais pied.
Empezar con mal pie.
Cominciare male.

## FORBIDDEN

**Forbidden fruit.**
Verbotene Früchte.
Fruit interdit.

I HOPE OUR MARRIAGE ISN'T GOING TO START OFF ON THE WRONG FOOT
RACING

Fruto prohibido.
Frutto proibito.

## FORCE

**The laws in force.**
Die gültigen Gesetze – die Gesetze in Kraft.
Les lois en vigueur.
Las leyes vigentes.
Le leggi vigenti.

## FORGET

**Old love will not be forgotten.**
Alte Liebe rostet nicht.
On revient toujours à ses premières amours.
El primer amor es el último en olvidarse.
Il primo amore non si scorda mai.

## FORGIVING

**He has a forgiving nature.**
Er hat einen versöhnlichen Charakter.
Il est toujours prêt à pardonner.
El está siempre dispuesto a perdonar.
È sempre disposto a perdonare.

## FORK

**To fork out the money.**
Das Geld herausrücken.
Débourser de l'argent.
Desembolsar dinero.
Sborsare il denaro.

## FORM

**To lose one's form.**
Nicht in Form sein.
Perdre la forme.
No estar en forma.
Perdere la propria forma – Non essere in forma.

## FORMAL

**To be formal.**
Förmlich sein - formell sein.
Etre cérémonieux.
Ser formal.
Essere cerimonioso.

## FORTE

**French is my forte.**
Französisch ist meine Stärke.
Le français est mon fort.
El francés es mi fuerte.
Il francese è il mio forte.

## FORTUNE

**To have one's fortune told.**
Gescholten werden.
Etre réprimandé.
Haber sido regañado - reñido.
Essere rimproverato.

**A fortune-hunter.**
Ein Mitgiftjäger.
Un chasseur de dotes.
Un cazador de fortunas.
Un cacciatore di dote.

**To spend a small fortune.**
Ein kleines Vermögen ausgeben.
Dépenser un capital.
Gastarse un capital - una fortuna.
Spendere un capitale.

## FORTY

**To have 40 winks.**
Ein Nickerchen machen.
Faire un somme.
Echarse una siesta.
Fare un sonnellino.

## FOX

**A sly old fox.**
Ein schlauer Fuchs – ein alter Fuchs.
Un vieux renard.
Un viejo zorro – Un viejo taimado.
Un vecchio volpone.

## FRAME

**To frame somebody.**
Jemandem eine Falle stellen.
Faire tomber quelqu'un dans un piège.
Ponerle a alguien la zancadilla.
Far cadere qualcuno in un tranello.

## FREE

**To make free with something.**
Sich die Freiheit herausnehmen, etwas zu benutzen.
Prendre des libertés – Faire quelque chose qui n'est pas permis.
Coger algo sin permiso.
Usare qualcosa senza permesso.

**As free as the air.**
Frei wie ein Vogel.
Libre comme l'air.
Libre como un pájaro – como el viento.
Libero come l'aria (come un uccello).

**To be free with one's money.**
Freigebig sein.
Prodiguer son argent.
Ser pródigo.
Essere prodigo (del proprio denaro).

**Free and easy.**
Ungeniert – zwanglos – ungezwungen.
Désinvolte.
Desenvuelto.
Disinvolto.

## FREEZE

**To freeze somebody's blood.**
Jemandem das Blut in den Adern erstarren lassen.
Glacer le sang à quelqu'un.
Helársele a uno las venas.
Far gelare il sangue a qualcuno.

## FRENCH

**To take French leave.**
Sich (auf) französisch empfehlen.
Couper la corde.
Despedirse a lo francés - Huir.
Tagliare la corda.

## FRIEND

**A friend in need is a friend indeed.**
Den Freund erkennt man in der Not.
C'est dans le besoin qu'on reconnaît un ami.
Los verdaderos amigos se conocen en la desdicha.
L'amico si conosce nel bisogno.

**Tell me who your friends are and I'll tell you what you are.**
Sage mir, wer deine Freunde sind, und ich sage dir, wer du bist.
Dis-moi qui tu hantes et je te dirai qui tu es.
Dime con quien andas y te diré quien eres.
Dimmi con chi vai, e ti dirò chi sei.

## FRIGHT

**He's a regular fright.**
Er ist hässlich wie eine Vogelscheuche - Er ist ein richtiges Scheusal.
Il est laid comme un pou.
Es feo como un demonio.
È brutto da fare spavento.

## FRO

**To go to and fro.**
Hin und her gehen - auf und ab gehen.

Monter et descendre.
Ir y venir – Ir de acá para allá.
Andare su e giù – Andare avanti e indietro.

## FROG

**To have a frog in one's throat.** 230
Einen Frosch im Hals haben.
Avoir la voix rauque.
Estar ronco – Afónico.
Avere la voce rauca.

## FULL

**To know full well.**
Sehr wohl wissen – ganz gut wissen.
Savoir très bien.
Saber muy bien.
Sapere benissimo.

## FUME

**To fume.** 231
Wütend sein – kochen vor Wut.
Etre furieux.
Estar enfadado.
Essere furioso.

## FUN

**For fun.**
Aus Spaß.
Pour rire.
En broma.
Per scherzo.

**To make fun of somebody.**
Jemanden verulken – jemanden zum Besten halten – sich über jemanden lustig machen – jemanden auf den Arm nehmen.
Se moquer de quelqu'un.
Burlarse de alguien – Tomar el pelo a alguien.
Prendere in giro qualcuno – Prendere qualcuno per il naso.

GOT
A FROG
IN YOUR
THROAT ?
COUGH
COUGH

HE FUMES WHEN HE'S KEPT WAITING
INSTANT COFFEE

## FUNNY

**How funny!**
Wie lustig! – Wie ulkig!
Comme c'est drôle! – Comme c'est amusant!
¡Qué divertido!
Che divertente!

**Funny business.**
Faules Geschäft – faule Sache.
Une embrouille – Quelque chose d'étrange.
Una estafa – Algo extraño.
Un imbroglio – Qualcosa di strano.

## FURTHER

**Till further orders.**
Bis auf weitere Anordnungen.
Jusqu'à nouvel ordre.
Hasta nueva orden.
Fino a nuovo ordine.

## FUSS

**You fuss too much.**
Sie regen sich viel zu viel auf – Sie machen zu viel Aufhebens (darum).
Vous vous agitez sans raison.
Te agitas sin motivos.
Vi agitate senza ragione.

THERE WAS SOME FUNNY BUSINESS GOING ON WHILE YOU WERE AWAY, SIR
JOKES AND NOVELTIES

# G

## GAB

**To have the gift of the gab.**
Ein flottes Mundwerk haben - eine geschliffene Zunge haben.
Parler avec «brio».
Tener el don de la palabra - Hablar con propiedad.
Saper parlare con brio (con spirito) - Avere il dono della parola.

## GAD

**To gad about.**
Sich herumtreiben - bummeln.
Vadrouiller.
Callejear - Vagar - Holgazanear.
Gironzolare - Andare a zonzo.

## GAGE

**To throw down the gage.**
Herausfordern - den Fehdehandschuh hinwerfen.
Jeter le gant - Lancer un défi.
Arrojar el guante - Desafiar.
Gettar il guanto - Lanciare una sfida.

## GAIN

**To gain the upper hand.**
Die Oberhand gewinnen - (an) Boden gewinnen.
Avoir le dessus.
Salir ganando.
Aver la meglio.

**To gain ground.**
An Boden gewinnen.
Gagner du terrain.
Ganar terreno.
Guadagnar terreno.

## GALLERY

**To play to the gallery.**
Den niederen Geschmack ansprechen – nach Effekt haschen.
Jouer pour la galerie.
Recitar para las masas.
Recitare per le masse.

## GALLIVANT

**To gallivant.**
Sich herumtreiben – bummeln.
Se balader.
Callejear.
Andare a zonzo – Gironzolare.

## GALLOP

**To gallop through one's work.**
Seine Arbeit im Galopp (im Handumdrehen) erledigen.
Bâcler son travail.
Ir al galope – al trote – Ir a toda máquina – pastilla.
Fare il proprio lavoro in gran fretta.

## GALORE

**There was beer galore.**
Dort war jede Menge Bier – Dort gab es Bier in Hülle und Fülle.
Il y avait de la bière à gogo.
Había cerveza a gogó.
C'era birra a profusione – C'era birra a gogo.

## GAME

**The game is up.**
Das Spiel ist aus (verloren).
Le plan a échoué.
El juego ha terminado.
Il piano è fallito.

**To play the game**
Sich an die Spielregeln halten.
Jouer le jeu.

Seguir las reglas del juego.
Comportarsi onorevolmente.

**I am game for anything.**
Ich bin bereit, alles mitzumachen – Ich bin mit von der Partie.
Je suis prêt à tout.
Estoy listo para lo que sea.
Sono pronto a tutto.

## GAOL

**Gaol bird.**
Zuchthäusler – Galgenvogel.
Individu peu recommandable.
Malvado – Malhechor – Galeote.
Individuo da galera.

## GAPE

**To gape at ...**
Anstarren – angaffen – mit offenem Mund anschauen.
Regarder bouche-bée.
Quedarse boquiabierto.
Guardare a bocca aperta.

## GARDEN

**To lead someone up the garden path.** 237
Jemanden an der Nase herumführen.
Tromper, embrouiller quelqu'un.
Engañar a alguien.
Ingannare qualcuno.

## GARMENT

**The garment makes the man.**
Kleider machen Leute.
L'habit fait l'homme.
El hábito hace al monje.
L'abito fa l'uomo.

GEORGE, ARE YOU LEADING ME UP THE GARDEN PATH ?
CEMENT

## GASBAG

**To be a gasbag.**
Ein Schwätzer sein.
Etre blagueur – Avoir du bagout.
Ser un charlatán – Hablador.
Essere un chiacchierone.

## GASP

**To gasp for breath.**
Nach Luft schnappen.
Faire des efforts pour respirer.
Jadear.
Respirare a stento.

**At the last gasp.**
In den letzten Zügen – sterbend.
Moribond.
Estar agonizando.
Moribondo.

## GATE

**To give someone the gate.**
Jemandem die Tür weisen – jemanden hinauswerfen.
Mettre quelqu'un à la porte.
Echar – Decir a alguien dónde está la puerta.
Mettere qualcuno alla porta.

## GATE-CRASH

**To gate-crash.**
Ungeladen erscheinen.
S'inviter.
Autoinvitarse.
Autoinvitarsi.

## GATHER

**A rolling stone gathers no moss.**
Ein rollender Stein wird nicht moosig.
Pierre qui roule n'amasse pas mousse.

Piedra movediza, nunca moho la cobija.
Chi non mette radici non fa fortuna - Pietra che rotola non raccoglie muschio.

## GAUDY

**As gaudy as a butterfly.**
Prächtig wie ein Pfau.
Très fastueux.
Más repipi que un repollo con lazos - fastuoso.
Molto fastoso.

**As gaudy as a peacock.**
Prächtig wie ein Pfau.
Très fastueux.
Muy fastuoso.
Molto fastoso.

## GAUNTLET

**To throw down the gauntlet.**
(Jemandem) den Fehdehandschuh hinwerfen - (jemanden) herausfordern.
Lancer un défi.
Arrojar el guante - Desafiar.
Lanciare una sfida - Grettare il guanto.

## GAY

**As gay as a lark.**
Sehr fröhlich.
Gai comme un pinson.
Más contento que unas castañuelas - que unas pascuas.
Molto gaio - Contento come una pasqua.

## GENTLE

**As gentle as a lamb.**
Sanft wie ein Lamm.
Très délicat.
Más suave que un guante.
Molto delicato - Mite come un agnello.

YOU'LL SOON GET THE HANG OF IT

## GET

**To get the sack.**
Fliegen – entlassen werden – an die Luft gesetzt werden.
Etre licencié.
Ser puesto de patitas en la calle – Ser puesto en la calle.
Venire licenziato in tronco.

**To get wind of ...**
Wind bekommen von ...
Avoir vent de ...
Venir a saber que ...
Venire a sapere ... – Aver sentore di ... – Fintare ...

**To get the hang of something.** 240
Sich gewöhnen an ...
S'habituer à quelque chose.
Acostumbrarse a algo.
Abituarsi a qualche cosa.

**To get on with ...**
Übereinstimmen mit – gut auskommen mit – sich vertragen mit ...
Etre d'accord avec ...
LLevarse bien con ...
Andare d'accordo con ...

**To get on.**
Fortschritte machen.
Faire des progrès.
Hacer progresos.
Fare progressi.

**To get one's back up.**
Sich auf die Hinterbeine (Füße) stellen.
S'arc-bouter – S'entêter.
No dar la pata a torcer – Emperrarse.
Impuntarsi.

**To get the upper hand of ...**
Die Oberhand gewinnen.
Avoir le dessus.
Conseguir – llevarse la mejor parte.
Avere la meglio su ...

**To get nowhere.**
Nichts zuwege bringen – nichts erreichen.
N'obtenir aucun résultat.
No llevar a ninguna parte.
Non concludere niente.

**To get wise to something.**
Etwas spitzkriegen – etwas in Erfahrung bringen.
S'apercevoir de quelque chose.
Darse cuenta de algo.
Accorgersi di qualcosa.

**To get over something.**
Über etwas hinwegkommen – sich trösten.
Se remettre (d'une maladie) – Reprendre le dessus – Se consoler.
Restablecerse (de una enfermedad) – Consolarse.
Rimettersi (da una malattia) – Consolarsi.

**To get the point of something.** 243
Das Beste erhalten – den Kern einer Sache treffen.
Saisir l'essence de quelque chose.
Caer en la cuenta – Dar en el blanco.
Cogliere il nocciolo di qualcosa – Afferrare qualcosa.

**Get a move on!**
Rühr dich! – Beweg dich! – Setz dich in Bewegung!
Allons!
¡Muévete! – ¡Date prisa! – ¡Vamos!
Muoviti! – Datti una mossa!

**To get away with something.** 244
Unbehelligt davonkommen.
Faire le coup à l'as.
Salvarse por un pelo.
Farla franca.

**To get rid of ...**
Jemanden oder etwas loswerden.
Se débarrasser de ...
Deshacerse de ...
Sbarazzarsi di ...

DO YOU GET THE POINT NOW, CEDRIC?
KEEP OUT OR ELSE
OW!

NOBODY TALKS TO ME LIKE THAT AND GETS AWAY WITH IT
I SPEAK YOUR WEIGHT

**Get out of the way!**
Machen Sie den Weg frei!
Laissez le passage libre!
¡Quítate del paso - del medio! - ¡Dejen libre el paso!
Lasciate libero il passaggio! - Sgomberate!

## GET

**To get under someone's feet.**
Auf die Nerven gehen.
Casser les pieds à quelqu'un.
Dar la lata a alguien.
Rompere le scatole a qualcuno.

## GHOST

**There is not the ghost of a chance!**
Es gibt nicht die geringste Chance.
Il n'a pas la moindre chance de réussir!
No existe - no hay la mínima esperanza.
Non c'è neanche un filo di speranza!

**To give up the ghost.**
Den Geist aufgeben - sterben.
Rendre l'âme.
Entregar el alma.
Rendere l'anima.

## GIDDY

**To play the giddy goat.**
Sich närrisch benehmen.
Faire l'imbécile.
Hacer el tonto - el subnormal.
Fare lo stupido - Fare lo scemo.

## GIFT

**To have the gift of the gab.**
Ein flottes Mundwerk haben.
Avoir du bagout - Savoir manier la plaisanterie.
Tener don de palabra - Hablar con propiedad.
Saper parlare con brio (con spirito).

**Never look a gift horse in the mouth.**
Einem geschenkten Gaul schaut man nicht ins Maul.
A cheval donné on ne regarde pas à la dent.
A caballo regalado no le mires los dientes.
A caval donato non si guarda in bocca.

## GIG

**As merry as a gig.**
Sehr lustig.
Heureux comme un poisson dans l'eau.
Más contento que unas castañuelas - unas pascuas.
Allegro come un grillo.

## GIST

**That's the gist of what she said.**
Das ist der Kern von dem, was sie sagte.
Voilà la substance de son discours.
Esto es la esencia de lo que dijo.
Questo è il succo di quel che ha detto.

## GIVE

**To give way.**
Platz machen - nachgeben.
Céder le pas.
Ceder terreno - Entregarse.
Cedere terreno.

**To give oneself away.**
Sich verraten - sich verplappern.
Se trahir.
Delatarse.
Tradirsi.

**To give notice.**
Kündigen.
Prendre congé - se retirer.
Despedirse.
Congedarsi.

**To give in.**

Sich geschlagen geben - aufgeben.

Céder au désespoir.
Darse por vencido.
Cedere alla disperazione.

**To give tit for tat.**
Mit gleicher Münze heimzahlen.
Rendre la pareille.
Devolver la pelota – Pagar con la misma moneda.
Rendere pan per focaccia.

**To give the glad eye.**
Schöne Augen machen.
Faire un clin d'oeil – Cligner de l'oeil à quelqu'un.
Guiñar – cucar el ojo.
Fare l'occhiolino.

**Give me a call!**
Rufen Sie mich an!
Téléphonez-moi! – Passez-moi un coup de fil!
Llámame.
Telefonatemi!

**Mr. Brown gave his daughter away.**
Mr. Brown gab jemandem die Hand seiner Tochter.
M. Brown donna sa fille en mariage.
Mr. Brown llevó su hija al altar.
Mr. Brown concesse la mano di sua figlia.

## GIVEN

**I'd almost given you up.**
Ich hatte Sie fast aufgegeben.
Je commençais à croire que tu ne serais plus venu.
Comenzaba a pensar que ya no vendrías.
Cominciavo a credere che non saresti più venuto.

## GLARING

**A glaring mistake.**
Ein krasser Fehler.
Une faute qui saute aux yeux.
Un error que salta a la vista.
Un errore che salta agli occhi (vistoso).

## GLASS

**To be fond of one's glass.**
Gern tief ins Glas schauen – gerne trinken.
Aimer boire.
Gustarle beber.
Essere amante del bere.

## GLEAM

**A gleam of hope.**
Ein Hoffnungsschimmer.
Une lueur d'espoir.
Una luz – rayo de esperanza.
Un barlume di speranza.

## GLEE

**In high glee.**
In Hochstimmung.
Au comble de la joie.
En el máximo de la alegría.
Al colmo della gioia.

## GLIB

**A glib talker.**
Ein gewandter Redner – ein schlagfertiger Redner.
Une personne qui a la langue déliée.
Una persona con mucha labia – una persona locuaz.
Una persona dalla lingua sciolta.

## GLIMPSE

**To catch a glimpse of ...**
Einen flüchtigen Blick erhaschen von ...
Entrevoir.
Entrever – Vislumbrar.
Intravedere ...

## GLOAT

**To gloat over something.**
Sich hämisch über etwas freuen.
Eprouver un malin plaisir à ...

Relamerse de gusto.
Provare un piacere maligno per qualcosa.

## GLOVES

**To handle without gloves.**
Rücksichtslos (be)handeln.
Traiter sans égards.
Tratar con poca delicadeza.
Tratttare con poco tatto.

## GLOW

**To be glowing with enthusiasm.**
Vor Begeisterung strahlen.
Brûler d'enthousiasme.
Brillar de entusiasmo.
Ardere dall'entusiasmo.

## GNAT

**To strain at a gnat.**
Haarspalterei betreiben.
Chercher la petite bête.
Complicarse la vida – Buscarle los tres pies al gato.
Fare il difficile per cose da nulla.

## GNAW

**Anxiety was gnawing at my heart.**
Angst zehrte (nagte) an meinem Herzen – Angst quälte mein Herz.
L'anxiété me dévorait.
La angustia – la ansiedad le consumía.
L'ansia mi rodeva il cuore.

## GO

**To go to the dogs.**
Vor die Hunde gehen.
Courir à la ruine.
Arruinarse – Ir a pique.
Andare in rovina.

**To go to pot.**
Kaputt gehen.
Tomber en morceaux.
Ir a pique – Ir cuesta abajo.
Andare a rotoli.

**To go to pieces.**
In Stücke gehen – zusammenbrechen.
Tomber en morceaux – Craquer.
Hacerse pedazos – picadillo.
Andare in pezzi – Andare in frantumi.

**To go to Canossa.**
Sich demütigen – einen Canossagang machen.
Aller à Canossa.
Humillarse.
Umiliarsi – Andare a Canossa.

**To go through thick and thin.**
Durch dick und dünn gehen.
Affronter tous les risques.
Afrontar cualquier peligro.
Affrontare ogni rischio.

**To go back on one's word.**
Sein Wort nicht halten.
Reprendre sa parole.
Retirar lo dicho – Echarse para atrás.
Ritirare la parola data.

**To go one better than everyone else.**
Mehr machen als die anderen.
Faire plus que les autres.
Hacer algo mejor que los demás.
Fare più degli altri.

**To go one's way.**
Seinen eigenen Weg gehen – nach seinem eigenen Kopf handeln.
N'en faire qu'à sa tête.
Hacer lo que le da la gana – Ir a su aire.
Fare di testa propria.

**To go over to the other side.**
Zur anderen Seite übertreten – sich auf die andere Seite stellen.
Passer de l'autre côté.
Pasarse al otro lado – bando.
Passare dall'altra parte.

**To go to law.**
Den Rechtsweg beschreiten – prozessieren.
S'en remettre à la loi.
Demandar a alguien.
Fare causa.

**To go the whole hog.**
Aufs Ganze gehen.
Aller jusqu'au bout.
Ir hasta el fondo de un asunto.
Andare fino in fondo.

**It goes without saying.**
Es geht von selbst.
Cela va de soi.
Es obvio – ¡Desde luego!
Va da sé.

**It's no go.**
Da kann man nichts machen. – Da ist nichts zu machen.
Il n'y a rien à faire.
No hay nada que hacer – No hay remedio.
Non c'è niente da fare.

**Do you think the story will go down well?**
Glauben Sie, dass die Geschichte gut aufgenommen wird?
Vous pensez qu'ils vont avaler l'histoire?
¿Ustedes creen que se tragarán el cuento?
Credete che la storia sarà accolta bene?

**To go against the grain.**
Gegen den Strich gehen.
Blesser.
Herir.
Essere inaccettabile.

**To go ahead.**
Vorangehen.
Aller de l'avant.
Avanzar - Proseguir - Continuar.
Andare avanti.

**A go-better.**
Ein Draufgänger - jemand, der weiß, was er will.
Un arriviste.
Un arribista - Un arrivista.
Un arrivista.

**A go-between.**
Ein Vermittler - ein Mittelsmann.
Un intermédiaire.
Un intermediario - un mediador.
Un intermediario.

**To go out of one's mind.**
Verrückt werden.
Devenir fou.
Enloquecerse - Volverse loco.
Impazzire - Uscire di senno.

**You can't go by what he says.**
Sie können nicht danach gehen, was er sagt.
Vous ne pouvez vous fier de ce qu'il dit.
No se crean lo que dice.
Non potete fare affidamento su ciò che dice.

## GOAT

**To separate the sheep from the goats.**
Die Schafe von den Böcken trennen - das Gute vom Schlechten trennen.
Séparer les bons des mauvais.
Separar la paja del grano.
Separare i buoni dai cattivi.

## GOD

**God-forsaken.**
Von Gott verlassen - ein Gottverlassener.
Mauvais.

Malvado.
Malvagio.

## GOLD

**All that glitters is not gold.**
Es ist nicht alles Gold, was glänzt.
Tout ce qui brille n'est pas or.
No es oro todo lo que reluce.
Non è tutto oro quello che luccica.

## GOLDEN

**Speech is silver, but silence is golden.**
Reden ist Silber, Schweigen ist Gold.
La parole est d'argent, le silence est d'or.
La palabra es de plata, el silencio es de oro.
La parola è d'argento, il silenzio è d'oro.

## GONE

**He's far gone.**
Er ist schlimm dran.
Il est fichu!
¡Está perdido!
È spacciato!

**To be gone on somebody.**
In jemanden verliebt sein.
Etre amoureux de quelqu'un
Estar enamorado de alguien.
Essere innamorato di qualcuno.

## GOOD

**As good as gold.**
Sehr gut – goldrichtig.
Bon comme le pain.
Bueno como el pan.
Buono come il pane – Molto buono.

**To be good at ...**
Gut sein in ... – geschickt sein in ...
Etre bon en ...

Ser bueno – Servir – Valer para.
Essere bravo in ...

**A good person.**
Ein guter Mensch.
Une brave personne.
Una buena persona.
Una persona per bene.

**He as good as told me.**
Er hat es mir so gut wie gesagt.
C'est comme s'il me l'avait dit.
Es como si me lo hubiera dicho.
È come se me l'avesse detto.

**Good breeding.**
Gute Erziehung – gute Kinderstube.
Bonne éducation – Bonnes manières.
Buenas costumbres – Buena educación.
Buona creanza.

**So much to the good!**
So viel extra! – So viel als Gewinn!
Autant de gagné!
¡Tanto mejor! – ¡Mucho mejor!
Tanto di guadagnato!

**I'll make good the loss.**
Ich werde den Schaden ersetzen.
Je paierai les dégâts.
Me resarciré por los daños.
Risarcirò i danni.

**To have a good mind to ...**
Große Lust haben zu ...
Avoir une envie folle de ...
Tener muchas ganas de ...
Avere una gran voglia di ...

**I'm not a good sailor.**
Ich leide an der Seekrankheit – Ich werde (bin) seekrank.
Je n'ai pas le pied marin.
Me mareo.
Soffro il mal di mare.

**In good spirits.**
In guter Laune.
De bonne humeur.
De buen humor – Estar de buenas.
Di buon umore.

**All in good time.**
Alles zu seiner Zeit.
Chaque chose en son temps.
Cada cosa a su tiempo.
Ogni cosa a suo tempo.

**To do a good turn.**
Einen Gefallen tun.
Rendre service.
Hacer un favor.
Rendere un servizio.

**It was as good as play.**
Es war äußerst amüsant.
Ce fut très amusant.
Fue muy divertido.
Fu divertentissimo.

**Good looks.**
Gutes Aussehen – Schönheit.
Beauté physique.
Belleza física.
Bellezza fisica.

**What's the good of it?**
Was nützt es?
Qu'est-ce que ça vaut? – A quoi bon?
¿Para qué sirve?
A che vale? – A che serve?

**A good horse should seldom be spurred.**
Ein williges Pferd soll man nicht spornen.
Bon cheval n'a pas besoin d'éperon.
Caballo que vuela, no quiere espuelas.
Caval che corre non ha bisogno di sprone.

**No news is good news.**
Keine Nachricht, gute Nachricht.

Pas de nouvelles, bonnes nouvelles.
Ninguna nueva, buenas nuevas.
Nessuna nuova, buona nuova.

## GOODNESS

**Thank goodness!**
Gott sei Dank!
Grâce à Dieu! – Grâce au Ciel!
¡Gracias a Dios!
Grazie al cielo!

## GOOSE

**All his geese are swans.**
Er sieht alles durch die rosa Brille.
Il voit tout en rose.
Ver todo de color de rosa.
Vede il mondo con gli occhiali rosa.

**To kill the goose that lays the golden eggs.**
Das Huhn schlachten, das goldene Eier legt.
Manger la poule aux oeufs d'or.
Matar la gallina de los huevos de oro.
Uccidere la gallina dalle uova d'oro.

**What is sauce for the goose is sauce for the gander.**
Was dem einen recht ist, ist dem anderen billig.
Ce qui vaut pour l'un vaut pour l'autre.
Lo que es bueno para uno es bueno para el otro.
Ciò che vale per l'uno vale anche per l'altro.

**To be unable to say boo to a goose.**
Sehr schüchtern sein.
Etre très timide.
Ser tímido como una gallina en corral ajeno.
Essere timidissimo – Essere incapace di spiccicare una parola.

**To cook somebody's goose.**
Jemandem alles kaputt machen – jemanden fertigmachen.
Tout faire tomber à l'eau.

Aguarle la fiesta a alguien - Echarle a alguien los planes abajo.
Romper le uova nel paniere a qualcuno.

## GOOSEBERRY

**To play gooseberry.**
Anstandswauwau spielen.
Tenir la chandelle.
Hacer de escopeta - de carabina.
Reggere il moccolo.

## GRABBER

**Money-grabber.**
Geldgierige(r).
Faiseur d'argent.
Codicioso.
Un arraffone.

## GRACE

**To be in somebody's good graces.**
In jemandes Gunst stehen.
Etre dans les bonnes grâces de quelqu'un.
Caerle en gracia a alguien.
Essere nelle grazie di qualcuno.

## GRACEFUL

**As graceful as a swan.**
Anmutig wie ein Schwan - sehr graziös.
Elégant comme un cygne - Gracieux.
Muy agraciado - Muy elegante - Muy guapo.
Molto aggraziato - Elegantissimo.

## GRANTED

**To take for granted.**
Als erwiesen (selbstverständlich) annehmen.
Tenir pour sûr.
Darlo por descontado.
Dare per scontato.

## GRASP

**It's beyond my grasp.**
Es geht über meinen Verstand.
C'est au-delà de mes moyens.
Está más allá de mis capacidades - posibilidades.
È oltre il mio comprendonio - È al di là delle mie capacità.

**Grasp all, lose all.**
Wer zu viel will, wird nichts haben.
Qui trop embrasse mal étreint.
Quien mucho abarca poco aprieta - La avaricia rompe el saco.
Chi troppo vuole, nulla stringe.

**To grasp the nettle.**
Die Schwierigkeit anpacken.
Prendre le taureau par les cornes.
Coger el toro por los cuernos.
Prendere il toro per le corna.

## GRASPING

**As grasping as a miser.**
Ein Habgieriger - ein Raffgieriger.
Un rafleur.
Codicioso.
Un arraffone.

## GRASS

**He doesn't let the grass grow under his feet.**
Er verschwendet keine Zeit.
Ne pas perdre une minute.
No pierde el tiempo.
Non perde tempo nel fare le cose.

**A grass-widower.**
Ein Strohwitwer.
Mari momentanément célibataire.
Un »Rodríguez«.
Un marito che ha la moglie in vacanza (vedovo temporaneo).

**A grass-widow.**
Eine Strohwitwe.

Femme momentanément célibataire.
Una »Rodríguez«.
Una moglie che ha il marito in vacanza (vedova temporanea).

## GRAVE

**To have one foot in the grave.** 260
Mit einem Fuß im Grab stehen.
Avoir un pied dans la tombe.
Tener un pie en la tumba.
Avere un piede nella fossa.

**To make someone turn in his grave.**
Jemanden sich im Grab umdrehen lassen.
Faire se retourner quelqu'un dans la tombe.
Hacer resucitar a un muerto.
Fare rivoltare qualcuno nella tomba.

**As grave as a judge.**
Sehr feierlich.
Très solennel.
Muy serio – Solemne.
Molto solenne.

**To be as secret as a grave.**
Verschwiegen wie ein Grab.
Etre muet (secret) comme une tombe.
Ser una tumba.
Essere una tomba.

## GREASE

**To grease the palm of ...**
Mit einem Trinkgeld bestechen – Schmiergeld zahlen.
Graisser la patte à quelqu'un.
Comprar a alguien con dinero.
Corrompere – Ungere le ruote.

## GREASED

**Like greased lightning.**
Wie der Blitz – wie ein geölter Blitz.
En un éclair.

DID YOU KNOW OLD JONES HERE HAS ONE FOOT IN THE GRAVE?

Como un rayo – En un abrir y cerrar de ojos.
In un baleno – In un batter d'occhio.

## GREEDY

**As greedy as a dog.**
Sehr gefräßig – gierig.
Gourmand – Goinfre.
Hambre canina.
Molto vorace – Affamato come un lupo.

## GREEN

**He is still green to his job.**
Er ist noch unerfahren in seiner Arbeit.
Il n'est pas encore expert dans son travail.
Está aún muy verde para su trabajo.
È ancora inesperto nel suo lavoro.

**Do you see any green in my eye?**
Erscheine ich dir noch etwas grün hinter den Ohren?
Je te semble si naïf?
¿Me crees tan ingenuo? – ¿Te parezco ingenuo?
Ti sembro proprio tanto ingenuo? – Ho scritto in fronte Giocondo?

**As green as grass.**
Grasgrün.
Vert comme l'herbe.
Verde como la hierba.
Molto verde.

## GREY

**The future looks grey.**
Die Zukunft sieht düster aus.
Le futur s'annonce sombre.
El futuro se presenta negro.
Il futuro si presenta grigio.

**The grey mare is the better horse.**
Die Frau ist der Herr im Haus – Die Frau hat die Hosen an.
C'est la femme qui porte la culotte.

La mujer es la que lleva los pantalones.
È la moglie che porta i pantaloni.

## GRIEF

**To come to grief.**
Schaden nehmen - in Schwierigkeiten geraten - fehlschlagen - scheitern.
Echouer.
Fracasar.
Fare fiasco - Andare in malora.

**To die of grief.**
Vor Gram (Kummer) sterben.
Mourir de douleur.
Morir de dolor.
Morire di dolore.

## GRIN

**To grin and bear it.**
Gute Miene zum bösen Spiel machen.
Souffrir sans se plaindre.
Sufrir en silencio.
Soffrire senza lagnarsi.

**To grin like a Cheshire cat.**
Übers ganze Gesicht grinsen.
Avoir un sourire stéréotypé.
Sonreir estúpidamente - sin motivo.
Sorridere scioccamente.

**To grin from ear to ear.**
Übers ganze Gesicht grinsen.
Sourire jusqu'aux oreilles.
Sonreir abiertamente.
Avere un largo sorriso (che va da un orecchio all'altro).

## GRIND

**To have an axe to grind with someone.**
Bei jemandem eigennützige Zwecke verfolgen.
Avoir un intérêt particulier envers quelqu'un.

Tener un interés personal hacia alguien.
Avere un interesse personale verso qualcuno.

**To grind something into a boy's head.**
Einem Jungen etwas einpauken.
Souffrir les peines de l'enfer pour lui faire entrer l'histoire dans la tête.
Inculcar algo en la cabeza de un muchacho.
Sudare sette camicie per insegnare una cosa a un ragazzo.

## GRIST

**To bring grist to the mill.**
In die eigene Tasche arbeiten.
Faire venir l'eau à son moulin.
Arrimar el ascua a su sardina – Barrer hacia su portal.
Tirare acqua al proprio mulino.

**All is grist that comes into the mill.**
Alles ist von Nutzen.
Tout sert – Tout peut servir.
No hay nada que no se pueda utilizar.
Tutto fa brodo (può tornare utile).

## GRIT

**To have grit.**
Mumm haben – Mut haben.
Etre courageux.
Tener estómago – Valor.
Avere del fegato.

## GROOMED

**A well groomed young man.**
Ein gepflegter junger Mann.
Un jeune homme tiré à quatre épingles.
Un joven vestido de punta en blanco.
Un giovanotto tutto azzimato.

## GROPE

**To grope for something.**
Tasten nach ...

Chercher quelque chose à tâtons.
Buscar a tientas.
Cercare qualcosa a tastoni.

## GROUND

**Without grounds.**
Ohne Grund.
Sans raison.
Sin motivos – sin razón.
Senza motivo.

**That suits me to the ground.**
Das passt mir (in den Kram).
Ça me va comme un gant.
Me sienta muy bien – Me va que ni pintado – Me va a pedir de boca.
Mi va proprio a pennello.

**To get in on the ground floor.**
Von Anfang an mit dabei sein.
Entrer dans une société avec les mêmes droits que les fondateurs.
Entrar con los mismos derechos.
Entrare in una società con diritti pari a quelli dei fondatori.

**To shift one's ground.**
Seinen Standpunkt ändern.
Changer de position.
Cambiar de opinión.
Mutare la propria posizione (nei riguardi di un problema).

## GROUNDED

**Well-grounded.**
Mit guten (Vor-)Kenntnissen.
Bien préparé.
Muy preparado.
Ben preparato.

## GRUDGE

**I bear him no grudge.**

Ich hege keinen Groll gegen ihn.

Je ne lui en tiens pas rigueur.
No le guardo rencor.
Non gli porto rancore.

## GRUFF

**As gruff as a bear.**
Bärbeißig – ein Brummbär sein.
Etre ours.
Ronco.
Molto rauco – Rauco come un rospo.

## GUARD

**To be on one's guard.**
Auf der Hut sein.
Etre sur ses gardes.
Estar en alerta – en guardia.
Stare all'erta – Stare sul chi va là.

**To be caught off one's guard.**
Kalt erwischt werden.
Etre pris au dépourvu.
Ser cogido desprevenido.
Essere preso alla sprovvista.

## GUARDED

**To use guarded language.**
Zurückhaltend im Sprechen sein – wenig Worte machen.
Avoir de la retenue dans son langage.
Medir las palabras.
Adoperare parole molto misurate.

## GUESS

**To make a good guess.**
Gut schätzen.
Faire mouche – Tomber juste.
Dar en el clavo – en el blanco.
Azzeccare.

## GUILE

**To say without guile.**
Ohne Arglist sprechen.
Parler avec naïveté.
Decir algo sin (mala) intención – Ingenuamente.
Dire ingenuamente (senza volerlo).

## GUM

**To be up a gum-tree.** 267
In der Klemme sein.
Etre dans de mauvais draps.
Estar metido en un lío – en aprietos.
Essere nei guai.

## GUN

**To stick to one's guns.**
Standfest bleiben – nicht nachgeben.
Tenir bon.
Resistir – Estar firme.
Tenere duro.

**Son of a gun.**
Schurke.
Voyou – Salaud.
Delincuente.
Mascalzone.

## GUTS

**A man with plenty of guts.**
Ein Mann mit viel Mut (Mumm, Courage).
Un homme de poigne.
Un hombre con agallas – con estómago.
Un uomo di fegato.

## GUTTER

**To rise from the gutter.**
Sich aus dem Nichts emporarbeiten.
Venir de rien.
Venir de la nada.
Farsi dal nulla.

I SEE YOU'RE UP A GUM TREE AGAIN, HARRY

WHEN I GAVE HER THE BILL HER HAIR STOOD ON END
HAIRDRESSING
SALON
BILL
PERM SOLUTION

# H

## HABIT

**Habit is second nature.**
Gewohnheiten werden zur zweiten Natur – Gewohnheiten gehen in Fleisch und Blut über.
L'habitude est une seconde nature.
La costumbre es otra naturaleza.
L'abitudine è una seconda natura.

**To do out of habit.**
Aus Gewohnheit tun.
Faire les choses par habitude (par routine).
Hacer algo por costumbre.
Fare per abitudine.

**To fall into bad habits.**
In schlechte Gewohnheiten verfallen.
Prendre de mauvaises habitudes.
Adquirir malas costumbres.
Prendere cattive abitudini.

## HAIR

**My hair stood on end!** 268
Mir sträubten sich die Haare!
Mes cheveux se dressèrent!
¡Se me pusieron los pelos de punta!
Mi si rizzarono i capelli!

**He came within a hair's breadth of being killed.**
Um Haaresbreite (Haarscharf) entkam er dem Tod.
Il s'en est fallu de peu qu'il ne fût tué.
Faltó un pelo para que se matase.
Poco mancò che rimanesse ucciso.

**Keep your hair on!** 270
Ruhig Blut!
Ne vous mettez pas en colère! – Ne vous excitez pas!

KEEP YOUR HAIR ON, GRANDAD

¡No te enfades! – ¡No te enojes!
Non adirarti! – Non eccitarti!

## HAIR

**Hair raising.**
Haarsträubend.
Horrible.
Horripilante – Que pone los pelos de punta.
Orrendo – Che fa rizzare i capelli.

## HALF

**A good beginning is half the battle.**
Gut begonnen ist halb gewonnen – Ein guter Anfang ist die halbe Miete.
A moitié fait qui bien commence.
Obra acabada está medio empezada.
Chi ben comincia è a metà dell'opera.

**Half a word to the wise.**
Dem Klugen (Erfahrenen) genügen wenige Worte.
A bon entendeur, salut!
A buen entendedor pocas palabras bastan.
A buon intenditor poche parole.

**A half-wit.**
Ein Halbverrückter.
Un imbécile.
Un tonto – imbécil – bobo.
Un cretino.

**To be half seas over.**
Angesäuselt (angeheitert – beschwipst) sein.
Etre gai.
Estar borracho.
Essere brillo.

**To be half-hearted.**
Lustlos sein.
Avoir peu envie de réussir.
Tener pocas ganas de triunfar.
Aver poca voglia di riuscire.

**He's not half a bad fellow.**
Er ist durch und durch ein guter Junge.
C'est un brave garçon.
Es un buen mozo - chico - muchacho.
È un bravo ragazzo.

## HALLOO

**Don't halloo until you are out of the wood.**
Freu dich nicht zu früh - Man soll den Tag nicht vor dem Abend loben.
Ne chante pas victoire trop vite.
De la mano a la boca se pierde la sopa - Del dicho al hecho va un trecho - No hay que cantar victoria antes de tiempo.
Non cantar vittoria prima del tempo - Non dir quattro se non l'hai nel sacco.

## HALVES

**To do a thing by halves.** 273
Etwas nur halb (nicht gründlich) tun.
Faire une chose à moitié.
Hacer una cosa a la mitad.
Fare una cosa in maniera incompleta - Fare una cosa a metà.

## HAMMER

**To go at it hammer and tongs.**
Etwas mit aller Kraft tun - alles daransetzen.
Y aller des pieds et des mains - Faire quelque chose avec fougue.
Poner en algo todo el empeño.
Mettercela tutta - Fare qualcosa con foga.

## HAND

**To eat out of somebody's hand.** 274
Jemandem aus der Hand fressen.
Etre prêt à obéir.
Estar dispuesto a obedecer.
Essere pronto a obbedire.

NEVER DO THINGS BY HALVES, THAT'S WHAT I ALWAYS SAY
The Great ZORRO

I'VE GOT HIM EATING OUT OF MY HAND

**To be hand in glove with someone.**
Mit jemandem sehr vertraut sein – mit jemandem unter einer Decke stecken.
Etre intimement lié à quelqu'un – Etre cul et chemise avec quelqu'un.
Ser uña y carne.
Avere grande intimità con qualcuno – Essere culo e camicia con qualcuno.

**Not to lift a hand.**
Keinen Finger rühren für ...
Ne pas lever le petit doigt.
No levantar – No mover ni siquiera un dedo por ...
Non muovere un dito (in favore di ...).

**To show one's hand.**
Seine Karten aufdecken.
Découvrir son jeu.
Mostrar el juego.
Scoprire il proprio gioco.

**To live from hand to mouth.**
Von der Hand in den Mund leben.
Vivre au jour le jour.
Vivir al día.
Vivere alla giornata.

**On the other hand.**
Auf der anderen Seite.
D'autre part.
Por otra parte – Por otro lado.
D'altra parte.

**To get out of hand.**
Außer Kontrolle geraten – die Kontrolle verlieren.
Devenir indiscipliné.
Descontrolarse – Volverse indisciplinado.
Diventare indisciplinato.

**To be an old hand.**
Ein alter Fachmann – ein alter Hase.
Etre bon connaisseur.
Ser un buen conocedor.
Essere un buon conoscitore.

**To give someone a big hand.** 277
Jemandem stürmischen Beifall geben.
Applaudir chaleureusement quelqu'un.
Aplaudir a alguien calurosamente.
Applaudire qualcuno calorosamente.

**To get the upper hand.** 278
Die Oberhand gewinnen.
Avoir le dessus.
Tener ventaja sobre alguien.
Avere la meglio su qualcuno.

## HANDSOME

**Handsome is as handsome does.**
Edel ist, wer edel handelt.
Ce n'est pas la beauté qui compte mais la bonté.
Lo que cuenta no es la belleza sino la bondad.
Ciò che conta è la bontà, non la bellezza.

**A handsome fortune.**
Ein stattliches (beträchtliches) Vermögen.
Un grand patrimoine.
Una gran fortuna.
Un gran patrimonio.

## HANDY

**To come in handy.**
Gelegen kommen.
S'avérer utile.
Demostrarse útil.
Rivelarsi utile.

## HANG

**To hang about.**
Herumlungern - sich herumtreiben.
Flâner - Traîner.
Callejear - Holgazanear - Perder el tiempo.
Bighellonare.

LET'S GIVE
A BIG HAND
TO OUR SINGER
CLAP
CLAP
CLAP
CLAP
CLAP

BREEDING BUDGERIGARS SEEMS TO BE GETTING THE UPPER HAND OF YOU, SIDNEY

## HANGER

**A hanger-on.**
Ein Mitläufer - ein Anhängsel - eine Klette - ein Schmarotzer.
Un escroc.
Un gorrón - un aprovechado.
Uno scroccone.

## HAPPENED

**A man happened to pass there.**
Ein Mann kam zufällig dort vorbei.
Quelqu'un passa par hasard - Quelqu'un vint à passer.
Un hombre pasaba por casualidad por ahí.
Un uomo passava di là per caso.

## HAPPY

**As happy as a king.**
Sich königlich freuen.
Heureux comme un roi.
Feliz como unas castañuelas - unas pascuas.
Felicissimo - Felice come una pasqua.

**To be happy-go-lucky.**
Das Leben nehmen, wie es kommt.
Etre sans soucis.
Tomar - aceptar las cosas como vienen.
Prendere il mondo come viene - Essere spensierato.

## HARD

**Hard cash.**
Bargeld - klingende Münze - Hartgeld.
Argent comptant.
Dinero en efectivo - Dinero contante y sonante.
Denaro in contanti.

**A hard nut to crack.**
Eine harte Nuss - ein schwieriges Problem.
Tomber sur un os - Un problème difficile.
Un hueso duro de roer.
Un osso duro - Un problema difficile da risolvere.

**To be as hard as nails.**
Eisern sein - hartherzig sein.
Avoir le coeur dur - Etre dur comme la pierre.
Ser duro como la piedra - Tener un corazón de piedra.
Essere molto forte - Essere duro di cuore.

**To be hard up.**
Kein Geld haben - blank sein.
Etre fauché.
No tener dinero - Estar pelado.
Essere in bolletta (al verde).

**To be hard on a person.**
Mit jemandem streng sein - jemanden hart anfassen.
Etre très sévère avec quelqu'un.
Ser muy severo con una persona - Ser muy rígido con una persona.
Essere molto severo con una persona.

**Hard-fisted.**
Geizig.
Avare.
Avaro.
Avaro.

**As hard as a stone.**
Steinhart.
Etre dur comme la pierre.
Duro como la piedra.
Durissimo - Duro come una pietra.

## HARDLY

**I hardly knew him.**
Ich kannte ihn kaum.
Je le connaissais peu.
Apenas le conocía.
Lo conoscevo appena.

## HARE

**As mad as a March hare.**
Total übergeschnappt.
Fou à lier.

Loco de remate – Más loco que una cabra.
Matto da legare.

**To run with the hare and hunt with the hounds.**
Es mit beiden Seiten halten – ein doppeltes Spiel spielen.
Ménager la chèvre et le chou – Faire le double jeu.
Jugar a dos barajas.
Tenere il piede in due staffe – Fare il doppio gioco.

## HARE

**First catch your hare then cook it.**
Du kannst das Bärenfell nicht verkaufen, bevor du den Bären erlegt hast.
Il ne faut pas vendre la peau de l'ours avant de l'avoir tué.
No hay que vender la piel del oso antes de cazarlo.
Non vendere la pelle dell'orso prima d'averlo ucciso.

## HARM

**To be out of harm's way.**
In Sicherheit sein.
Etre en sécurité – Etre à l'abri.
No correr peligro – Estar en lugar seguro.
Essere al sicuro.

## HARMLESS

**As harmless as a dove.**
Harmlos (unschädlich, unschuldig).
Inoffensif.
Inofensivo.
Molto innocuo – Non farebbe male ad una mosca.

## HARP

**To harp on a subject.**
Auf einem Thema herumreiten – dauernd von einer Sache reden.
Insister lourdement sur quelque chose.
Insistir en un argumento.
Battere sempre sullo stesso argomento.

MINISTRY OF DEFENCE
THIS ONE IS A SECRET SO KEEP IT UNDER YOUR HAT
T.N.T.

HE GETS ANNOYED AT THE DROP OF A HAT
MENS HATS

## HASH

**To make a hash of something.**
Etwas vermasseln – ein Mischmasch machen.
Faire un méli-mélo.
Armar un lío – jaleo.
Fare un pasticcio.

## HASTE

**More haste less speed.**
Eile mit Weile.
Qui veut aller loin ménage sa monture.
Vísteme despacio que tengo prisa – Despacito y buena letra.
Chi va piano va sano e va lontano.

**To make haste.**
Sich beeilen.
Hâter le pas – Se dépêcher.
Darse prisa – Apresurarse.
Affrettarsi.

**Haste makes waste.**
Blinder Eifer schadet nur.
Trop presser nuit.
Cosa hecha aprisa, cosa de risa.
Troppa fretta nuoce.

## HAT

**Keep it under your hat!** 282
Behalte es für dich! – Sprich nicht darüber!
Motus! – Bouche cousue!
¡No lo digas a nadie!
Acqua in bocca!

**To talk through one's hat.**
Übertreiben – aufschneiden – faseln.
Se vanter.
Marcarse un farol.
Spararle grosse – Vantarsi.

**At the drop of a hat.** 283
Beim geringsten Anlass – sofort.
Sur le champ! – Pour un rien.

¡De inmediato! – ¡En seguida!
Subito! – Per un nonnulla.

## HATCH

**Don't count your chickens before they're hatched.**
Du kannst das Bärenfell nicht verkaufen, bevor du es hast – Zähle deine Küken nicht, bevor sie ausgeschlüpft sind.
Il ne faut pas vendre la peau de l'ours avant de l'avoir tué.
No cuentes tus gallinas antes de que pongan los huevos.
Non dire quattro se non l'hai nel sacco – Non fare i conti senza l'oste.

## HATCHET

**To bury the hatchet.** 286
Das Kriegsbeil begraben – Frieden schließen.
Faire la paix.
Hacer las paces.
Fare la pace – Seppellire l'ascia di guerra.

**To dig up the hatchet.**
Den Krieg erklären – Feindschaft ansagen.
Commencer les hostilités.
Iniciar hostilidades.
Iniziare le ostilità.

## HATTER

**To be as mad as a hatter.**
Fuchsteufelswild – total übergeschnappt.
Etre fou à lier.
Estar más loco que una cabra.
Essere matto da legare.

## HAVE

**I want to have it out with you.**
Ich möchte die Sache mit Ihnen bereinigen.
Je veux m'expliquer avec vous.
Quiero aclarar las cosas con usted.
Voglio chiarire la cosa con voi.

LET'S
BURY THE
HATCHET

**I won't have it.**
Ich will es nicht haben – Ich wünsche es nicht – Ich werde es nicht gestatten.
Je ne le permettrai pas.
No lo permitiré – No toleraré.
Non lo permetterò.

## HAVES

**The haves and the have-nots.**
Die Besitzenden und die Habenichtse – die Reichen und die Armen.
Les riches et les pauvres.
Los ricos y los pobres.
I ricchi e i poveri.

## HAY

**To make hay while the sun shines.**
Das Eisen schmieden, solange es heiß ist.
Battre le fer tant qu'il est encore chaud.
Cuando el hierro está encendido, ha de ser batido.
Battere il ferro finché è caldo.

**To look for a needle in a hay stack.**
Eine Nadel im Heuhaufen suchen.
Chercher une aiguille dans une meule de foin.
Buscar una aguja en un pajar.
Cercare un ago in un pagliaio.

## HEAD

**To have a good head upon one's shoulders.**
Gesunden Menschenverstand haben.
Etre sensé – Avoir la tête sur les épaules.
Tener la cabeza en su sitio – Tener sentido común.
Aver buon senso – Aver la testa sulle spalle.

**I could do it on my head.**
Das könnte ich im Schlaf (machen).
Je saurais le faire les yeux fermés.
Podría hacerlo con los ojos cerrados.
Io saprei farlo a occhi chiusi.

**I can't make out head or tail of it.**
Ich kann daraus nicht schlau werden.
Je n'y comprends rien.
No entiendo ni jota.
Non ci capisco un'acca (un tubo).

**To have a poor head for figures.**
Ein schlechter Rechner sein - ein schlechtes Gedächtnis für Zahlen haben.
Etre peu doué pour le calcul.
No ser hábil para los cálculos - para las matemáticas.
Essere poco abile nei calcoli.

**To be head over heels in love.**
Hals über Kopf verliebt sein.
Etre amoureux fou.
Estar locamente enamorado.
Essere innamorato cotto.

**To keep one's head above water.**
Sich über Wasser halten - seinen Kopf über Wasser halten.
Faire la planche - Tenir à la surface.
Estar - Mantenerse a flote.
Tenersi a galla.

**To lose one's head.** 290
Seinen Kopf verlieren.
Perdre la tête.
Perder la cabeza.
Perdere la testa.

**She lost her head.** 291
Sie hat den Kopf verloren.
Perdre la tête.
Perder la cabeza.
Perdere la testa.

## HEADED

**To be hot-headed.**
Hitzköpfig sein.
Etre impulsif - Avoir la tête chaude.
Ser impulsivo.
Essere impulsivo - Essere una testa calda.

## HEADS

**Two heads are better than one.**
Zwei Köpfe sind besser als einer.
Deux précautions valent mieux qu'une.
Dos cabezas valen más que una.
Due teste valgono più di una.

## HEADY

**A heady wine.**
Ein berauschender Wein – ein zu Kopf steigender Wein.
Un vin qui monte à la tête.
Un vino que se sube a la cabeza.
Un vino che dà alla testa.

## HEAL

**Physician, heal thyself.**
Arzt, hilf dir selbst.
Médecin, guéris-toi toi-même.
Médico, cúrate a ti mismo.
Medico, cura te stesso.

## HEALTH

**Health is better than wealth.**
Gesundheit ist das höchste Gut.
Santé passe richesse.
Primero es la salud que el dinero.
La salute val più della ricchezza.

## HEAPS

**To feel heaps better.**
Sich sehr viel besser fühlen.
Etre beaucoup mieux.
Estar mucho mejor.
Stare molto meglio.

## HEART

**To heart's content.**
Nach Herzenslust.
A votre gré.

STEADY—
DON'T LOSE
YOUR HEAD

WHEN SHE LOST HER HANDBAG, SHE LOST HER HEAD
LOST PROPERTY

Al gusto.
A proprio piacimento.

**To be down at heart.**
Mutlos sein - entmutigt sein.
Etre découragé.
Estar deprimido - estar en baja forma.
Essere depresso - Essere giù di corda.

**At heart he's not bad.**
Er hat kein schlechtes Herz - Im Grunde ist er nicht schlecht.
Dans le fond il n'est pas méchant.
En el fondo no es malo.
In fondo non è cattivo.

**To learn by heart.**
Auswendig lernen.
Apprendre par coeur.
Aprender de memoria.
Imparare a memoria.

**To have one's heart in one's boots.**
Das Herz in der Hose haben.
Avoir peur.
Tener miedo.
Aver paura.

**To cry one's heart out.**
Sich die Augen ausweinen.
Pleurer à chaudes larmes.
Llorar a lágrima viva.
Piangere lacrime calde - Consumarsi dal pianto.

**To set one's heart on something.**
Etwas aus vollem Herzen wünschen.
Désirer ardemment une chose.
Desear de todo corazón.
Desiderare ardentemente una cosa.

**Take heart!**
Fassen Sie Mut!
Courage!

¡Ánimo!
Fatevi coraggio!

**To wear one's heart upon one's sleeve.**
Das Herz auf der Zunge haben.
Parler le coeur sur la main.
Hablar con el corazón en la mano.
Parlare col cuore in mano.

## HEARTBURN

**Heartburn.**
Sodbrennen.
Brûlures d'estomac.
Ardor de estómago.
Bruciore di stomaco.

## HEARTY

**A hearty laugh.**
Ein herzliches Lachen.
Un rire de bon coeur.
Una buena carcajada.
Una risata di cuore (di gusto).

## HEAVEN

**To move heaven and earth.**
Himmel und Hölle in Bewegung setzen.
Remuer les montagnes.
Remover cielo y tierra.
Muovere mari e monti.

## HEAVY

**As heavy as lead.**
Schwer wie Blei – sehr schwer.
Lourd comme le plomb.
Pesado como el plomo.
Molto pesante – Pesante come il piombo.

**Heavy-handed.**
Plump – ungeschickt.
Maladroit.

Torpe.
Maldestro.

## HEDGE

**Love your neighbour, yet don't pull down your hedge.**
Liebe deinen Nachbarn, aber reiß den Zaun nicht ein.
Aimez votre voisin, mais ne coupez pas votre haie.
Ama tu vecino pero no deshagas tu seto.
Vicinanza senza siepe porta inimicizia in casa.

## HEELS

**To take to one's heels.**
Die Beine in die Hand nehmen.
Prendre ses jambes à son cou.
Escapar por pies - Huir.
Darsela a gambe (levate).

**To kick one's heels.**
Ungeduldig warten.
Devoir attendre.
Dar un plantón - Hacer esperar.
Essere lasciato ad aspettare.

## HEIGHT

**The height of perfection.**
Der Gipfel an Perfektion.
Le sommet de la perfection.
El colmo de la perfección.
L'apice della perfezione.

**The height of folly.**
Der Gipfel an Torheit.
Le comble de la folie.
El colmo de la locura.
Il colmo della follia.

## HELL

**To suffer hell on earth.**
Höllenqualen leiden.
Souffrir les peines de l'enfer.

Sufrir un purgatorio en la tierra.
Soffrire molto – Patire le pene dell'inferno.

## HELP

**Help yourself, please!**
Bitte, bedienen Sie sich! – Bedienen Sie sich bitte!
Servez-vous, je vous en prie!
¡Sírvase por favor!
Si serva, prego!

**I don't see him more than I can help.**
Ich sehe keine Notwendigkeit mehr, ihm zu helfen.
Je ne le vois que le strict nécessaire.
Le veo lo menos posible.
Lo vedo il meno possibile.

## HELPED

**It can't be helped.**
Da lässt sich nichts machen.
Il n'y a pas de remède.
No hay más remedio.
Non c'è rimedio – È inevitabile.

## HEN

**A hen-pecked husband.**
Ein Pantoffelheld.
Un mari qui se laisse commander par sa femme.
Un marido dominado por la mujer.
Un marito tiranneggiato dalla moglie.

**A hen-party.**
Damengesellschaft – Kaffeekränzchen.
Réunion seulement de femmes.
Reunión de mujeres.
Una riunione di sole donne.

## HERE

**Here and there.**
Hier und dort – hierhin und dorthin – hier und da.
Ici et là.

Por aquí y por allá.
Qua e là.

**Here, there and everywhere.**
Überall.
Partout.
Por todas partes.
Dappertutto.

**That is neither here nor there.**
Das gehört nicht zur Sache - Das besagt nichts.
Cela ne concerne pas ce problème.
Esto no tiene nada que ver.
Non rientra nell'argomento.

## HIDE

**To save one's hide.**
Die eigene Haut retten.
Sauver sa peau.
Salvar el pellejo - la piel.
Salvare la pelle.

**To hide one's head.**
Sich vor Scham verbergen (verstecken).
Se cacher de honte.
Esconderse de la vergüenza.
Nascondersi per la vergogna.

## HIGH

**To have high jinks.**
Übermütige Laune haben - ausgelassen sein.
Faire bombance.
Armar una juerga.
Fare baldoria.

**High and mighty.**
Erhaben - arrogant - hochmütig.
Arrogant.
Arrogante.
Arrogante.

**To like the high life.** 298
Das Leben im Luxus lieben - ein luxuriöses Leben lieben.
Aimer mener grand train.
Amar el lujo.
Amare la vita lussuosa.

**High-handed.**
Anmaßend.
Autoritaire - Exigeant.
Despótico, mandón.
Prepotente.

**To search high and low.**
Überall suchen.
Chercher partout.
Remover cielo y tierra.
Cercare dappertutto - Cercare per mare e per terra.

## HIGHBROW

**A highbrow.**
Eine Intellektuelle - ein Intellektueller.
Un intellectuel.
Un intelectual.
Un intellettuale.

## HIGHLY

**To be highly-strung.** 299
Reizbar - überempfindlich.
Avoir un tempérament nerveux.
Tener un carácter nervioso.
Avere un temperamento nervoso.

## HINGE

**Everything hinges on what he decides.**
Alles hängt von seiner Entscheidung ab.
Tout dépend de sa décision.
Todo depende de lo que decida él.
Tutto dipende dalla sua decisione.

IT'S OKAY
IF YOU LIKE
THE
HIGH LIFE
I SUPPOSE

HE ALWAYS WAS HIGHLY STRUNG

## HINT

**To hint at something.**
Etwas andeuten - auf etwas anspielen.
Faire allusion à quelque chose.
Aludir a algo.
Fare allusione a qualcosa.

## HIT

**To hit the nail on the head.**
Den Nagel auf den Kopf treffen - ins Schwarze treffen - den Kern der Sache treffen.
Faire mouche - Tomber juste.
Acertar - Dar en el blanco - Dar en el clavo.
Azzecare - Colpire nel segno.

**To make a hit.**
Einen Treffer landen - Erfolg haben.
Frapper.
Caer en gracia - Impresionar favorablemente.
Far colpo.

## HITCH

**Everything went off without a hitch.**
Alles lief reibungslos (glatt) ab.
Tout alla à merveille.
Todo ha ido sin tropiezos.
Tutto andò liscio.

## HOARSE

**As hoarse as a crow.**
Heiser - mit rauchiger Stimme - wie ein Rabe krächzen.
Très rauque.
Muy ronco.
Molto rauco - Rauco come un rospo.

## HOLD

**To hold out.**
Aushalten - durchhalten - standhalten.
Tenir bon.

Mantenerse firme.
Tener duro.

**Hold your tongue!**
Haltet den Mund! – Seid still! – Seien Sie still!
Taisez-vous!
¡Cierre el pico – la boca! – ¡Cállese!
State zitto!

**To hold one's own.**
Sich nicht einmischen.
Etre sur ses gardes.
Mantenerse firme sobre lo que uno piensa.
Stare sulle proprie.

**Not to hold water.**
Nicht stichhaltig sein.
Ne pas être valable.
No ser válido.
Non essere valido.

## HOLE

**A square peg in a round hole.**
Ein Mensch am falschen Platz – ein Fisch außerhalb des Wassers.
Un poisson hors de l'eau.
Un pez fuera del agua.
Un pesce fuor d'acqua.

**To put someone in a hole.**
Jemandem Schwierigkeiten machen – jemanden in Verlegenheit bringen.
Mettre quelqu'un dans des ennuis.
Jugarle a alguien una mala pasada.
Mettere qualcuno nei pasticci.

## HOLLOW

**Hollow promises.**
Leere Versprechungen.
Fausses promesses.
Promesas falsas.
False promesse – Promesse da marinaio.

**Hollow words.**
Hohle (leere, nichtssagende, nichtige) Worte.
Mots qui sonnent faux.
Palabras huecas - vacías.
Parole false.

## HOME

**I look upon Paris as my home.**
Ich betrachte Paris als meine Heimat.
Je considère Paris comme ma patrie.
En París me siento como en casa.
Considero Parigi la mia patria - A Parigi mi sento a casa.

## HOMELY

**A homely girl.**
Ein hausbackenes Mädchen.
Une fille moche.
Una muchacha normal.
Una ragazza bruttina.

**A homely old lady.**
Eine gemütliche alte Dame.
Une vieille dame sans façons.
Una anciana muy afable.
Una vecchia signora alla mano.

## HONEST

**To earn an honest penny.**
Sich sein Geld ehrlich (redlich) verdienen.
Gagner honnêtement sa vie.
Ganarse honestamente la vida.
Guadagnarsi onestamente la vita.

**Honesty is the best policy.**
Ehrlich währt am längsten.
L'honnêteté est le meilleur des guides.
La honradez es el mejor capital.
L'onestà è la miglior moneta.

## HONEY

**As sweet as honey.**
Süß wie Honig.
Doux comme le miel.
Dulce como la miel.
Dolce come il miele.

## HOOK

**Hook, line, and sinker.**
Ganz und gar – restlos.
Tout à fait.
Del todo – Completamente.
Del tutto.

**By hook or by crook.**
Unter allen Umständen – so oder so.
De gré ou de force.
Por las buenas o por las malas.
Di riffa o di raffa.

## HOOT

**I don't care a hoot!**
Das ist mir schnuppe (egal, gleich)!
Cela ne me touche pas!
No me importa un comino – un bledo – un pepino.
Non me ne importa un fico secco!

**It's not worth two hoots!**
Es ist keinen Pfifferling wert!
Ça ne vaut rien!
¡No vale nada!
Non vale un fico.

## HOP

**Hop it!** 304
Verzieh dich! – Verdufte! – Verschwinden Sie!
Fiche le camp!
¡Vete! – ¡Desaparece!
Sparisci!

HOP IT!

HE GOT IT STRAIGHT FROM THE HORSE'S MOUTH
YAK!

## HOPE

**While there is life there is hope.**
Solange es Leben gibt, gibt es Hoffnung.
Tant qu'il y a de la vie il y a de l'espoir.
Mientras haya vida habrá esperanza.
Finché c'è vita c'è speranza.

## HORNS

**To draw in one's horns.**
Den Gürtel enger schnallen – sich zurückhalten.
Reculer.
Echarse hacia atrás.
Tirarsi indietro.

## HORSE

**To get something straight from the horse's mouth.** 305
Etwas aus erster Hand (Quelle) erfahren.
Obtenir un tuyau.
Obtener una información de fuente fidedigna.
Ottenere un'informazione di prima mano.

**You may take a horse to water, but you can't make him drink.**
Das ist verlorene (vergebliche) Liebesmüh – Man kann niemanden zu etwas zwingen.
On ne saurait faire boire un âne qui n'a pas soif.
Treinta monjes y un abad no pueden hacer cagar un asno contra su voluntad.
Non si può far bere l'asino per forza.

**One shouldn't look a gift horse in the mouth.**
Einem geschenkten Gaul schaut man nicht ins Maul.
A cheval donné on ne regarde pas à la dent.
A caballo regalado no se le mira el diente.
A caval donato non si guarda in bocca.

**To eat like a horse.**
Fressen wie ein Wolf.
Manger comme un loup.
Comer como un lobo.
Mangiare come un lupo.

## HORSES

**To hold one's horses.**
Seine Ungeduld zügeln.
Réprimer son impatience.
Refrenar la impaciencia.
Frenare la propria impazienza.

## HOT

**As hot as fire.**
Glühend heiß.
Brûlant.
Muy caliente - ardiente.
Molto caldo.

**As hot as pepper.**
Sehr scharf - brennend scharf.
Très piquant.
Muy picante.
Molto piccante.

**Hot foot.**
Schnellen Fußes - in großer Eile.
En vitesse - A la hâte.
A toda mecha - pastilla.
In gran fretta.

**Give it him hot!**
Gib es ihm tüchtig! - Zeig es ihm! - Heiz ihm ein!
Passe-lui un bon savon!
Dale una buena regañina - Échale un buen puro.
Dagli una bella strigliata!

**To get into hot water.** 308
In des Teufels Küche geraten.
Se mettre dans de mauvais draps.
Meterse en líos.
Mettersi nei guai.

**Strike while the iron is hot.**
Das Eisen muss man schmieden, solange es heiß ist.
Il faut battre le fer pendant qu'il est chaud.
Al hierro caliente, batir de repente.
Bisogna battere il ferro finché è caldo.

WE'VE GOT OURSELVES INTO HOT WATER THIS TIME

## HOUND

**To hound out.**
Davonjagen – fortjagen – wegjagen.
Chasser.
Echar a alguien.
Cacciar via.

## HOUSE

**To get on like a house on fire.**
Blitzschnell vorankommen – große Fortschritte machen.
Faire de grands progrès.
Hacer grandes progresos.
Fare grandi progressi.

**To bring the house down.** 79
Stürmischen Beifall auslösen.
Faire s'écrouler le théâtre sous les applaudissements.
Hacer venir abajo el teatro por los aplausos.
Far crollare il teatro sotto gli applausi.

**To keep open house.**
Ein offenes Haus führen – gastfrei (gastfreundlich) sein.
Garder sa porte ouverte.
Tener la puerta de la casa siempre abierta.
Tenere la porta di casa sempre aperta.

**House-warming.**
Einzugsfest.
Pendaison de crémaillère.
Fiesta de inaguración de la casa.
Festa per inaugurare una nuova casa.

**The house shows its owner.**
Man sieht am Haus, wes Sinnes der Herr ist.
La maison fait connaître le maître.
Por la casa se conoce al dueño.
Dalla casa si conosce il padrone.

## HOWL

**To howl with laughter.**
Sich halb tot lachen.
Se tordre de rire – Se bidonner.

Desternillarse - morirse de la risa.
Sbellicarsi dalle risa.

## HUDDLE

**To go into a huddle with somebody.**
Sich mit jemandem beraten - die Köpfe zusammenstecken.
Avoir un entretien secret avec quelqu'un.
Reunirse con alguien para aconsejarse o planear algo secreto.
Avere un conciliabolo segreto con qualcuno.

## HUFF

**To be in a huff.**
Ärgerlich (wütend) sein - gekränkt sein.
Etre irrité.
Estar cabreado - enfadado.
Essere adirato.

## HUM

**To hum and haw.**
Herumdrucksen - unschlüssig sein.
Hésiter.
Vacilar - titubear al hablar.
Titubare - Esitare nel parlare.

**To make things hum.**
Die Sache in Schwung bringen.
Faire aller les choses avec succès.
Hacer que las cosas marchen bien.
Far andare le cose con brio.

## HUMBLE

**To eat humble pie.**
Sich demütigen - Abbitte leisten - zu Kreuze kriechen.
S'humilier.
Humillarse.
Umiliarsi.

## HUMDRUM

**To live a humdrum life.**
Ein eintöniges (fades, langweiliges) Leben führen.
Mener une vie monotone.
Llevar una vida monótona – rutinaria.
Fare una vita monotona.

## HUMOUR

**To be in humour for ...**
Aufgelegt sein zu ... – Lust haben zu ...
Etre en veine de ...
Estar de humor para ... – Tener ganas de ...
Essere in vena di ...

## HUNCH

**To have a hunch.**
Eine (Vor-)Ahnung haben – einen Verdacht haben.
Avoir un soupçon.
Tener una sospecha.
Avere un sospetto.

## HUNGRY

**To be as hungry as a hunter.**
Hungrig sein wie ein Tiger.
Avoir une faim de loup.
Tener un hambre canina.
Avere una fame da lupo.

**Hunger is the best sauce.**
Hunger ist der beste Koch.
Il n'est sauce que d'appétit.
A buen hambre no hay pan duro.
La fame è il miglior cuoco.

## HUNT

**To hunt for a lost pen.**
Eifrig nach einer verlorenen Feder suchen.
Etre à la recherche d'un stylo égaré.
Buscar una pluma perdida.
Cercare una penna smarrita.

## HUSH

**To hush up a scandal.**
Einen Skandal vertuschen.
Etouffer un scandale.
Encubrir un escándalo.
Soffocare uno scandalo.

## HUSTLE

**Hustle and bustle.**
Gehetze - Hetzerei.
Activité prodigieuse.
Vaivén - Gran actividad.
Piena attività - Trambusto.

# I

## ICE

**To break the ice.** 314
Das Eis brechen.
Briser la glace.
Romper el hielo.
Rompere il ghiaccio.

**To cut no ice.**
Keinen Eindruck machen – nichts zu sagen haben.
Ne pas avoir d'importance.
No tener importancia.
Non avere importanza.

**To be on thin ice.**
Sich auf dünnem Eis bewegen – An eine delikate Sache rühren.
Aborder un sujet délicat – Mettre le doigt sur la plaie.
Tocar un punto delicado.
Toccare un tasto delicato.

## ICEBERG

**She's an iceberg.**
Sie ist wie ein Eisberg – Sie ist eiskalt – Sie ist eine kalte Person – Sie ist wie ein Stück Eis.
C'est un glaçon.
Es un pedazo de hielo.
È una persona fredda – È un iceberg – È un pezzo di ghiaccio.

## IDEA

**I haven't an idea.**
Ich habe keine Ahnung.
Je ne sais vraiment pas.
No sé – No tengo idea.
Non so proprio.

I'VE COME TO BREAK THE ICE!

## IDEAS

**A man of ideas.**
Ein Mann voller Ideen.
Un homme ingénieux.
Un hombre de ingenio.
Un uomo ingegnoso.

## IDLE

**Idle talk.**
Leeres Gerede - Gewäsch.
Discussions inutiles.
Conversaciones inútiles.
Chiacchiere inutili.

## IGNORANT

**I am quite ignorant of the fact.**
Ich weiß absolut nichts von der Sache - Ich kenne die Tatsachen nicht.
J'ignore complètement le fait.
No estoy enterado - no estoy al tanto de los hechos.
Sono completamente all'oscuro del fatto.

## IGNORED

**He ignored my offer.**
Er ignorierte mein Angebot - Er nahm keine Notiz von meinem Angebot.
Il ne tint pas compte de mon offre.
Ignoró mi oferta.
Non tenne conto della mia offerta.

## ILL

**It's an ill wind that blows no good.**
Etwas Gutes ist an allem.
A quelque chose malheur est bon.
No hay mal que por bien no venga.
Non tutto il male viene per nuocere.

**Ill weeds grow apace.**
Unkraut vergeht nicht.
Les choses maléfiques se répandent rapidement.

Mala hierba nunca muere.
L'erba cattiva non muore mai – Le cose malefiche si diffondono rapidamente.

**I was taken ill.**
Ich erkrankte.
Je suis tombé malade.
Me puse enfermo.
Mi sono ammalato.

**Ill-natured.**
Unfreundlich – bösartig.
Mauvais caractère.
De mal carácter.
Di cattivo carattere.

**An ill-timed remark.**
Eine unpassende Bemerkung.
Une observation déplacée.
Una observación inoportuna.
Un'osservazione inopportuna (fatta a sproposito).

## IMAGE

**John's the very image of his father.**
John ist ganz der Vater – John ist das Ebenbild seines Vaters.
John est tout le portrait de son père.
John es el vivo retrato de su padre.
John è proprio il ritratto di suo padre.

## IMITATION

**Imitation is the sincerest form of flattery.**
Nachahmung ist die reinste Form von Schmeichelei.
L'imitation est la manifestation la plus sincère de l'adulation.
La imitación es la manifestación más sincera de adulación.
La manifestazione più sincera dell'adulazione è l'imitazione.

## IMMATERIAL

**It is immaterial to me whether you are early or late.**
Es ist unwesentlich (belanglos) für mich, ob du früh oder spät ankommst – Es ist mir gleich, ob du früh oder spät kommst.
Ça m'est égal si tu arrives en avance ou si tu arrives en retard.
Me es indiferente si llegas tarde o temprano.
Mi è del tutto indifferente se arrivi in anticipo o se arrivi in ritardo.

## IMMERSED

**He was immersed in the music.**
Er war ganz in die Musik versunken.
Il était plongé dans la musique.
Estaba ensimismado en la música.
Era immerso nella musica.

## IMPERATIVE

**It is imperative that you do your homework.**
Es ist unumgänglich (dringend nötig – unbedingt erforderlich), dass du deine Hausaufgaben machst.
Il est indispensable que tu fasses tes devoirs.
¡Es indispensable que tu hagas los deberes!
È essenziale che tu faccia il compito.

## IMPLY

**Silence implies consent.**
Stillschweigen bedeutet Zustimmung.
Qui ne dit mot consent.
Quien calla otorga.
Chi tace acconsente.

## IMPOSE

**To impose upon.**
Jemanden ausnutzen – jemanden missbrauchen.
Profiter.
Abusar – aprovecharse de ...
Approfittare.

## IN

**To be in on something.**
In einer Sache auf dem Laufenden sein.
Etre au courant de quelque chose.
Estar al corriente de algo.
Essere al corrente di quacosa.

**In fashion.**
Nach der Mode.
A la mode.
De moda.
Di moda.

## INCH

**He came within an inch of being hit by the car.**
Um ein Haar wurde er von dem Auto überfahren.
Il s'en est fallu de peu qu'il ne soit renversé par la voiture.
Faltó un pelo para que fuera atropellado por un coche.
Per un pelo non fu investito dalla macchina.

**Every inch an Italian.**
Von Kopf bis Fuß Italiener – durch und durch Italiener.
Il est italien de la tête aux pieds.
Es italiano de los pies a la cabeza.
È italiano da capo a piedi.

**Within an inch of ...**
Um ein Haar – fast.
A un poil de ...
Estar a punto de ... – Estar a un pelo – Faltar un pelo para que.
A un pelo da ...

**Give him an inch and he'll take a mile.** 319
Gibt man ihm den kleinen Finger, so nimmt er die ganze Hand.
Tu lui donnes un doigt et il te prend tout le bras.
Si le das la mano te toma el brazo.
Se gli dai un dito, si prenderà tutto il braccio.

**Not to yield an inch.**
Nicht einen Zoll weichen – nicht im Geringsten nachgeben.
Ne céder en rien.

GIVE HIM AN INCH AND HE'LL TAKE A MILE
KISS ME QUICK!
FOR ONLY 1P
EEK!

No hay que ceder ni un milímetro.
Non cedere d'un millimetro.

## INDIFFERENT

**His French is very indifferent.**
Sein Französisch ist sehr mittelmäßig.
Son français est vraiment désastreux.
Su francés deja mucho que desear.
Il suo francese è assai scadente.

## INFRINGE

**To infringe upon someone's rights.**
Die Rechte von jemandem verletzen.
Violer les droits de quelqu'un.
Violar los derechos de alguien.
Violare i diritti di qualcuno.

## INNOCENT

**As innocent as a dove.**
Völlig unschuldig.
Innocent - Ingénu.
Tan inocente como un niño.
Innocente come una colomba.

## INQUIRE

**To inquire about somebody.**
Sich über jemanden informieren - sich nach jemandem erkundigen.
Prendre des renseignements sur quelqu'un.
Informarse sobre alguien.
Informarsi su qualcuno.

## INQUIRING

**An inquiring mind.**
Ein forschender Geist - wissbegierig sein.
Un esprit avide de connaissances.
Una mente aguda - Una mente ávida de saber.
Una mente avida di sapere.

## INROADS

**To make inroads upon one's health.**
Seiner Gesundheit schaden – seine Gesundheit überbeanspruchen – mit seiner Gesundheit spielen.
Ruiner sa santé.
Mermarse la salud.
Rovinarsi la salute.

## INS

**To know all the ins and outs of English grammar.**
Die englische Grammatik bis ins Kleinste kennen – die englische Grammatik in- und auswendig kennen.
Connaître à fond la grammaire anglaise – Connaître les tenants et les aboutissants de la grammaire anglaise.
Conocer todos los pormenores de la gramática inglesa.
Conoscere a fondo la grammatica inglese.

## INSIDE

**Your jersey is inside out.**
Du hast deinen Pullover falsch herum an – Die Innenseite deines Pullovers ist außen.
Ton pull-over est à l'envers.
Tu sueter está al revés.
Il tuo maglione è alla rovescia.

**Inside a month.**
Innerhalb eines Monats – in weniger als einem Monat.
Moins d'un mois.
En menos de un mes.
Tra meno d'un mese.

## INSTANCE

**For instance.**
Zum Beispiel.
Par exemple.
Por ejemplo.
Per esempio.

STRIKE WHILE THE IRON IS HOT.
THAT'S WHAT I ALWAYS SAY

## INTENT

**To be intent upon one's work.**
Mit seiner Arbeit eifrig beschäftigt sein.
Etre absorbé par son travail.
Estar absorto en el trabajo.
Essere intento al proprio lavoro.

## INVENTION

**Necessity is the mother of invention.**
Not macht erfinderisch.
Nécessité est mère d'industrie.
No hay mejor maestro que la necesidad.
Il bisogno aguzza l'ingegno – La necessità è la madre dell'ingegno.

## IRON

**To iron out any troubles.**
Alle Schwierigkeiten ausbügeln (ausgleichen, beseitigen).
Eliminer les difficultés.
Eliminar cualquier dificultad.
Eliminare le difficoltà.

**To strike while the iron is hot.** 322
Das Eisen schmieden, solange es heiß ist.
Battre le fer tant qu'il est encore chaud.
Cuando el hierro está encendido, ha de ser batido.
Battere il ferro finché è caldo.

**To rule with an iron hand.**
Mit eiserner Hand regieren.
Commander avec une poigne de fer.
Governar con mano de hierro.
Governare con pugno di ferro.

**To have too many irons in the fire.**
Zu viele Eisen im Feuer haben.
Avoir trop de choses en main.
Poner mucha carne en el asador.
Avere troppe cose per le mani – Avere troppa carne al fuoco.

**Keep at it!**
Nicht nachlassen! – Mach weiter! – Nicht aufgeben!
Ne (le) lâche pas!
¡Sigue! – ¡Resiste!
Non mollare!

# J

## JACK

**Before you can say Jack Robinson.**
Im Nu – ehe man sich's versieht.
En un clin d'oeil.
En un santiamén – En menos que canta un gallo – En un dos por tres.
In un batter d'occhio – In men che non si dica.

**Jack of all trades.**
Ein Mann für alles – Alleskönner – Allerweltskerl – Hansdampf in allen Gassen – Tausendsassa.
Homme à tout faire.
Un hacelotodo.
Tuttofare.

**Jack-in-office.**
Wichtigtuerischer Beamter.
Fonctionnaire qui veut se donner de l'importance.
Un funcionario que se da mucha importancia.
Funzionario che vuol darsi importanza.

**Every man Jack.**
Jedermann – Hinz und Kunz.
«Tutti quanti» – Et tous les autres.
Todo el mundo.
Tutti quanti.

## JERICHO

**Go to Jericho!**
Scher dich zum Teufel!
Va au diable!
¡Vete al diablo! – ¡Vete a la porra – ¡A freir espárragos!
Va' a farti benedire!

## JIFFY

**In a jiffy.**
Im Nu - in einem Augenblick.
En un clin d'oeil.
En menos que canta un gallo - En un abrir y cerrar de ojos.
In un batter d'occhio.

## JINGO

**By jingo!**
Alle Wetter! - Potztausend! - Donnerwetter!
Parbleu!
¡Caray! - ¡Caramba!
Perbacco!

## JOCKEY

**To jockey for position.**
Sich geschickt in eine Position (Stellung) hineinmanövrieren - sich durch Protektion eine Stellung verschaffen wollen.
Manoeuvrer avec habileté pour acquérir une position.
Maniobrar hábilmente para sacar ventaja o conseguir un puesto.
Manovrare abilmente per raggiungere una posizione.

## JOKE

**It's no joke.**
Es ist kein Scherz (Witz).
C'est une affaire sérieuse - C'est sérieux!
Esto va en serio - Fuera de bromas.
È un affare serio - Non è uno scherzo.

## JOT

**To jot down something.**
Etwas schnell notieren (aufschreiben).
Prendre des notes.
Tomar apuntes.
Buttare giù degli appunti.

## JUGGLE

**To juggle with words.**
Mit Worten spielen.
Jouer avec les mots – Jongler avec les mots.
Jugar con las palabras.
Giocare con le parole.

## JUICE

**He'll stew in his own juice.**
Er soll in seinem eigenen Saft schmoren.
Il cuit dans son jus.
Se cuece en su propia salsa.
Bisogna lasciarlo cuocere nel suo brodo.

## JUMP

**To jump at an offer.**
Auf ein Angebot eingehen.
Se dépêcher d'accepter une offre – Sauter sur l'occassion.
Aprovechar una oportunidad – Abalanzarse sobre una oferta.
Affrettarsi ad accettare un'offerta.

**To jump on someone.** 328
Sich auf jemanden stürzen – jemandem aufs Dach steigen.
Se lancer contre quelqu'un.
Abalanzarse sobre alguien.
Scagliarsi – Lanciarsi contro qualcuno.

**To jump down a person's throat.**
Eine Person anschnauzen (anfahren) – auf eine Person losgehen.
Interrompre quelqu'un brusquement.
Interrumpir a alguien con brusquedad.
Interrompere qualcuno bruscamente.

**To jump the queue.** 329
Sich vordrängeln – aus der Reihe tanzen.
Passer devant quelqu'un – Resquiller.
Colarse en una cola.
Passare davanti alla fila.

DON'T FORGET, IF HE'S ANY TROUBLE, JUMP ON HIM

HE ALWAYS JUMPS THE QUEUE
TICKET OFFICE

**To jump out of one's skin.**
Große Angst haben.
Avoir une peur bleue.
Tener mucho miedo.
Fare un salto dallo spavento.

## JUST

**I was just about to go.**
Ich war gerade dabei zu gehen.
J'étais sur le point de sortir.
Estaba a punto de salir.
Ero sul punto di uscire - Stavo per uscire.

**I just managed to catch the train.**
Ich schaffte es gerade noch, den Zug zu nehmen - Ich erwischte den Zug gerade noch.
J'ai juste réussi à prendre le train à temps.
Conseguí coger el tren.
Sono riuscito a stento a prendere il treno.

**That's just like her!**
Das sieht ihr ganz ähnlich!
Ça c'est bien d'elle!
Es típico de ella.
Questo è proprio da lei!

**Just now.**
Jetzt - soeben.
Il y a un instant.
Hace poco.
Poco fa.

## JUSTICE

**To do oneself justice.**
Sich Ehre machen.
Se faire honneur.
Salir con honor - Lucirse.
Farsi onore.

## JUSTIFIED

**To feel justified in doing something.**
Sich berechtigt fühlen, etwas zu tun.
Se sentir en droit de faire quelque chose.
Sentirse con el derecho de hacer algo.
Sentirsi in diritto di fare qualcosa.

# K

## KEEL

**To keel over.**
Umfallen – kentern.
Tomber comme foudroyé.
Caerse redondo – desplomarse.
Cadere di schianto.

## KEEN

**A keen appetite.**
Einen guten Appetit – einen Heißhunger.
Un bon appétit.
Un buen apetito.
Un buon appetito.

**As keen as mustard.**
Versessen (auf) ... – Feuer und Flamme (für) ...
Très enthousiaste.
Muy entusiasta.
Molto entusiasta.

**To be keen on ...**
Begeistert sein von ... – Lust haben zu ... – erpicht sein auf ...
Etre passionné de ...
Ser un apasionado de ... – Ser aficionado a ...
Essere appassionato di ...

## KEEP

**To keep open house.**
Gastfreundlich sein – ein offenes Haus haben.
Etre hospitalier – Laisser sa porte ouverte.
Ser hospitalario – Tener la puerta de casa siempre abierta.
Essere ospitale – Tenere la porta di casa sempre aperta.

**To keep one's head.**
Seinen Verstand behalten – nicht den Kopf verlieren.
Ne pas perdre la tête – Garder la tête sur les épaules.

No perder la cabeza.
Non perdere la testa.

**To keep one's temper.**
Die Ruhe bewahren.
Garder son calme
Mantener la calma.
Mantenere la calma.

**To keep good hours.**
Zeitig ins Bett gehen.
Aller au lit tôt – Se coucher comme les poules.
Acostarse temprano.
Andare a letto presto.

**To keep in with someone.**
Gut Freund bleiben mit jemandem – mit jemandem zusammenhalten.
Rester en rapport avec quelqu'un.
Tener buenas relaciones con alguien.
Mantenere rapporti con qualcuno.

**To keep oneself to oneself.**
Sich zurückhalten – für sich bleiben – ungesellig sein.
Rester dans son coin – Ne pas être sociable.
Ser poco sociable – Ser huraño.
Tenersi in disparte – Non essere socievole.

**To have just enough to keep body and soul together.**
Eben genug haben, um Leib und Seele zusammenzuhalten.
Avoir juste de quoi vivre.
Tener apenas lo necesario para vivir.
Avere appena il necessario per vivere.

**To keep on one's toes.** 334
Jemandem auf die Hühneraugen (Zehen) treten.
Rester sur la pointe des pieds – Etre circonspect.
Andar con pies de plomo.
Essere guardingo.

**That will keep!**
Das eilt nicht!
Ça peut attendre!

THEY KEEP YOU ON YOUR TOES HERE YOU KNOW
BALLET CLASS
REHEARSAL
SWAN LAKE

THAT'S A
PRETTY KETTLE
OF FISH,
SON

¡Eso puede esperar!
Quello può aspettare!

**Keep off the grass!**
Bitte nicht! – Halte dich zurück!
Ne plaisante pas!
¡Mantén las distancias! – ¡No hagas así!
Non scherzare! – Non fare cosí! – Vietato calpestare l'erba!

## KEEP

**To keep the ball rolling.**
Etwas in Gang halten.
Saisir la balle au bond – Faire avancer les choses.
Hacer que las cosas marchen.
Fare andare avanti la cosa.

## KEEPING

**Out of keeping with ...**
Nicht im Einklang mit ... – nicht in Übereinstimmung mit ...
En désaccord avec ...
Estar en desacuerdo con ...
In disaccordo con ...

## KEEPS

**For keeps.**
Auf (für) immer – endgültig.
Pour toujours.
Para siempre.
Per sempre.

## KETTLE

**A pretty kettle of fish.** 335
Eine schöne Bescherung.
Une belle salade – Un beau gâchis!
Un buen lío – Un buen jaleo.
Un bel pasticcio.

## KEYED

**I felt all keyed up.**
Ich fühlte mich völlig überreizt (überspannt).
Je me sentais très excité.
Estaba muy excitado.
Mi sentivo in uno stato di grande eccitazione.

## KICK

**He gets a kick out of sailing.**
Er hat am Segeln mächtigen Spaß.
Ça lui plaît énormément de faire de la voile.
Se divierte mucho paseando en barco.
Se la gode un mondo ad andare in barca a vela.

**To kick up a fuss.**
Aufsehen erregen - Wirbel machen.
Faire du vacarme (du tapage).
Armar la de San Quintín.
Fare una scenata.

**To kick the bucket.** 338
Draufgehen - abkratzen - sterben - ins Gras beißen.
Mourir - Passer de vie à trépas.
Morir - Estirar la pata.
Morire - Tirare le cuoia.

## KID

**To handle with kid gloves.**
Mit Samthandschuhen anfassen.
Traiter avec beaucoup d'égards - Prendre avec des pincettes.
Andar con pies de plomo.
Trattare coi guanti di velluto - Prendere con le pinze.

## KILL

**To kill two birds with one stone.**
Zwei Fliegen mit einer Klappe schlagen.
Faire d'une pierre deux coups.
Matar dos pájaros de un tiro.
Prendere due piccioni con una fava.

HARRY'S KICKED THE BUCKET
CEMENT

**To kill time.**
Die Zeit totschlagen.
Tuer le temps.
Matar el tiempo.
Ammazzare il tempo.

**It's killing me!** 340
Das bringt mich (noch) um!
Ça me fait mal!
¡Me duele! – ¡Me está matando!
Mi fa un male terribile!

**To be dressed to kill.**
Todschick gekleidet sein.
Etre habillé de façon extravagante.
Estar vestido llamativamente.
Essere vestito in modo da far colpo.

## KIND

**Nothing of the kind!**
Keineswegs!
Absolument pas!
¡Para nada! – ¡En absoluto!
Niente affatto!

**We had a coffee of a kind.**
Wir tranken so etwas wie Kaffee (etwas Kaffeeartiges).
Nous avons bu une espèce de café.
Tomamos algo que parecía café.
Bevemmo una specie di caffè.

**I kind of expected it.**
Ich erwartete es fast.
Je m'y attendais presque.
Me lo esperaba.
Quasi me l'aspettavo.

**A cat may look at a king.**
Auch ein König ist nur ein Mensch.
Un chien regarde bien un évêque.
El perro puede mirar al rey.
Anche un gatto può guardare un re.

MY FEET ARE KILLING ME !
TELEPHONE
POLICE
NIGHT PATROL
MURDER SQUAD

## KINGDOM

**Kingdom come.**
Jenseits.
L'autre monde – L'au-delà.
El otro mundo.
L'altro mondo – L'aldilà.

## KINK

**To have a kink.**
Einen Tick (Klaps) haben – Flausen (Grillen) im Kopf haben.
Avoir des lubies.
Tener la cabeza llena de pájaros.
Avere grilli per la testa.

## KIP

**To have a kip.**
Ein Schläfchen (Nickerchen) machen.
Faire un somme.
Echarse una siesta.
Fare un pisolino.

## KITE

**Go and fly a kite!**
Geh zum Teufel!
Va au diable!
¡Vete al diablo! – ¡Vete a la porra!
Va' a farti benedire!

## KNACK

**To have a knack for something.**
Den Dreh heraushaben – etwas gut verstehen – für etwas ein besonderes Geschick besitzen.
Il est fait pour cela.
Tener buena disposición para algo.
Essere tagliato per qualcosa.

## KNIFE

**War to the knife.**
Krieg bis aufs Messer.

Guerre féroce.
Lucha encarnizada.
Guerra accanita - Guerra fino all'ultimo sangue.

## KNOCK

**To knock down a price.**
Einen Preis drücken.
Obtenir un rabais sur un prix.
Lograr una rebaja del precio.
Ottenere una riduzione sul prezzo (uno sconto).

**To knock off work.**
Die Arbeit einstellen - Feierabend machen.
S'arrêter de travailler - Cesser de travailler.
Parar de trabajar.
Smettere di lavorare.

## KNOT

**To tie oneself up in knots.**
Sich selber die Schlinge knüpfen - sich in Schwierigkeiten bringen.
Se mettre dans de beaux draps.
Meterse en líos.
Mettersi nei guai.

## KNOTTY

**A knotty problem.**
Ein verwickeltes (verzwicktes, schwieriges) Problem.
Un problème embrouillé.
Un asunto enrevesado.
Una questione intricata.

## KNOW

**To know about ...**
In Kenntnis sein von ... - Bescheid wissen über ...
Avoir connaissance de ...
Estar enterado de ...
Essere a conoscenza di ...

**To know something by heart.**
Etwas aus dem Kopf wissen – auswendig können.
Savoir quelque chose par coeur.
Saber algo de memoria – Saberse algo al dedillo.
Sapere qualcosa a memoria.

**To know one's own mind.**
Wissen, was man will.
Savoir ce qu'on veut.
Saber lo que se quiere.
Sapere quel che si vuole.

**To know what's what.**
Genau Bescheid wissen.
Savoir le pourquoi et le comment.
Ser competente – Saber lo que se hace – Estar preparado.
Essere preparato (di una persona che sa il fatto suo).

**I don't know him from Adam.**
Ich kenne ihn überhaupt nicht.
Je ne le connais ni d'Eve ni d'Adam.
No le conozco en absoluto.
Non lo conosco affatto.

**To know the ropes.**
Sich auskennen – die Schliche kennen.
En savoir long.
Saber más que el Papa.
Saperla lunga.

**A know-all.**
Ein Besserwisser – ein Schlaumeier.
Un puits de science.
Un sabihondo – un sabelotodo.
Un sapientone.

**A know-nothing.**
Ein Unwissender – eine Unwissende.
Un ignare.
Un ignorante.
Un ignorantone.

**To be in the know.**
Bescheid wissen – eingeweiht sein – im Bilde sein.

Etre au courant.
Estar al corriente – Estar enterado.
Essere al corrente.

**He who travels far knows much.**
Reisen bildet.
On s'instruit en voyageant.
Viajando se instruye la gente.
Chi viaggia si istruisce.

## KNOWLEDGE

**Without my knowledge.**
Ohne mein Wissen.
A mon insue.
Sin estar enterado – Sin saberlo.
A mia insaputa.

## KNUCKLE

**To knuckle down to work.**
Mit Eifer an die Arbeit gehen.
Se mettre au travail avec entrain.
Aplicarse con tesón al trabajo.
Mettersi al lavoro di buona lena.

# L

## LABOUR

**To labour under many difficulties.**
Unter vielen Schwierigkeiten zu leiden haben - mit vielen Schwierigkeiten zu kämpfen haben.
Se heurter à beaucoup de difficultés.
Tener que afrontar muchas dificultades.
Affaticarsi contro molte difficoltà.

## LADDER

**The ladder of success.**
Die Erfolgsleiter.
Le chemin pour atteindre le succès.
El camino del éxito.
La strada che porta al successo.

## LADY

**A lady-killer.**
Ein Herzensbrecher.
Un Don Juan - Un tombeur de dames.
Un don Juan - Un mujeriego - Un tenorio.
Un dongiovanni.

## LAMB

**One may as well be hanged for a sheep as for a lamb.**
Wenn schon, denn schon.
Autant vaut-il faire les choses à fond.
Hay a quien le da lo mismo ocho que ochenta.
Tanto vale fare le cose fino in fondo - Chi ha fatto trenta può fare trentuno.

## LANDED

**I was landed with the bill.**
Mir wurde die Rechnung aufgehalst - Die Rechnung landete bei mir.

Le compte me fut confié – Je dus payer l'addition.
Me zamparon la cuenta.
Il conto fu affibbiato a me.

## LANE

**It's a long lane that has no turning.**
Nichts währt ewig.
Même les plus belles choses ont une fin – Tout a une fin.
Nada es eterno.
Niente dura in eterno.

## LAP

**He just lapped it up.**
Er verschlang es geradezu.
Cela lui a beaucoup plu.
Se ha relamido de gusto.
Gli è piaciuto molto.

## LARGE

**As large as life.**
In Lebensgröße.
En chair et en os.
De carne y hueso – En persona.
In persona – In carne ed ossa – A grandezza naturale.

## LARK

**If the sky falls, we shall catch larks.**
Jedes Unglück hat auch sein Gutes.
A quelque chose malheur est bon.
No hay mal que por bien no venga.
Tutto il male non viene per nuocere.

**What a lark!**
Wie lustig! – Welch ein Spaß!
Quelle rigolade!
¡Qué divertido!
Che spasso!

**I only did it for a lark.**
Ich habe es nur aus Spaß gemacht.
Je l'ai fait seulement pour rire.
Lo hice de broma.
L'ho fatto solo per scherzo.

## LASH

**To lash out.**
Um sich schlagen - ausschlagen - ausfallend werden.
Réprimander durement.
Censurar - Reñir - Regañar.
Rimproverare aspramente.

## LAST

**The last straw!** 348
Der Gipfel! - Das fehlte gerade noch! - Jetzt reicht's!
Le comble!
¡Es el colmo! - ¡Es lo último!
Il colmo!

## LATE

**Of late.**
Neuerdings - in letzter Zeit.
Récemment.
Hace poco - Recientemente.
Di recente.

**Better late than never.**
Besser spät als nie.
Mieux vaut tard que jamais.
Más vale tarde que nunca.
Meglio tardi che mai.

## LATER

**Later on.**
Später.
Plus tard.
Luego.
Più tardi.

NOW THAT'S THE
LAST STRAW
THERE IS
A FAULT.
DO NOT
ADJUST YOUR
SET

**Sooner or later.**
Früher oder später.
Tôt ou tard.
Tarde o temprano.
Prima o poi.

## LATEST

**Have you heard the latest?**
Hast du das Neueste gehört? – Hast du die letzten Neuigkeiten gehört?
Tu connais la dernière?
¿Has oído la última?
Hai sentito l'ultima?

## LAUGH

**He who laughs last laughs best.**
Wer zuletzt lacht, lacht am besten.
Rira bien qui rira le dernier.
El que ríe el último ríe mejor.
Ride bene chi ride ultimo.

**To split one's sides with laughter.**
Sich kaputtlachen – sich halb tot lachen.
Se tordre de rire – Se bidonner.
Morirse – Desternillarse de risa.
Sbellicarsi dalle risa.

**To laugh up one's sleeve.**
Sich ins Fäustchen lachen.
Rire sous cape.
Reirse para sus adentros.
Ridere sotto i baffi.

**To laugh on the wrong side of one's mouth.**
Jemandem vergeht das Lachen.
Passer du rire aux larmes – Rire jaune.
Pasar de la alegría a las penas – Pasarle a alguien la risa.
Passare dalla gioia al disappunto.

## LAUGHING

**He's a laughing stock.**
Er ist die Zielscheibe des Spotts - Er ist Gegenstand des Gelächters.
Il est objet de dérision.
Es un hazmereir.
È oggetto di derisione.

## LAW

**Necessity knows no law.**
Not kennt kein Gebot.
Nécessité ne connaît pas de loi.
La necesidad no tiene leyes.
La necessità non conosce leggi.

**To take the law into one's own hands.** 351
Sich selber Gerechtigkeit verschaffen.
Faire justice soi-même - Faire sa justice soi-même.
Tomarse la justicia por sus manos.
Farsi giustizia da sé.

## LAY

**Lay off!**
Hör auf (damit)!
Arrête!
¡Déjalo! - ¡Deja éso!
Smettila!

## LAZY

**Lazybones!**
Faulpelz!
Paresseux!
¡Perezoso! - ¡Holgazán!
Pigrone! - Poltrone! - Scansafatiche!

## LEAD

**To lead someone up the garden path.** 237
Jemanden an der Nase herumführen.
Tromper quelqu'un.

HAROLD, STOP TAKING THE THE LAW INTO YOUR OWN HANDS

Engañar a alguien.
Ingannare qualcuno.

**To lead astray.**
In die Irre führen.
Dévier.
Ir por mal camino - Descarriarse.
Sviare - Portare fuori strada.

**He's leading me by my nose.**
Er führt mich an der Nase herum.
Il me mène par le bout du nez.
Me tiene agarrado por las narices.
Mi sta menando per il naso.

## LEAF

**To turn over a new leaf.**
Ein neues Leben beginnen.
Repartir à zéro - Commencer une nouvelle vie.
Comenzar una nueva vida. - Hacer borrón y cuenta nueva.
Cominciare una nuova vita - Ricominciare da capo - Voltar pagina.

## LEAK

**To spring a leak.**
Ein Leck bekommen - etwas durchsickern lassen.
Présenter un défaut.
Mostrar un punto débil.
Fare un errore - Far acqua.

**The news leaked out.**
Die Neuigkeiten (Nachrichten) sickerten durch.
La nouvelle a transpiré.
La noticia se ha filtrado.
La notizia trapelò.

## LEAP

**Look before you leap.**
Vorm Beginnen sich besinnen, macht gewinnen.
Il faut y regarder à deux fois avant de sauter.

Mirar antes de saltar.
Bisogna pensarci prima per non pentirsi poi.

## LEARN

**To learn something by heart.**
Etwas auswendig lernen.
Apprendre quelque chose par coeur.
Aprender de memoria.
Imparare qualcosa a memoria.

**Never too old to learn.**
Man ist nie zu alt zum Lernen.
On n'est jamais trop vieux pour apprendre.
Nunca es tarde para aprender.
Non si è mai troppo vecchi per imparare.

## LEAST

**Least said, soonest mended.**
Je weniger Worte, desto besser.
Les choses s'arrangent sans besoin de tant de discours.
A buen entendedor pocas palabras bastan.
Meno se ne parla, prima si aggiustano le cose.

**I'm not in the least tired.**
Ich bin nicht im Geringsten müde.
Je ne suis pas du tout fatigué.
No estoy cansado en absoluto.
Non sono affatto stanco.

## LEAVE

**Rats leave a sinking ship.**
Die Ratten verlassen das sinkende Schiff.
Les rats quittent le navire qui coule.
Les ratas abandonan el barco que se hunde.
I topi abbandonano la nave che affonda.

**To be on leave.**
Beurlaubt sein.
Etre en permission.
Estar de permiso.
Essere in licenza.

**To leave no stone unturned.**
Nichts unversucht lassen.
Ne rien laisser au hasard.
No dejar títere con cabeza.
Non lasciar nulla di intentato.

**By your leave.**
Mit Ihrer Erlaubnis (Genehmigung) - mit Verlaub.
Avec votre permission.
Con su permiso.
Col vostro permesso.

**Leave it at that!**
Belass es dabei! - Lass es dabei bewenden!
Laisse tomber!
¡Déjalo! - ¡Deja éso!
Lascia perdere!

**To leave someone holding the baby.** 28
Jemanden in Schwierigkeiten bringen - jemandem etwas aufhalsen.
Laisser quelqu'un dans de beaux draps.
Meter a alguien en un lío - Dejarle a alguien el muerto.
Lasciar qualcuno nei guai - Riavere la patata bollente.

**To leave someone in the lurch.**
Jemanden im Stich lassen.
Laisser quelqu'un dans de beaux draps.
Meter a alguien en un lío - Dejarle a alguien el muerto.
Lasciar qualcuno nei guai - Riavere la patata bollente.

**To take French leave.**
Sich (auf) französisch empfehlen.
Filer à l'anglaise.
Despedirse a lo francés.
Svignarsela all'inglese - Tagliare la corda.

**You should leave off drinking.**
Sie sollten das Trinken aufgeben.
Vous devriez cesser de boire.
Debería dejar de beber.
Dovreste smettere di bere.

## LEECH

**To stick like a leech.**
Wie eine Klette an jemandem hängen.
Etre pot de colle.
Estar pegado como una lapa - como una sanguijuela.
Stare attaccato (appiccicato) come una sanguisuga.

## LEFT

**What is left.**
Was übrig geblieben ist.
Ce qui est resté.
Lo que ha quedado.
Ciò che è rimasto.

**A left-handed compliment.**
Ein zweifelhaftes Kompliment.
Un compliment ambigu.
Un cumplido con doble sentido.
Un complimento ambiguo.

## LEG

**Not to have a leg to stand on.** 356
Keinen festen Boden unter den Füßen haben.
Ne pas avoir la moindre chance de réussir - Etre coincé.
No tener ni donde caerse muerto.
Non avere la minima speranza di riuscita - Essere fregato.

**He's on his last leg.**
Er pfeift aus dem letzten Loch.
Il n'a plus qu'un souffle de vie.
Está en las últimas.
È al lumicino.

**To find one's legs.** 357
Seine Beine gebrauchen lernen.
S'habituer - S'acclimater.
Adaptarse - Ambientarse.
Ambientarsi.

**To pull someone's leg.** 484
Jemanden auf den Arm nehmen - jemanden aufziehen.
Mener quelqu'un par le bout du nez.

THE LAWYER SAID I DIDN'T HAVE A LEG TO STAND ON

HE'LL SOON FIND HIS LEGS

Burlarse de alguien – Tomar el pelo a alguien.
Prendere qualcuno per il naso – Prendere qualcuno in giro – Prendere qualcuno per il sedere.

## LEGS

**To take to one's legs.**
Seine Beine in die Hand nehmen – sich beeilen.
Prendre ses jambes à son cou.
Irse por pies – Huir – Escapar.
Darsela a gambe.

## LEND

**To lend a hand.**
Mit zugreifen – helfen.
Prêter main-forte.
Echar una mano.
Dare una mano.

## LENGTH

**To keep someone at arm's length.**
Sich jemanden vom Leibe halten – jemanden auf Distanz halten.
Tenir quelqu'un à la distance nécessaire.
Guardar las distancias con alguien.
Tenere qualcuno a debita distanza.

**He would go to any length.**
Er würde alles Erdenkliche tun.
Il ferait n'importe quoi.
Haría cualquier cosa.
Farebbe qualunque cosa.

## LENGTHS

**I'm ready to go to all lengths.**
Ich bin bereit, aufs Ganze zu gehen – Ich werde vor nichts zurückschrecken.
Je suis prêt à faire l'impossible.
Haré lo posible – Haré cuanto pueda – cuanto esté a mi alcance.
Sono pronto a fare l'impossibile.

## LEOPARD

**A leopard can't change his spots.**
Man kann nicht aus seiner Haut.
Le caractère ne se change pas – Chassez le naturel, il revient au galop!
Aunque la mona se vista de seda mona se queda.
Il carattere non si cambia – Il lupo perde il pelo ma non il vizio.

## LESS

**The less said the better.**
Je weniger Worte, desto besser – Reden ist Silber, Schweigen ist Gold.
Moins il parle, mieux ça vaut.
Cuanto menos se hable mejor.
Meno se ne parla, meglio è.

**In less than no time.**
In allerkürzester Zeit.
En moins de temps qu'il ne faut pour le dire – En un clin d'oeil.
En menos que cante un gallo.
In men che non si dica.

## LET

**To let fly at a person.**
Über jemanden herfallen – jemanden mit Schimpfworten überfallen.
Lui en dire des vertes et des pas mûres.
Cantarle a alguien las cuarenta.
Dirne di cotte e di crude a una persona.

## LETTER

**A red-letter day.**
Festtag – Freudentag – Glückstag.
Une journée très importante.
Un día muy importante.
Una giornata molto importante.

## LEVEL

**On the level.**
Ehrlich – fair.
Sur de bonnes bases.
Sobre unas buenas bases.
Su giuste basi.

**To keep a level head.**
Einen vernünftigen (klaren) Kopf behalten – die Ruhe bewahren.
Garder son calme.
Mantener la calma.
Restare calmo.

## LEVY

**To levy taxes.**
Steuern eintreiben.
Encaisser les taxes – Encaisser les impôts.
Cobrar los impuestos.
Riscuotere le tasse.

## LIBERTY

**He that marries for wealth, sells his liberty.**
Für Geld gefreit, ein goldnes Joch.
En épousant sa femme pour son argent, il a vendu sa liberté.
En casa de mujer rica, ella manda y ella grita.
Dove entra dote, esce libertà.

## LICK

**To lick one's lips.**
Sich die Lippen lecken – die Vorfreude genießen – Gelüste haben.
Se lécher les babines.
Relamerse de gusto.
Leccarsi i baffi.

**To lick someone's shoes.**
Vor jemandem kriechen.
Lécher les bottes de quelqu'un.
Sobar la leva – Hacer la pelota.
Leccare i piedi a qualcuno.

## LID

**That puts the lid on it!**
Das setzt der Sache die Krone auf! – Das ist der Gipfel!
Ça c'est le comble!
¡Esto es el colmo!
Questo è il colmo!

## LIE

**Let sleeping dogs lie.**
Schlafende Hunde soll man nicht wecken.
Ne réveillez pas le chat qui dort.
No eches más leña al fuego.
Non svegliare il can che dorme.

**To lie in wait.**
Auf der Lauer liegen.
Etre aux aguets.
Acechar – Estar al acecho.
Stare in agguato.

**To lie oneself out of trouble.**
Sich aus Schwierigkeiten herauslügen.
S'en sortir au moyen d'un mensonge.
Salir de apuros con una mentira.
Cavarsi dai guai con una bugia.

## LIFE

**She was the life and soul of the party.**
Sie war die Seele der Party – Die Party stand und fiel mit ihr.
Elle était le boute-en-train de la soirée.
Era la reina de la fiesta.
Era l'anima della festa.

**To have the time of one's life.**
Sich großartig amüsieren.
S'amuser follement.
Divertirse como nunca.
Divertirsi un mondo.

**To give one's life blood for ...**
Sein Herzblut geben für ... – sein Leben geben für ...
Risquer sa vie pour ...

Arriesgar la vida por ...
Arrischiare la vita per ...

## LIFT

**Not to lift a hand to help somebody.**
Nicht einen Finger rühren, um jemandem zu helfen.
Ne pas lever le petit doigt.
No levantar un dedo por nadie.
Non muovere un dito per aiutare qualcuno.

**To give someone a lift.** 363
Jemanden im Auto mitnehmen.
Prendre quelqu'un en voiture.
Llevar - acercar a alguien a algún sitio en coche.
Dare un passaggio a qualcuno - Dare uno strappo a qualcuno.

## LIGHT

**As light as air.**
Leicht wie Luft - leicht wie eine Feder.
Léger comme une plume.
Ligero como el viento.
Leggerissimo - Leggero come una piuma.

**To make light of ...**
Auf die leichte Schulter nehmen.
Prendre à la légère.
Tomar a la ligera ...
Prendere alla leggera.

**As light as a feather.**
Leicht wie eine Feder.
Très légère.
Ligera como una pluma.
Molto leggero - Leggero come una piuma.

**Light-fingered.**
Geschickt - langfingerig - diebisch.
Agile.
Ágil - ligero de mano.
Agile - Svelto di mano - Manolesta.

EXCUSE ME, CAN YOU GIVE ME A LIFT?
ACME LIFT COMPANY
ELEVATORS STAIRWAYS ETC.

**Light-handed.**
Gefühlvoll - taktvoll.
Qui a du tact - Diplomate.
Que tiene tacto - Diplomático.
Che ha tatto.

**Light-headedness.**
Leichtsinnigkeit - Leichtfertigkeit.
Etourderie.
Frívolo - Ligero de cascos.
Sventatezza.

**To throw light upon a matter.**
Eine Sache erhellen (aufklären).
Eclaircir quelque chose - Elucider.
Arrojar luz sobre un asunto.
Chiarire una cosa - Far luce su una cosa.

## LIKE

**As like as two peas in a pod.**
Sich gleichen wie ein Ei dem anderen.
Se ressembler comme deux gouttes d'eau.
Iguales como dos gotas de agua.
Simili come due gocce d'acqua.

**As like as two drops of water.**
Sich gleichen wie ein Ei dem anderen.
Se ressembler comme deux gouttes d'eau.
Iguales como dos gotas de agua.
Simili come due gocce d'acqua.

**As like as two beans.**
Sich gleichen wie ein Ei dem anderen.
Très ressemblant.
Muy parecidos.
Molto simili - Simili come due gocce d'acqua.

**What's he like?**
Wie sieht er aus? - Wie ist er?
Comment est-il? - A quoi ressemble-t-il?
¿Qué te parece?
Lui com'é? Com'è lui?

**I like the look of him.**
Ich mag sein Aussehen – Er gefällt mir.
J'aime son aspect.
Me gusta su aspecto.
Mi piace il suo aspetto.

**Like father, like son.** 366
Wie der Vater, so der Sohn.
Tel père, tel fils.
De tal palo tal astilla.
Tale padre, tale figlio.

**To smoke like a chimney.**
Rauchen wie ein Schlot.
Fumer comme un pompier.
Fumar como una chimenea.
Fumare come un turco – Fumare come una ciminiera.

**To drink like a fish.**
Saufen wie ein Loch – trinken wie ein Bierkutscher.
Boire comme un trou – Boire comme un Polonais
Beber como una esponja.
Bere come una spugna.

**To fit like a glove.**
Wie angegossen passen (sitzen).
Aller comme un gant.
Sentarle – Quedarle que ni pintado.
Stare a pennello – Calzare come un guanto.

**To hate like poison.**
Wie die Pest hassen.
Haïr fortement.
Odiar a morir.
Odiare fortemente.

**Like a shot.**
Wie der Blitz – sofort.
En un éclair.
En un abrir y cerrar de ojos – En un dos por tres.
In un lampo.

**It looks like rain.**
Es sieht nach Regen aus.

LIKE FATHER
LIKE SON

On dirait qu'il va pleuvoir.
Parece que va a llover.
Sembra che voglia piovere.

**To swim like a duck.**
Schwimmen wie ein Fisch.
Nager comme un poisson.
Nadar como un pez.
Nuotare benissimo - Nuotare come un pesce.

**To swear like a trooper.**
Wie ein Landsknecht fluchen.
Jurer comme un charretier.
Blasfemar como un hereje.
Bestemmiare come un turco.

**To spread like wildfire.**
Sich wie Feuer ausbreiten (verbreiten).
Se répandre en un clin d'oeil.
Extenderse como la grama - extenderse con rapidez.
Spargersi molto rapidamente - Dilagare.

**I've never seen the like of it!**
Ich habe noch nie etwas Derartiges (dergleichen - Ähnliches) gesehen!
Je n'ai jamais vu une chose pareille!
¡Nunca he visto algo parecido!
Non ho mai visto una cosa simile!

**Like blazes (like mad, like crazy).**
Wie Feuer - wie verrückt - wie toll.
En toute vitesse - A la va-vite - En un éclair.
A toda prisa - a toda mecha - a toda pastilla.
In fretta e furia.

## LIKING

**To take a liking to someone.**
Zu jemandem Zuneigung fassen - an jemandem Gefallen finden.
Prendre quelqu'un en sympathie.
Tener simpatía por alguien.
Prendere qualcuno in simpatia.

**It is to my liking.**
Es ist nach meinem Geschmack – Es gefällt mir – Es sagt mir zu – Es passt mir gut.
Ça me va – Ça me va comme un gant.
Me gusta – Me sienta bien.
Mi va a genio.

## LIMELIGHT

**To be in the limelight.**
Im Rampenlicht sein – im Mittelpunkt stehen.
Etre sous les feux de la rampe – Etre en vue.
Ser célebre – famoso – Tener éxito.
Essere alla ribalta – Essere molto in vista.

**To be fond of the limelight.**
Das Licht der Öffentlichkeit lieben – sich gerne in den Mittelpunkt stellen.
Qui aime se mettre en évidence.
Ser amante de la notoriedad.
Essere amante della notorietà.

## LIMIT

**That's the limit!**
Das ist (doch) die Höhe! – Das ist der Gipfel!
Ça c'est le comble!
¡Esto es el colmo! – ¡Es lo último!
Questo è il colmo!

**There's a limit to one's patience.**
Auch Geduld hat Grenzen.
La patience a des limites.
La paciencia tiene un límite.
Anche la pazienza ha un limite.

## LINE

**To toe the line.**
Sich der Disziplin beugen – spuren.
Etre aux ordres de ...
Estar a las órdenes de ...
Stare agli ordini.

## LINEN

**One should not wash one's dirty linen in public.**
Man soll schmutzige Wäsche nicht in der Öffentlichkeit waschen.
Il faut laver son linge sale en famille.
Los trapos sucios se lavan en casa.
I panni sporchi si lavano in casa.

## LINES

**Hard lines!**
Pech! – Schade!
Dommage!
¡Qué lástima!
Peccato! – Che sfortuna!

## LINGER

**To linger.**
Verweilen – sich aufhalten – zögern – trödeln – versäumen.
Perdre du temps.
Perder el tiempo.
Perdere tempo.

## LINING

**Every cloud has a silver lining.**
Jedes Unglück hat sein Gutes – In jeder Finsternis ist ein Lichtblick – Jede dunkle Nacht hat ein helles Ende.
A quelque chose malheur est bon.
No hay mal que por bien no venga.
Non tutto il male viene per nuocere.

## LION

**The lion's share.**
Der Löwenanteil.
La part du lion.
La parte del león.
La parte più grossa – La parte del leone.

## LIP

**To keep a stiff upper lip.**
Die Ohren steifhalten.
Tenir bon.
Resistir a pie firme – Obstinarse.
Tener duro.

## LIT

**To be lit up.**
Betrunken sein – blau sein.
Etre ivre – Etre gai.
Estar chispado – bebido.
Essere ubriaco.

## LITTLE

**A little bird told me ...** 371
Mein kleiner Finger hat es mir gesagt.
J'ai su indirectement ... – Mon petit doigt m'a dit ...
Me ha dicho un pajarito que ...
Ho saputo indirettamente ... – Mi ha detto l'uccellino ...

## LIVE

**Live and let live!**
Leben und leben lassen! – Leb und lass leben!
Vis et laisse vivre!
Vive y deja vivir.
Vivi e lascia vivere!

**To live up to something.**
In etwas Vertrauen haben – einer Sache vertrauen.
Garder foi en quelque chose – Etre cohérent.
Vivir en conformidad con algo – Tener fe en algo.
Tener fede a qualcosa.

**To live from hand to mouth.**
Von der Hand in den Mund leben.
Vivre au jour le jour.
Vivir al día.
Vivere alla giornata.

A LITTLE BIRD TOLD ME
SHE LOVES THE VICAR
SHE LOVES THE VICAR

## LIVEN

**To liven up a party.**
In eine Party Leben bringen – eine Party beleben.
Donner du mordant à une fête.
Animar una fiesta.
Dare vita ad una festa.

## LOAD

**To have loads of fun.**
Eine Menge Spaß haben.
S'amuser follement.
Divertirse un montón – Pasarlo fenomenal.
Divertirsi un mondo.

## LOAF

**Half a loaf is better than none.**
Etwas ist besser als gar nichts.
Il vaut mieux tenir que courir – Un tiens vaut mieux que deux tu l'auras.
Más vale pájaro en mano que ciento volando.
Meglio un uovo oggi che una gallina domani.

## LOAFER

**He's a loafer.**
Er ist ein Faulpelz (Müßiggänger, Taugenichts).
Il gaspille son temps dans l'oisiveté.
Pierde el tiempo sin hacer nada.
È un fannullone!

## LOCK

**Lock, stock and barrel.**
Mit Stumpf und Stiel – mit Sack und Pack – mit allem Drum und Dran.
Avec armes et bagages.
Con todos sus bártulos.
Con armi e bagagli.

**Under lock and key.**
Hinter Schloss und Riegel – unter Verschluss.
Sous clef.

Bajo llave.
Sotto chiave.

**Lock the stable door after the horse is stolen.**
Erst reagieren, wenn das Kind bereits in den Brunnen gefallen ist – eine Gegenmaßnahme zu spät ergreifen.
Fermer l'écurie quand les chevaux sont dehors.
Recibido el daño, tapar el horadado.
Chiudere la stalla dopo che i buoi sono fuggiti.

## LOG

**Roll my log and I'll roll yours.**
Eine Hand wäscht die andere.
Une main lave l'autre.
Una mano ayuda a la otra.
Una mano lava l'altra.

**To sleep like a log.**
Schlafen wie ein Murmeltier (Sack, Bär, Klotz).
Dormir comme un loir.
Dormir como un lirón – como un tronco.
Dormire come un ghiro.

**To fall like a log.**
Hinfallen (umfallen) wie ein Klotz.
Tomber comme une masse.
Caerse redondo – Desplomarse.
Cadere come un sasso.

## LOGGERHEADS

**To be at loggerheads with someone.**
Sich in den Haaren liegen.
Etre à couteaux tirés avec quelqu'un.
Estar a la que salta con alguien – Estar en tensión con alguien.
Essere ai ferri corti con qualcuno.

## LONG

**In the long run.**
Auf die Dauer.
A la longue.

A la larga.
A lungo andare.

**So long!**
Bis dann!
Au revoir! – A bientôt!
¡Hasta la vista!
Arrivederci – A fra poco!

**Of long standing.**
Seit langer Zeit bestehend – alten Datums – alt.
De longue date.
Muy antiguo – viejo – de siempre.
Di vecchia data.

## LONGER

**To take longer.**
Länger brauchen.
En avoir encore pour longtemps – Tarder.
Tener para rato.
Averne ancora per molto.

## LOOK

**To look hard at ...**
Starren auf ... – anstarren – mit den Augen fixieren.
Avoir le regard fixe – Regarder fixement.
Mirar fijamente a ...
Guardare fissamente ...

**By the look of things.**
Wie die Dinge aussehen.
A ce qu'il paraît.
Por lo que parece.
A quanto pare.

**To look over something.**
Etwas durchsehen – etwas (über-)prüfen.
Examiner quelque chose.
Examinar algo – Echar un vistazo.
Esaminare qualcosa.

HOW MUCH LONGER WILL YOU BE ?
WATER

COMB YOUR HAIR, DEAR, YOU LOOK LIKE NOTHING ON EARTH

**To look like nothing on earth.** 376
Schlecht aussehen.
Avoir mauvaise mine.
Tener mala cara – Estar pálida.
Avere un brutto aspetto – Avere una brutta cera.

**Look here!**
Schau mal (her)! – Hör mal (zu)!
Ecoute un peu!
¡Oye!
Senti un po'!

**Look out!**
Pass auf! – Vorsicht!
Attention!
¡Cuidado! – ¡Atención!
Attenzione!

**Look before you leap!**
Erst wägen, dann wagen!
Réfléchis avant d'agir!
¡Piensa antes de hacer algo!
Medita prima di agire!

**To look blue.**
Traurig aussehen.
Etre triste.
Estar triste.
Essere triste.

**To look forward to ...**
Sich freuen auf ... – erwartungsvoll entgegensehen.
Il me tarde de ...
No ver la hora de ...
Non veder l'ora di ...

**To be on the look out.**
Ausschau halten.
Se tenir sur le qui-vive.
Estar en guardia – Acechar.
Stare all'erta.

**To look down on someone.** 378
Auf jemanden herabschauen (heruntersehen).
Mépriser quelqu'un.

THE TROUBLE WITH YOU IS YOU ALWAYS **LOOK DOWN ON** PEOPLE

AT A LOOSE END AGAIN, HARRY?

Despreciar a alguien.
Disprezzare qualcuno - Guardare qualcuno dall'alto in basso.

## LOOSE

**As loose as a rope of sand.**
Trügerisch.
Très incohérent.
Sin pies ni cabeza.
Molto incoerente.

**To have a screw loose.** 543
Eine Schraube locker haben - nicht alle Tassen im Schrank haben.
Manquer d'un boulon (d'une case).
Faltarle a uno un tornillo.
Mancare di una rotella - Mancare di un venerdì.

**He is at a loose end!** 379
Er weiß nicht, was er tun soll!
Il ne sait pas quoi faire!
¡No sabe qué hacer!
Non sa che fare! - Non sa dove sbattere la testa!

## LORD

**To live like a lord.**
Wie ein König leben.
Vivre en grand seigneur.
Vivir como un rey - Vivir a lo grande.
Vivere da gran signore (da re).

**As drunk as a lord.**
Stockbetrunken.
Soûl comme un Polonais.
Borracho como una cuba.
Ubriaco fradicio.

**To swear like a lord.**
Fluchen wie ein Landsknecht.
Jurer comme un charretier.
Blasfemar como un hereje - Decir muchos tacos.
Bestemmiare come un turco.

## LOSE

**To lose one's head.** 290
Seinen Kopf verlieren.
Perdre la tête.
Perder la cabeza – Perder el juicio.
Perdere la testa.

**To lose ground.**
(An) Boden verlieren.
Perdre du terrain.
Perder terreno.
Perdere terreno.

## LOSER

**He's a bad loser.**
Er ist ein schlechter Verlierer.
Il est mauvais perdant – Il est mauvais joueur.
Es un mal perdedor – No sabe perder.
Non sa perdere.

## LOT

**A bad lot.**
Ein übler (Zeit-)Genosse.
Une personne malhonnête.
Una persona deshonesta.
Una persona disonesta.

**To throw in one's lot with somebody.**
Das Los mit jemandem teilen – sich auf Gedeih und Verderb mit jemandem verbinden.
Partager le sort de quelqu'un.
Compartir la propia suerte con alguien – Compartir el propio destino con alguien.
Condividere la sorte di qualcuno.

## LOUD

**As loud as thunder.**
So laut wie ein Donnerschlag.
Bruit très fort (assourdissant).
Ensordecedor.
Molto forte (di suono, rumore ecc.).

LOVE ME, LOVE MY DOG
WOOF WOOF

## LOUSY

**Lousy with money.**
Vor Geld stinken – stinkreich sein – Geld wie Heu haben.
Cousu d'or.
Podrido – Lleno de dinero.
Pieno di quattrini.

## LOVE

**Love me, love my dog.** 382
Liebst du mich, so musst du auch meinen Hund lieben – Liebst du mich, so musst du auch meine Freunde akzeptieren.
Si tu m'aimes tu dois aimer aussi mon chien.
Quien ama al dueño, ama también a su perro.
Chi ama me, ama il mio cane – Devi accettare i miei amici anche se ti sono sgraditi.

## LOVE

**I should love to come ...**
Ich würde gerne kommen ...
Je serais très heureux de venir.
Me gustaría mucho ir – Estaría muy contento de venir.
Sarei felicissimo di venire ...

**To play for love.**
Aus Leidenschaft spielen.
Jouer par passion.
Jugar por pasión.
Giocare per passione.

**To fall in love with ...**
Sich verlieben in ...
Tomber amoureux de ...
Enamorarse de ...
Innamorarsi di ...

## LOW

**To be in low waters.**
Kein Geld haben – blank sein.
Etre sur la paille – Etre fauché.

Estar en las últimas.
Essere al verde (in bolletta) - Navigare in cattive acque.

**To be in low spirits.**
Niedergeschlagen sein - bedrückt sein.
Etre abattu.
Estar abatido - Estar desanimado.
Essere abbattuto.

## LUCK

**Bad luck to him!**
Der Teufel hole ihn! - Der Schlag soll ihn treffen!
Qu'il aille au diable!
¡Que le parta un rayo! - ¡Mal rayo le parta!
Accidenti a lui!

## LUCKY

**You lucky beggar!**
Du Glückspilz! - Du Glücklicher!
Tu as de la chance!
¡Dichoso tú!
Beato te!

**You're a lucky dog!**
Sie sind ein Glückspilz! - Sie haben wirklich Glück!
Vous avez vraiment de la chance!
¡Tiene Usted mucha suerte!
È davvero fortunato!

## LUMP

**You will have to lump it.**
Sie werden sich damit abfinden müssen.
Vous devrez vous arranger tant bien que mal.
Arréglense como puedan.
Dovrete arrangiarvi.

## LUNGS

**She cried her lungs out.**
Sie schrie sich die Lunge aus dem Leib.
Elle a crié de toutes ses forces.

Ha gritado con todas sus fuerzas.
Ha gridato con quanto fiato aveva in corpo.

## LURCH

**To leave someone in the lurch.**
Jemanden im Stich lassen.
Plaquer quelqu'un.
Dejar plantado a alguien.
Piantare in asso qualcuno.

## LURK

**To be on the lurk.**
Auf der Lauer sein.
Epier - Etre aux aguets.
Espiar.
Stare a spiare.

# M

## MAD

**As mad as a hatter.**
Fuchsteufelswild - total übergeschnappt.
Fou à lier.
Loco de amarrar - loco de remate.
Matto da legare.

**As mad as a March hare.**
Total übergeschnappt.
Fou à lier.
Loco como una cabra.
Matto da legare.

**To drive mad.**
Verrückt machen.
Faire devenir fou.
Volver loco.
Far impazzire.

## MADE

**A self-made man.** 387
Selfmademan - ein Mann, der durch eigene Kraft hochgekommen ist.
Un autodidacte.
Un hombre que se ha hecho a sí mismo.
Un uomo che s'è fatto da sé.

## MAID

**Like mistress, like maid.**
Wie die Frau, so die Magd.
A telle dame, telle chambrière.
A tal dama, tal criada.
Tale la padrona, tale la serva.

HE'S A SELF MADE MAN

# MAKE

**Make hay while the sun shines.**
Schmiede das Eisen, solange es heiß ist.
Il faut battre le fer pendant qu'il est chaud.
Las cosas hay que hacerlas a su tiempo – Cuando el hierro está encendido, ha de ser batido.
Batti il ferro finché è caldo – Bisogna macinare fin che piove.

**One swallow does not make a summer.**
Eine Schwalbe macht noch keinen Sommer.
Une hirondelle ne fait pas le printemps.
Una golondrina no hace verano.
Una rondine non fa primavera.

**To make up one's mind.**
Seine Meinung bilden – sich entscheiden.
Se décider.
Decidirse.
Decidersi.

**To make a meal of something.** 389
Übertreiben.
Exagérer.
Exagerar.
Esagerare.

**To make merry.**
Spaß machen – lustig sein.
Faire bombance – Faire la noce.
Estar de juerga – Irse de picos pardos.
Far baldoria.

**To make the most of something.**
Das Beste aus etwas herausholen – ... aus etwas machen.
Exploiter une chose au maximum.
Explotar algo al máximo.
Sfruttare al massimo qualcosa.

**To be on the make.**
Auf einen Vorteil bedacht sein.
Chercher son avantage.
Buscar ventaja.
Cercare il proprio vantaggio.

THERE'S NO NEED TO MAKE A MEAL OF IT

**I can't make anything of it!**
Ich kann nichts damit anfangen! – Ich kann es nicht entziffern.
Je n'arrive pas à le déchiffrer.
No consigo – no logro descifrarlo.
Non riesco a decifrarlo!

**I can't make him out.**
Ich kann ihn nicht verstehen – Ich werde nicht klug aus ihm.
Je ne sais pas le comprendre.
No logro entenderle.
Non lo so capire.

**I'll make it worth your while.**
Ich werde deine Mühe entsprechend entlohnen – Ich werde dich gebührend entlohnen.
Tu auras la récompense que tu mérites.
Te recompensaré apropiadamente.
Ti ricompenserò adeguatamente.

**To make fun of ...**
Jemanden zum Besten halten – sich über jemanden lustig machen – jemanden auf den Arm nehmen.
Se moquer de ...
Burlarse de ... – Tomar el pelo a ...
Prendere in giro – Prendersi gioco di ...

**Make up for lost time!**
Hole die verlorene Zeit wieder auf!
Rattrape le temps perdu!
¡Recupera el tiempo perdido!
Recupera il tempo perduto!

**One swallow does not make a summer.**
Eine Schwalbe macht noch keinen Sommer.
Une hirondelle ne fait pas le printemps.
Una golandrina no hace verano.
Una rondine non fa primavera.

**Opportunity makes the thief.**
Gelegenheit macht Diebe.
L'occasion fait le larron.

La ocasión hace al ladrón.
L'occasione fa l'uomo ladro.

**Practice makes perfect.**
Übung macht den Meister.
C'est en forgeant qu'on devient forgeron.
El ejercicio hace maestro.
È con l'esercizio che si diventa maestri.

## MAN

**A man about town.**
Ein Lebemann - ein reicher Nichtstuer.
Un homme influent.
Un hombre influyente.
Un uomo influente.

**To man a ship.**
Ein Schiff bemannen.
Equiper un navire.
Equipar un barco.
Equipaggiare una nave.

**A lady's man.**
Ein Frauenheld - ein Salonlöwe - ein Schürzenjäger.
Un homme qui aime la compagnie des femmes.
Un galán.
Un uomo da salotto.

**Never rob naked men.**
Einem nackten Mann kann man nicht in die Tasche greifen.
On ne peut pas voler un homme nu.
Desnudo nací, desnudo me hallo, ni pierdo ni gano.
Cento ladri non possono spogliare un uomo nudo.

**Patient men win the day.**
Beharrlichkeit führt zum Ziel.
La patience vient à bout de tout.
Con la paciencia todo se alcanza.
Con la pazienza si ottiene tutto.

## MANAGE

**I don't know how to manage him.**
Ich weiß ihn nicht zu nehmen.
Je ne sais pas comment le prendre.
No sé cómo tratarlo.
Non so come prenderlo

**To manage without ...**
Auskommen ohne ... – zurande kommen ohne ... – es schaffen ohne ...
Se passer de ...
Arreglárselas sin ... – Prescindir de ...
Far senza ... – Fare a meno di ...

## MANGER

**A dog in the manger.**
Ein Neidhammel.
Un égoïste stupide – Le chien du jardinier.
El perro del hortelano.
Uno stupido egoista.

## MANNER

**In a manner of speaking.**
Sozusagen.
Façon de parler!
Es un decir – Así como quien dice.
Per modo di dire.

**By all manner of means!**
Ganz sicher! – Gewiss!
Certainement!
¡Claro!
Certamente!

**Other times, other manners.**
Andere Zeiten, andere Sitten.
Autres temps, autres moeurs.
A otros tiempos, otras costumbres.
Altri tempi, altri costumi.

## MANY

**Many-sided.**
Vielseitig.
Aux multiples facettes.
Polifacético.
Che ha molti lati (molti aspetti) - Poliedrico.

## MARBLE

**As cold as marble.**
Kalt wie Marmor (Stein).
Froid comme le marbre.
Frío como el mármol.
Freddissimo - Freddo come il marmo.

## MARK

**Mark my words!**
Merk dir meine Worte!
Prête attention à ce que je dis!
¡Fíjese en lo que digo!
Fa' attenzione a quel che dico!

**A man of mark.**
Ein Mann von Format - eine markante Persönlichkeit.
Un homme de valeur.
Un hombre de valía.
Un uomo di valore.

**What you say is beside the mark.**
Was Sie sagen, ist fehl am Platz.
Ce que vous dites est hors de propos.
Lo que usted dice está fuera de lugar.
Ciò che dite è fuori luogo.

**Up to the mark.**
Der Sache gewachsen - den Erwartungen entsprechend - auf der Höhe.
Dans de bonnes conditions.
En buenas condiciones.
In buone condizioni.

## MARRY

**Who marries does well, who marries not does better.**
Heiraten ist gut, ledig bleiben ist besser.
Celui qui se marie fait bien, celui qui ne se marie pas fait mieux.
El que se casa hace bien, y el que no se casa hace mejor.
Chi si sposa fa bene, chi non si sposa fa meglio.

## MASK

**To throw off the mask.**
Die Maske fallenlassen.
Jeter le masque.
Quitarse la careta.
Gettare la maschera.

## MASTER

**To master the English language.**
Die englische Sprache meistern.
Maîtriser la langue anglaise.
Dominar el inglés.
Impadronirsi della lingua inglese.

## MATCH

**Nobody can match him in French.**
Niemand kann ihn in Französisch schlagen - Niemand kann ihm in Französisch das Wasser reichen.
Personne ne peut lui tenir tête en français - Personne ne peut le battre.
Nadie puede igualarle en francés.
Nessuno può eguagliarlo in francese.

## MATCHWOOD

**He smashed it into matchwood.**
Er machte es zu Kleinholz - Er schlug alles kurz und klein.
Il l'a réduit en morceaux.
Lo ha hecho pedazos.
Lo ha fatto a pezzi.

## MATTER

**A matter-of-course.**
Eine Selbstverständlichkeit.
Une chose naturelle.
Algo natural.
Una cosa naturale.

**A matter-of-fact person.**
Eine sachliche Person – ein Realist.
Une personne qui a peu d'imagination – Une personne réaliste.
Una persona realista – con los pies en el suelo.
Una persona coi piedi per terra.

**No matter where!**
Gleichgültig wo! – Egal wo! – Wo auch immer!
N'importe où!
¡No importa dónde! – ¡Donde sea!
Dove capita!

**What's the matter?**
Was ist los? – Wo fehlt's?
Qu'y-a-t-il?
¿Qué le pasa? – ¿Qué le pasa a usted?
Che cosa c'è?

## MATTERS

**Don't make matters worse!**
Machen Sie die Sache nicht schlimmer!
N'empirez pas la situation!
No empeoren la situación.
Non peggiorate la situazione!

## ME

**Dear me!**
Meine Güte! – Mein Gott!
Mon Dieu!
¡Dios mío!
Dio mio!

## MEANS

**A man of means.**
Ein bemittelter (wohlhabender) Mann.
Un homme riche - Un richard.
Un hombre rico - pudiente - con medios.
Un uomo ricco.

**He means well.**
Er meint es gut.
Il a de bonnes intentions.
Tiene buenas intenciones.
Le sue intenzioni sono buone.

**To live within one's means.**
Seinen Verhältnissen entsprechend leben.
Vivre sans faire le pas plus long que la jambe.
Vivir en el ámbito de los propios límites.
Fare il passo secondo la gamba.

**By all means!**
Auf alle Fälle! - Unbedingt!
Coûte que coûte! - A tout prix! - Naturellement.
¡Cueste lo que cueste! - ¡De todos modos! - ¡A toda costa!
A tutti i costi! - Naturalmente!

## MEASLY

**A measly salary.**
Ein lumpiges (schäbiges) Gehalt.
Un salaire de misère.
Un sueldo de miseria.
Un misero stipendio.

## MEASURE

**To measure one's words.**
Seine Worte abwägen.
Mesurer ses mots.
Medir las palabras.
Misurare le parole.

## MEASURED

**Measured language.**
Gemessene Sprache – wohlüberlegte Worte.
Des mots bien pesés.
Palabras bien ponderadas.
Parole misurate – Parole ben soppesate.

## MEAT

**One man's meat is another man's poison.**
Des einen Glück ist des anderen Verderben – Des einen Tod ist des anderen Brot.
Les goûts et les couleurs ne se discutent pas.
Sobre gustos no hay nada escrito.
Ciò che piace ad uno non piace ad un altro.

## MEDAL

**The reverse of the medal.**
Die Kehrseite der Medaille.
Le revers de la médaille.
La otra cara de la moneda.
Il rovescio della medaglia.

## MEEK

**As meek as a lamb.**
Fromm wie ein Lamm – lammfromm.
Très doux – Doux comme un agneau.
Manso como una oveja – Suave como un guante.
Mite come un agnello.

**To meet an expense.**
Die Unkosten bestreiten – die Kosten tragen.
Supporter les frais.
Sufragar los gastos.
Sostenere una spesa.

## MEET

**To make both ends meet.**
Mit seinem Einkommen auskommen – sich nach der Decke strecken.
Joindre les deux bouts.

Apenas ganar para el puchero – Apenas llegar a final de mes con el sueldo.
Sbarcare il lunario.

## MEND

**Least said soonest mended.**
Je weniger geredet wird, desto rascher wird alles wieder gut – Reden ist Silber, Schweigen ist Gold.
Le silence est d'or.
El silencio es oro.
Il silenzio è d'oro.

**To be on the mend.**
Auf dem Weg der Besserung sein.
Etre en voie d'amélioration.
Ir mejorando.
Essere in via di miglioramento.

**Mend your manners!**
Bessere deine Manieren! – Benimm dich besser!
Corrige-toi! – Sois plus élevé!
¡Cuida tus modales!
Sii più educato!

## MENTION

**Don't mention it!**
Nicht der Rede wert! – Gern geschehen!
Il n'y a pas de quoi!
¡De nada!
Non c'è di che!

## MERRY

**As merry as a cricket.**
Kreuzfidel – sehr fröhlich.
Gai comme un pinson.
Más alegre que unas castañuelas – que unas pascuas.
Molto allegro – Allegro come un grillo.

**To make merry.**
Lustig sein – feiern – scherzen.
Faire bombance – Faire la noce.

Estar de juerga – Divertirse.
Far baldoria.

## MESS

**You've made a mess of it!**
Du hast es verpfuscht (verhunzt)!
Tu as tout gâché!
¡Has armado un buen lío! – ¡Has echado todo a perder!
Hai sciupato tutto! – Hai combinato un pasticcio!

**To get into a mess.**
In die Klemme (Patsche) geraten.
Se fourrer dans un beau guêpier!
Meterse en un lío.
Cacciarsi nei guai.

## METHOD

**There's a method in his madness.**
Was er tut, ist nicht so verrückt, wie es aussieht.
Cela semble une folie mais ça ne l'est pas.
Parece loco pero no lo está.
Sembra una pazzia ma non lo è.

## METTLE

**To show one's mettle.**
Seine wahre Natur zeigen – sein wahres Gesicht zeigen.
Montrer sa constitution.
Demostrar lo que uno es.
Mostrare la propria fibra.

**To be on one's mettle.**
Sein Bestes tun wollen.
Se sentir enclin à faire de son mieux.
Querer hacer lo mejor.
Sentirsi incitato a fare del proprio meglio.

**A man of mettle.**
Ein mutiger Mann.
Un homme courageux.
Un hombre valiente.
Un uomo di fegato.

## MIDDLE

**To take a middle course.**
Einen Mittelweg wählen.
Prendre le juste milieu.
Tomar el camino de en medio.
Prendere una via di mezzo.

## MIDNIGHT

**To burn the midnight oil.**
Bis spät in die Nacht arbeiten (aufbleiben).
Travailler jusque tard dans la nuit.
Trabajar hasta las tantas de la noche.
Lavorare fino a tarda notte.

## MIGHT

**Might is right.**
Wer die Macht hat, hat recht.
La raison du plus fort est toujours la meilleure – La raison est toujours celle du plus fort.
La razón está de parte del más fuerte.
La ragione è del più forte.

**With might and main.**
Aus Leibeskräften.
Avec toute l'énergie possible.
Con toda la energía – fuerza posible.
Con tutta l'energia.

## MIGHTY

**That's mighty nice!**
Ungeheuer schön!
C'est splendide!
¡Esto es espléndido!
È splendido!

**He's very high and mighty.**
Er ist sehr erhaben (arrogant, hochmütig).
Il est très orgueilleux.
Es muy orgulloso.
È molto arroganti (spocchioso).

## MILDLY

**To put it mildly.**
Sich sanft ausdrücken - gelinde sagen.
Sans exagérer.
Sin exagerar.
Senza esagerare.

## MILK

**It's no use crying over spilt milk.** 402
Was geschehen ist, ist geschehen - Geschehen ist geschehen - Hin ist hin.
La page est tournée.
A lo hecho pecho.
Non serve piangere sul latte versato.

## MILL

**The mills of God grind slowly.**
Gottes Mühlen mahlen langsam.
La justice est boiteuse, elle vient à pas lents mais elle vient.
Dios consiente no para siempre.
Dio non paga il sabato.

**To go through the mill.**
Eine harte Schule durchmachen.
Apprendre à fond un métier - Subir une série d'épreuves.
Aprender a fondo un oficio.
Imparare a fondo un mestiere - Superare una serie di prove.

**To put someone through the mill.**
Jemanden durch eine harte Schule schicken.
Soumettre quelqu'un à de dures épreuves.
Someter a alguien a pruebas muy difíciles.
Sottoporre qualcuno a dure prove.

**To bring grist to the mill.**
Gewinn bringen.
Faire venir l'eau au moulin.
Arrimar el ascua a su sardina.
Essere vantaggioso - Portar acqua al mulino.

IT'S NO USE CRYING OVER SPILT MILK, EH, TOM?
MILK

I SOON
MADE MINCEMEAT
OF HIM
BUTCHERY
DEPARTMENT
MANAGERS
OFFICE

## MINCE

**Not to mince matters.**
Kein Blatt vor den Mund nehmen.
Dire les choses comme elles sont.
Decir - Presentar las cosas tal y como son.
Dire le cose come stanno.

## MINCEMEAT

**To make mincemeat of ...** 403
Aus jemandem Hackfleisch machen.
Réduire en morceaux.
Hacer picadillo - pedazos.
Fare a pezzi.

## MIND

**To mind one's P's and Q's.**
Auf seine Worte achten - seine Worte mit Bedacht auswählen.
Mesurer ses mots.
Medir las palabras.
Fare attenzione alle proprie parole.

**To give someone a piece of one's mind.** 405
Jemandem gründlich die Meinung sagen - jemandem den Kopf waschen.
Sermonner quelqu'un - Passer un savon à quelqu'un.
Regañar a alguien.
Sgridare qualcuno.

**To change one's mind.** 99
Sich anders besinnen.
Changer d'idée.
Cambiar de parecer - de opinión.
Cambiare idea.

**I feel in a better frame of mind.**
Ich bin in besserer (Gemüts-)Verfassung - Ich habe bessere Stimmung (Laune).
Je me sens soulagé.
Me siento - estoy más animado.
Mi sento lo spirito sollevato.

I'M GOING TO GIVE YOU A PIECE OF MY MIND, DOCTOR JONES
J. HARRIMAN BRAIN SURGEON

**She doesn't know her own mind.**
Sie weiß nicht, was sie will.
Elle ne sait pas elle-même ce qu'elle veut.
No sabe ni siquiera lo que quiere.
Non sa neanche lei che cosa vuole.

**Out of sight, out of mind.**
Aus den Augen, aus dem Sinn.
Loin des yeux, loin du coeur.
Ojos que no ven corazón que no siente.
Lontano dagli occhi, lontano dal cuore.

**He's not in his right mind!**
Er ist nicht ganz bei Verstand!
Il lui manque un boulon! (une case).
¡Le falta un tornillo!
Gli manca una rotella!

**Make up your mind!**
Entschließe (entscheide) dich!
Décide-toi!
¡Decídase! – ¡Resuélvase!
Deciditi!

**I've a good mind to slap him.**
Ich habe große Lust, ihn zu ohrfeigen (verhauen).
J'ai bien envie de le gifler.
Tengo ganas de abofetearlo.
Ho una gran voglia di prenderlo a schiaffi.

**Never mind!**
Macht nichts! – Mach dir nichts draus!
Ça n'a pas d'importance!
¡No importa! – ¡No se preocupe! – ¡No se moleste!
Non importa!

**Mind your own business!**
Kümmere dich um deine eigenen Dinge!
Occupe-toi de tes affaires!
Métete en tus asuntos.
Bada ai fatti tuoi!

**I don't mind caviar.**

Ich bin kein Verächter von Kaviar.

Le caviar ne me déplaît pas.
No me desagrada el caviar.
Non mi dispiace affatto il caviale.

## MINUTE

**I won't be a minute.**
Ich bin sofort zurück.
Je serai vite de retour.
Vuelvo en seguida - Regreso pronto.
Sarò di ritorno subito.

## MISCHIEF

**To be up to mischief.**
Schaden anrichten - Unheil stiften.
Tramer quelque chose - Comploter.
Tramar un complot.
Tramare qualcosa di male (qualche misfatto).

**To make mischief between two people.**
Zwietracht zwischen zwei Personen säen.
Semer la discorde entre deux personnes.
Meter cizaña - sembrar la discordia entre dos personas.
Mettere la discordia fra due persone.

## MISERABLE

**To feel miserable.**
Sich miserabel (jämmerlich, elend, erbärmlich) fühlen.
Se sentir déprimé - Ne pas avoir le moral.
Sentirse abatido - deprimido.
Sentirsi molto depresso.

**He made my life miserable.**
Er machte mein Leben unerträglich.
Il m'a rendu la vie impossible.
Ha hecho de mi vida un infierno.
Mi ha reso insopportabile la vita.

## MISS

**A miss is as good as a mile.**
Knapp daneben ist auch vorbei – Mit knapper Not entrinnen, ist immerhin entrinnen.
Un coup manqué même de peu est toujours un coup manqué.
Un fracaso aunque sea pequeño es siempre un fracaso.
Un colpo mancato, anche se per poco, è sempre un colpo mancato.

**It was a lucky miss!**
Mit einem blauen Auge davon kommen – Ich kam mit einem blauen Auge davon.
Je m'en suis tiré de justesse!
¡Me he salvado por un pelo!
Me la cavai per il rotto della cuffia!

**I miss her so much.**
Sie fehlt mir so – Ich vermisse sie.
Elle me manque beaucoup.
La echo mucho de menos.
Sento molto la sua mancanza.

## MISTAKE

**Mistakes are often the best teachers.**
Aus Fehlern lernt man.
C'est en faisent des fautes qu'on apprend.
El errar es maestro del acertar.
Sbagliando s'impara.

## MIX

**What a mix-up!**
Welch ein Durcheinander!
Quelle salade! – Quel gâchis!
¡Que lío! – ¡Que confusión!
Che pasticcio!

## MIXED

**He's a mixed-up lad.**
Er ist ein verwirrter (konfuser) Junge.
C'est un garçon un peu brouillon.

Es un muchacho un poco atolondrado – con las ideas un poco confusas.
È un ragazzo un po' confuso.

## MOLE

**As blind as a mole.**
Blind wie ein Maulwurf.
Aveugle comme une taupe.
Ciego como un topo.
Cieco come una talpa.

## MOLEHILL

**To make a mountain out of a molehill.**
Aus einer Mücke einen Elefanten machen.
Faire une montagne de quelque chose.
Hacer una montaña de un grano de arena.
Fare di un granello di sabbia una montagna.

## MOLLY-CODDLE

**To be molly-coddled.**
Verzogen (verwöhnt) sein.
Etre choyé (gâté).
Estar mimado.
Essere coccolato, viziato.

## MOMENT

**Not for a moment!**
Nicht für einen Augenblick! – Niemals!
Jamais de la vie!
¡Jamás!
Giammai!

## MONEY

**He's a money-bags.**
Er ist ein geiziger Geldsack – Er sitzt auf seinem Geld.
C'est une personne riche et avare.
Es un rico avariento.
È una persona ricca e avara.

**Time is money.**
Zeit ist Geld.
Le temps c'est de l'argent.
El tiempo es oro.
Il tempo è denaro.

**Money makes the mare to go.**
Geld macht alles möglich.
Avec l'argent on peut tout faire.
El dinero lo hace todo – Poderoso caballero en don dinero.
Con il denaro si fa tutto.

**To get money for jam.**
Etwas für ein Butterbrot erhalten – etwas für einen Apfel und ein Ei bekommen.
Obtenir quelque chose sans trop se fatiguer.
Obtener algo sin mucho esfuerzo.
Ottenere qualcosa con poca fatica.

**It isn't every man's money.**
Was für den einen Gold ist, ist für den anderen Silber – Es ist nicht gleichwertig für alle.
Ce n'est pas la même chose pour tout le monde.
No tiene el mismo valor para todos.
Non ha lo stesso valore per tutti.

## MONKEY

**To monkey around.**
Herumalbern.
Gaspiller son temps – Faire l'imbécile.
Hacer el mono – el tonto – Holgazanear.
Perdere il tempo in schiocchezze – Fare lo stupido.

**Monkey business.**
Krumme Tour – fauler Zauber.
Une affaire louche.
Una estafa – un camelo.
Un imbroglio.

## MONTH

**It will take a month of Sundays!**

Es wird eine Ewigkeit dauern!

Il faudra une éternité!
Llevará – tardará una eternidad.
Ci vorrà un'eternità!

## MOOD

**To be in a good mood.**
In guter Stimmung (Laune) sein – gut aufgelegt sein.
Etre de bonne humeur – S'être levé du bon pied.
Estar de buen humor.
Essere di buon umore.

## MOON

**Once in a blue moon.**
Alle Jubeljahre einmal – höchst selten.
Une fois tous les trente-six du mois.
De Pascuas a Ramos – De uvas a peras.
Una volta ogni morte di papa.

**To moon about.**
Herumlungern – bummeln.
Flâner.
Holgazanear.
Bighellonare.

## MOONSHINE

**It's all moonshine!**
Es ist alles fauler Zauber! – Es ist alles Unsinn (Geschwafel)!
Ce ne sont que des sornettes! – Ce ne sont que des balivernes!
¡Son patrañas! – ¡Mentiras!
Sono tutte frottole!

## MOOT

**It's a moot-point.**
Es ist ein strittiger Punkt.
C'est un point discutable.
Es discutible.
È un punto discutibile.

## MORE

**More and more.**
Mehr und mehr – immer mehr.
Toujours plus.
Cada vez más – Más y más.
Sempre più.

## MOSS

**A rolling stone gathers no moss.**
Ein rollender Stein setzt kein Moos an.
Pierre qui roule n'amasse pas mousse.
Piedra movediza nunca moho la cobija.
Pietra mossa non fa muschio.

## MOTH

**To be like a moth round a candle flame.**
Mit dem Feuer spielen.
Jouer avec le feu – Se brûler les ailes.
Jugar con fuego.
Scherzare col fuoco.

## MOTHER

**Necessity is the mother of invention.**
Not macht erfinderisch.
Nécessité est mère d'industrie.
La necesidad agudiza el ingenio – No hay mejor maestro que la necesidad.
Il bisogno aguzza l'ingegno.

## MOTION

**To go through the motions.**
Vorgeben, dass man etwas tut.
Faire voir que l'on est actif.
Aparentar – Fingir estar haciendo algo.
Far finta di fare qualcosa.

## MOUNTAINS

**To make mountains out of molehills.**
Aus einer Mücke einen Elefanten machen.

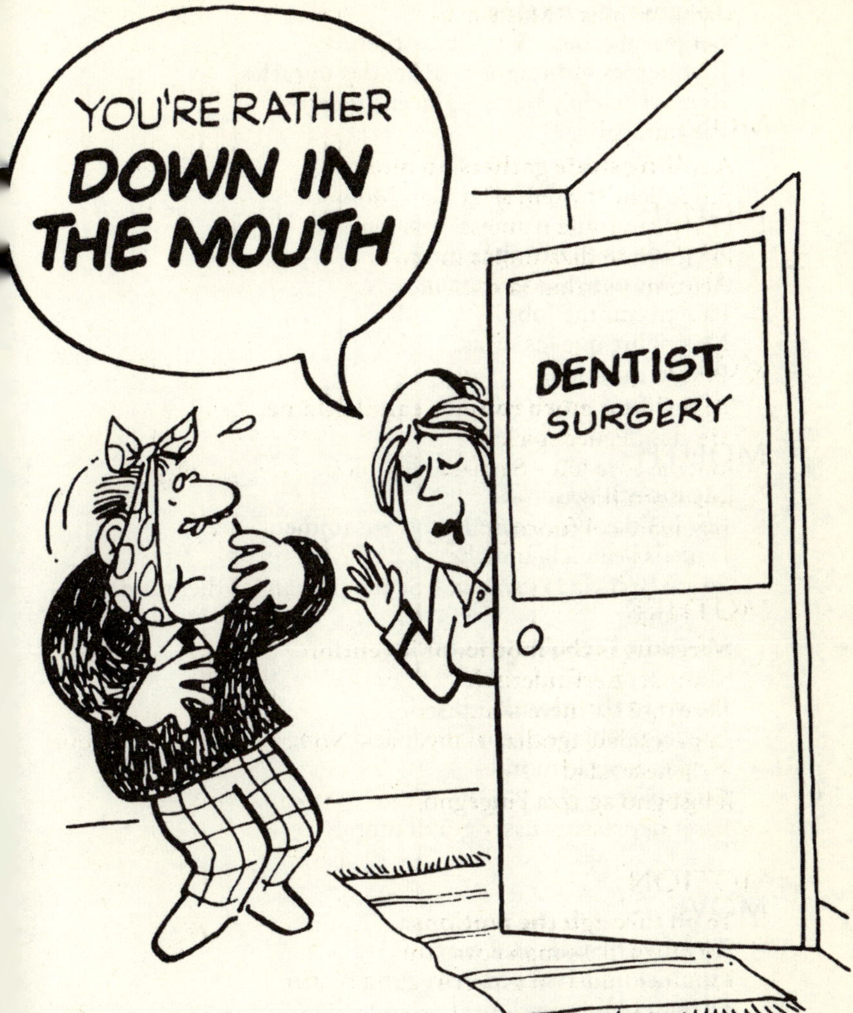
YOU'RE RATHER DOWN IN THE MOUTH
DENTIST SURGERY

Grossir les difficultés.
Hacer una montaña de un grano de arena.
Fare d'ogni fuscello una trave.

**To move mountains.**
Berge versetzen – Wunder wirken.
Remuer les montagnes – Faire des miracles.
Remover cielo y tierra – Hacer milagros.
Far miracoli.

## MOUSE

**As poor as a church mouse.**
Arm wie eine Kirchenmaus.
Pauvre comme Job.
Más pobre que las ratas.
Povero in canna.

## MOUTH

**My mouth watered.**
Mir lief das Wasser im Mund zusammen.
J'en eus l'eau à la bouche.
Se me hacía la boca agua – Se me ponían los dientes de punta.
Mi venne l'acquolina in bocca.

**Down in the mouth.** 413
Niedergeschlagen sein – bedrückt sein.
Ne pas avoir le moral.
Estar triste.
Esser depresso – Esser giù di morale.

## MOVE

**To move heaven and earth.**
Himmel und Hölle in Bewegung setzen.
Déplacer les montagnes.
Remover cielo y tierra.
Muovere mari e monti.

**Get a move on!**
Spute dich! – Drück auf die Tube! – Beeil dich!
Dépêche-toi!

¡Date prisa!
Affrettati!

## MUCH

**Too much breaks the bag.**
Zu viel des Guten schadet nur.
Trop c'est trop.
La avaricia rompe el saco.
Il troppo stroppia.

**Too much is as bad as none at all.**
Zu viel ist ebenso schlecht wie gar nichts – Zu viel des Guten schadet nur.
Trop c'est trop.
Tener mucho es tan malo como tener poco.
Il troppo stroppia.

**It's much of a muchness.**
Praktisch dasselbe – ziemlich dasselbe.
C'est à peu près la même chose.
Es más o menos igual.
È pressapoco uguale.

## MUCK

**Where there's muck there's money.**
Wo Geld ist, ist Schmutz.
L'argent n'a pas d'odeur.
Donde hay dinero hay suciedad.
Dove c'è danaro, c'è sporcizia.

**To muck about.**
Herumlungern.
Jouer – S'amuser – Lambiner – Lanterner.
Entretenerse.
Gingillarsi.

## MULE

**As stubborn as a mule.**
Störrisch wie ein Esel.
Têtu comme un âne.

Terco como una mula.
Ostinato come un mulo.

## MUM

**Mum's the word!**
Kein Wort darüber! – Schwamm drüber!
Motus! – bouche cousue!
¡Guarda el secreto! – ¡No digas nada!
Acqua in bocca!

## MURDER

**Murder will out.**
Die Sonne bringt es an den Tag – Alles kommt ans Licht.
Tout finit par se savoir.
Tarde o temprano todo se sabe.
Tutto si viene a sapere – Tutti i nodi vengono al pettine – Il diavolo fa le pentole ma non i coperchi.

**To cry blue murder.**
Zeter und Mordio schreien – wie am Spieß schreien.
Crier: «au loup!»
Gritar como loco.
Gridare: »Al lupo!«

## MUSIC

**To face the music.** 194
Sich der Kritik stellen.
Affronter la critique.
Afrontar las críticas.
Affrontare la critica.

## MUST

**It's a must!**
Es ist ein Muss! – Es ist unerlässlich!
C'est une chose à faire!
¡Es un deber!
È una cosa che si deve fare!

## MUTE

**As mute as a fish.**
Stumm wie ein Fisch.
Taciturne - Sombre - Muet comme une carpe.
Callado como una piedra - Mudo como un pez.
Muto come un pesce.

**As mute as a mouse.**
Mausestill - mucksmäuschenstill.
Très silencieux.
Muy callado - callado como un muerto.
Muto come un pesce.

## MUTTON

**As dead as mutton.**
Mausetot.
Raide mort.
Muerto.
Morto stecchito.

**Mutton-head.**
Schafskopf - Blödian.
Niais - Idiot - Simplet.
Tonto de capirote.
Zuccone - Stupido.

## MY

**Oh, my God!**
Meine Güte! - Mein Gott!
Mon Dieu!
¡Dios mío!
Dio mio!

**My eye!**
Ach, du liebe Zeit! - Ach, du lieber Gott!
Zut! - Punaise!
¡Caramba! - ¡Caray! - ¡Maldición!
Col cavolo! - Porca miseria! - Accidenti!

## MYSELF

**I don't feel quite myself today.**
Ich bin heute nicht ganz da – Ich fühle mich nicht ganz wohl.
Aujourd'hui je ne me sens pas bien.
No me siento – no me encuentro bien.
Non mi sento bene oggi.

**By myself.**
Ich selbst – allein.
Moi-même.
Por mí mismo – solo.
Da solo.

# N

## NAGGING

**My wife is always nagging.**
Meine Frau nörgelt immer.
Ma femme rouspète toujours.
Mi mujer es muy renegona.
Mia moglie brontola sempre.

## NAIL

**Nail him!**
Nagel ihn fest!
Prends-le! - Attrape!
¡Atrápalo!
Prendilo!

**To hit the nail on the head.**
Den Nagel auf den Kopf treffen.
Frapper juste - Faire mouche.
Dar en el clavo - en el blanco.
Colpire nel segno.

**They fought tooth and nail.**
Sie kämpften verbissen.
Ils se sont battus griffes dehors.
Se batieron ferozmente.
Si sono battuti con le unghie e coi denti.

## NAILED

**His eyes were nailed to the painting.**
Seine Auge waren auf das Gemälde geheftet.
Ses yeux étaient rivés (cloués) sur le tableau.
Tenía los ojos clavados en el cuadro.
I suoi occhi erano fissi sul quadro.

## NAME

**Give a dog an ill name and hang him.**
Jemanden wegen seines schlechten Rufs oder aufgrund von Gerüchten verurteilen.
La calomnie tue – Calomniez, il en restera quelque chose!
La calumnia condena.
La calunnia uccide.

**Name your own price!**
Nennen Sie Ihren Preis!
Fais ton prix!
Fije su precio.
Fissa il prezzo!

## NAPPING

**To catch someone napping.**
Jemanden überrumpeln.
Prendre quelqu'un au dépourvu.
Coger a alguien por sorpresa.
Prendere qualcuno alla sprovvista.

## NARROW

**He had a narrow escape!**
Er ist mit knapper Not (um Haaresbreite) entkommen!
Il s'est sauvé de peu!
¡Se salvó por un pelo!
Si è salvato per un pelo! (per miracolo!)

**To narrow down something.**
Etwas einschränken (begrenzen, verringern).
Réduire quelque chose.
Reducir algo.
Ridurre qualcosa.

## NATURE

**The debt of nature.**
Der Tod – der Tribut der Natur.
La mort.
La muerte.
La morte.

## NEAT

**I like my whisky neat.**
Ich mag meinen Whisky pur.
J'aime le whisky sec.
Me gusta el whisky solo.
Mi piace il whisky liscio.

## NECESSITY

**Necessity is the mother of invention.**
Not macht erfinderisch.
Nécessité est mère d'industrie.
La necesidad agudiza el ingenio – No hay mejor maestro que la necesidad.
Il bisogno aguzza l'ingegno.

**Necessity knows no law.**
Not kennt kein Gebot.
Nécessité ne connaît pas de loi.
La necesidad no tiene leyes.
Si fa qualsiasi cosa per bisogno.

**To make a virtue of necessity.**
Aus der Not eine Tugend machen.
Faire de nécessité vertu.
Hacer de tripas, corazón.
Fare di necessità virtù.

## NECK

**To get it in the neck.**
Eins aufs Dach bekommen (kriegen).
Etre grondé (réprimandé).
Ser regañado.
Essere rimproverato.

**To risk one's neck.**
Kopf und Kragen riskieren.
Risquer sa peau.
Jugarse el cuello – la piel.
Rischiare la pelle – L'osso del collo.

THAT CHILD'S GIVEN ME A PAIN IN THE NECK

**To give someone a pain in the neck.** 422
Jemandem Unglück an den Hals wünschen – jemandem Kummer machen.
Ennuyer quelqu'un.
Fastidiar a alguien.
Dare fastidio a qualcuno.

## NEED

**A friend in need is a friend indeed.**
Ein wahrer Freund bleibt auch in der Not treu.
C'est dans le besoin qu'on reconnaît un véritable ami.
Los amigos se conocen en la necesidad.
Il vero amico si conosce nel bisogno.

**To be in need of ...**
Etwas dringend brauchen – etwas sehr nötig haben.
Avoir besoin de ...
Tener necesidad de ... – Hacer falta algo.
Aver bisogno di ...

## NEEDLE

**Don't needle me!**
Stachle mich nicht auf! – Reiz mich nicht!
Ne me taquine pas!
¡No me molestes!
Non punzecchiarmi!

**To look for a needle in a haystack.**
Eine Nadel im Heuhaufen suchen.
Chercher une aiguille dans une meule de foin.
Buscar una aguja en un pajar.
Cercare un ago in un pagliaio.

**To have the needle.**
Eine Wut (im Bauch) haben.
Avoir les nerfs en boule.
Estar nervioso.
Avere i »nervi«.

**As sharp as a needle.**
Äußerst intelligent – auf Draht – auf Zack.
Très intelligent – Perspicace.

Muy agudo - Perspicaz.
Molto intelligente - Perspicace - Acuto.

## NEEDLES

**To be on pins and needles.**
Auf heißen Kohlen sitzen - auf Nadeln sitzen.
Etre sur des charbons ardents.
Estar en ascuas.
Essere sulle spine.

**I've got pins and needles.**
Ich habe das Kribbeln - Es kribbelt mich.
J'ai des fourmis ...
Tengo un hormigueo.
Ho il formicolio.

## NEEDLESS

**Needless to say!**
Selbstredend! - Selbstverständlich!
Inutile à dire.
Inútil decirlo.
Inutile a dirsi!

## NEITHER

**That's neither here nor there!**
Das gehört nicht zur Sache.
Ça n'a rien à voir.
Esto no viene al caso.
Questo non c'entra.

## NERVE

**What a nerve!**
Welche Frechheit!
Quel culot! - Quel toupet!
¡Qué descarado!
Che faccia tosta!

**It's nerve-racking.**
Es ist nervenaufreibend.
C'est très exaspérant.

Es un quebradero de cabeza.
È molto esasperante.

**To lose one's nerve.**
Die Nerven verlieren.
Perdre son sang-froid.
Desanimarse.
Perdersi di coraggio.

## NERVES

**To get on someone's nerves.**
Jemandem auf die Nerven gehen (fallen).
Taper sur les nerfs.
Sacar de quicio a alguien.
Dare sui nervi a qualcuno.

## NERVOUS

**A nervous breakdown.**
Ein Nervenzusammenbruch.
Une dépression nerveuse.
Crisis nerviosa - agotamiento.
Un collasso nervoso - Un esaurimento.

## NEST

**It's an ill bird that fouls its own nest.**
Sein eigenes Nest beschmutzen.
Le linge sale se lave en famille.
Los trapos viejos se lavan en casa.
I panni sporchi si lavano in casa.

**To feather one's nest.**
Sich unehrlich bereichern.
S'enrichir sur le dos des autres.
Enriquecerse deshonestamente.
Arricchirsi (in modo disonesto).

## NETTLED

**To be nettled.**
Aufgebracht sein (über).
Etre irrité.

Estar enfadado.
Essere irritato.

## NEVER

**Never is a long day.**
Die Zukunft ist lang.
Le futur est loin.
El futuro es largo.
Il futuro è lungo – È facile dire mai!

**It's never too late to mend.**
Es ist niemals zu spät, um sich zu entschuldigen (um etwas wiedergutzumachen).
Il n'est jamais trop tard pour bien faire.
Nunca es tarde si la dicha es buena.
Non è mai troppo tardi (per redimersi).

**Well, I never!**
Nein, so was! – Das ist ja unerhört!
Ça alors!
¡Quién iba a saberlo!
Questa poi!

**Better late than never.**
Besser spät als nie.
Mieux vaut tard que jamais.
Más vale tarde que nunca.
Meglio tardi che mai.

## NEWS

**Ill news flies apace.**
Schlechte Nachrichten verbreiten sich schnell (kommen schnell herum, machen schnell die Runde).
Les mauvaises nouvelles arrivent vite.
Las malas noticias vuelan.
Le cattive notizie arrivano subito.

**No news is good news.** 427
Nichts Neues bedeutet Gutes.
Pas de nouvelles, bonnes nouvelles.
Ninguna nueva, buena nueva.
Nessuna nuova, buona nuova.

YOU KNOW WHAT THEY SAY, NO NEWS IS GOOD NEWS
EDITOR

**No news is staler than yesterday's news.**
Nichts ist fader (langweiliger) als alte Nachrichten.
Il n'y a pas de nouvelles plus vieilles que celles d'hier.
No hay noticia más vieja que la de ayer.
Non c'è niente di più vecchio delle notizie di ieri.

**To break the news to somebody.**
Jemandem eine Nachricht überbringen – eine Nachricht an jemanden weitergeben – jemandem eine Nachricht übermitteln.
Donner une nouvelle à quelqu'un.
Dar noticia de algo a alguien.
Dare una notizia a qualcuno.

## NEXT

**It's next to impossible!**
Es ist fast (beinahe) unmöglich!
C'est presque impossible!
¡Es casi imposible!
È quasi impossibile!

**It costs next to nothing!**
Es kostet fast nichts!
Ça ne coûte presque rien!
¡No cuesta casi nada!
Non costa quasi nulla!

**What next?**
Was (kommt) noch?
Et après?
¿Y luego?
E poi?

## NICE

**A nice mess!**
Eine schöne Bescherung!
Une belle salade! – Un beau gâchis!
Un buen enredo – lío – jaleo.
Un bel pasticcio!

## NICK

**In the nick of time.**
Zur rechten Zeit – im richtigen Augenblick – wie gerufen.
Au bon moment.
En el momento preciso – justo.
Proprio al momento giusto.

## NIGHTCAP

**I usually have a nightcap.**
Gewöhnlich nehme ich einen Schlummertrunk zu mir, bevor ich schlafen gehe.
D'habitude je bois un petit verre avant d'aller au lit.
Generalmente tomo un vaso antes de acostarme.
Di solito prendo un bicchierino (cicchetto) prima d'andare a letto.

## NINE

**A nine day's wonder.**
Ein Tagesgespräch – ein sensationelles Ereignis.
Une nouveauté qui dure peu.
Una novedad que llama la atención por poco tiempo.
Una novità che attira l'attenzione per poco tempo.

## NINES

**Dressed up to the nines.**
Piekfein gekleidet – aufgedonnert.
Habillé de façon très recherchée.
Peripuesto – emperejilado.
Vestito con grande ricercatezza (per fare colpo).

## NINETEEN

**To talk nineteen to the dozen.**
Das Blaue vom Himmel herunterschwatzen.
Parler à toute vitesse.
Hablar con mucha velocidad.
Parlare velocemente.

## NIP

**To nip in the bud.**
Im Keim ersticken.
Tuer dans l'oeuf.
Cortar en germen – Destruir al nacer.
Soffocare sul nascere.

**There's a nip in the air.** 431
Es herrscht eine schneidende Kälte – Es geht ein schneidender Wind – Die Luft ist beißend kalt.
L'air est froid.
El aire viene frío.
L'aria è fredda.

**To nip in and out.**
Hinein- und hinausflitzen.
Entrer et sortir aussitôt – Zigzaguer.
Entrar y salir de prisa.
Entrare e uscire in fretta – Zigzagare.

## NO

**No sooner said than done.**
Schneller getan als gesagt – Gesagt, getan.
Aussitôt dit aussitôt fait.
Dicho y hecho.
Detto, fatto.

**I did my homework in no time.**
Ich habe meine Hausarbeiten im Nu gemacht.
Je fis mes devoirs en un rien de temps.
Hice mis deberes muy rápido.
Feci i compiti prestissimo.

**He won't take no for an answer.**
Er wird kein »Nein« als Antwort akzeptieren.
Il n'acceptera pas un «non» pour réponse.
No aceptará un »no« como respuesta.
Non accetterà un »no« in risposta.

## NOD

**I nodded to him.**
Ich nickte ihm zu.

THERE'S A NIP IN THE AIR TONIGHT

Je l'ai salué d'un signe de la tête.
Le saludé con una seña.
Lo salutai (con un cenno del capo).

## NOISE

**A big noise.**
Ein hohes (großes) Tier.
Une grosse légume.
Un pez gordo.
Un pezzo grosso – Un pezzo da novanta.

## NONE

**None of that!**
Nichts dergleichen!
Arrête!
¡Déjalo ya!
Smettila!

**None of your cheek!**
Lass deine Frechheiten!
Arrête de faire l'insolent!
¡Deja ya de hacer el impertinente!
Smettila di fare l'impertinente!

## NOSE

**To turn up one's nose.**
Die Nase rümpfen.
Froncer le nez – Faire la moue.
Arrugar la nariz.
Arricciare il naso.

**To pay through the nose.**
Übermäßig bezahlen müssen – blechen.
Payer très cher.
Pagar caro.
Pagare profumatamente – Pagare salato.

**To follow one's nose.**
Immer der Nase nach gehen – seinem Instinkt folgen.
Aller toujours tout droit.

Guiarse por el olfato – por el instinto.
Andare sempre dritto.

**To cut off one's nose to spite one's face.**
Sich ins eigene Fleisch schneiden.
Donner des verges pour se faire fouetter.
Echarse tierra a uno mismo.
Darsi la zappa sui piedi – Danneggiare se stessi (per vendetta verso altri).

**To keep one's nose to the grindstone.** 434
Jemanden schwer arbeiten lassen – jemanden schinden.
Ne pas lever le nez du livre – Travailler sans arrêt.
Trabajar con ahínco.
Lavorare incessantemente.

**It's as plain as the nose on your face!**
Es ist sonnenklar!
C'est bien évident!
¡Está tan claro como el agua!
È molto evidente! – È chiaro come il sole!

**To poke one's nose in somebody else's business.** 435
Seine Nase in jemandes Angelegenheiten stecken.
Fourrer le nez dans les affaires des autres.
Meter las narices en asuntos ajenos.
Ficcare il naso negli affari altrui.

## NOSY

**What a Nosy Parker!**
Welch neugierige Person!
Quel fouinard!
¡Qué salsero! – ¡Qué entrometido! – ¡Qué cuenta alubias!
Che ficcanaso!

## NOT

**Not at all!**
Nichts zu danken! – Gern geschehen!
Absolument pas!
¡Para nada! – ¡En absoluto!
Niente affatto!

KEEP YOUR NOSE TO THE GRINDSTONE, JONES

DON'T POKE YOUR NOSE INTO MY BUSINESS, MATE
INLAND REVENUE

## NOTE

**To strike the right note.**
Den richtigen Ton treffen (finden).
Faire résonner la note juste.
Dar en el blanco - dar en el clavo.
Toccare il tasto giusto.

## NOTHING

**Nothing ventured nothing gained.**
Wer nicht wagt, der nicht gewinnt - Ohne Fleiß kein Preis.
Qui ne risque rien n'a rien.
Quien no arriesga no gana.
Chi non risica non rosica.

**Nothing doing!**
Nichts zu machen! - Kommt gar nicht infrage!
Rien à faire!
¡Nada que hacer!
Niente da fare!

## NOTICE

**Take no notice of ...**
Nimm keine Notiz von ...
Fais semblant de ne pas voir ...
No hacer caso de ... - Haz como si no vieras.
Fai finta di non vedere ...

## NOW

**Every now and then.**
Von Zeit zu Zeit - hier und da - dann und wann - gelegentlich.
De temps à autre.
De vez en cuando.
Di tanto in tanto.

## NOWHERE

**To get nowhere.**
Zu nichts kommen - es zu nichts bringen.
N'aboutir à rien.

No llevar a nada - No conducir a nada.
Non approdare a nulla.

## NUISANCE

**You're a regular nuisance!**
Sie sind wirklich eine Plage (Pest)! - Sie sind ein richtiger Quälgeist! - Sie sind eine Nervensäge!
Vous êtes une vraie plaie!
¡Eres una verdadera lata - un tostón!
Siete una vera peste! - Siete un rompiscatole!

## NUMBERED

**His days are numbered.**
Seine Tage sind gezählt.
Ses jours sont comptés.
Sus días están contados.
I suoi giorni sono contati.

## NURSE

**To nurse one's grievances.**
Sich an einem Unglück weiden - sich in seinem Unglück bedauern - sein Unglück fördern.
Se consoler de ses propres ennuis.
Consolarse de los problemas personales.
Consolarsi dei propri guai.

## NUT

**He's a hard nut to crack!**
Er ist eine harte Nuss - Er ist nicht leicht zu nehmen.
C'est un os!
Es un hueso duro de roer.
È un osso duro!

**He's off his nut!**
Er ist verrückt! - Er ist übergeschnappt!
Il lui manque un boulon! (une case).
¡Le falta un tornillo!
Gli manca una rotella!

## NUTSHELL

**In a nutshell.** 439
In knapper Form – in aller Kürze.
En deux mots – En bref.
En resumidas cuentas.
In sunto – In due parole.

## NUTTY

**He's as nutty as a fruitcake.**
Er ist verrückt – Er ist bekloppt.
Il est fou à lier.
Está más loco que una cabra.
È matto da legare.

THAT'S ONLY PUTTING IT IN A NUTSHELL OF COURSE
NUCLEAR RESEARCH LAB

# O

## OATH

**He was put upon his oath.**
Ihm wurde der Eid abgenommen – Er musste schwören.
Ils le firent jurer.
Hicieron que jurara.
Lo fecero giurare.

## OATS

**To sow one's wild oats.**
Sich austoben – sich die Hörner abstoßen.
Mener une vie de bâton de chaise.
Holgazanear.
Correre la cavallina.

## OBJECT

**He gained his object.**
Er erreichte sein Ziel.
Atteindre le but.
Ha logrado su objetivo.
Ha raggiunto lo scopo.

## OBLIGING

**Obliging friends.**
Gefällige Freunde – hilfsbereite Freunde.
Des amis serviables.
Amigos serviciales.
Amici servizievoli.

## OBSTINATE

**As obstinate as a mule.**
Stur wie ein Esel.
Têtu comme une mule (comme un âne).
Terco como una mula.
Ostinato come un mulo.

## OCCASION

**There is no occasion to be angry.**
Es gibt keinen Grund, sich zu ärgern (sich aufzuregen).
Il n'y a pas de raison de se mettre en colère.
No hay por qué enfadarse.
Non c'è motivo di arrabbiarsi.

## OCCURRED

**It occurred to me that ...**
Es fiel mir ein, dass ... – Es kam mir der Gedanke, dass ...
Il me vint à l'esprit que ...
Se me ocurrió que ...
Mi venne in mente che ...

## ODD

**He's an odd chap.**
Er ist ein sonderbarer Kauz – Er ist eine merkwürdige Person.
C'est un homme très bizarre.
Es un tipo muy raro.
È un tipo assai bizzarro.

**How odd!**
Wie seltsam! – Wie komisch! – Kurios!
Comme c'est étrange!
¡Qué raro!
Che strano!

## ODDLY

**Oddly enough.**
Seltsamerweise – sonderbarerweise.
Etrange à dire.
Muy extraño.
Strano a dirsi.

## ODDS

**Odds and ends.**
Allerlei Kleinigkeiten – Krimskrams – von allem etwas.
Un méli-mélo.

Baratijas – De todo un poco.
Cianfrusaglie – Un po' di tutto.

**To be at odds.**
Nicht gut auskommen.
Etre en désaccord.
No estar de acuerdo.
Essere in disaccordo.

## OFF

**He's off drink.**
Er hat das Trinken aufgegeben.
Il s'est arrêté de boire.
Ha dejado de beber.
Ha smesso di bere.

**I'm off!**
Ich gehe! – Ich bin schon weg!
Je m'en vais!
¡Me marcho!
Vado!

## OFFICIAL

**Official red tape.**
Bürokratische Langsamkeit – Weg der Bürokratie.
Les lenteurs de la bureaucratie.
Lerdeces burocráticas.
Lungaggini burocratiche.

## OIL

**To pour oil on the flames.**
Öl ins Feuer gießen.
Jeter de l'huile sur le feu.
Echar leña al fuego.
Gettar olio sul fuoco.

**To pour oil on troubled waters.**
Die Gemüter beruhigen.
Réapaiser les âmes.
Apaciguar los ánimos.
Rappacificare gli animi – Versare acqua sul fuoco.

**To oil someone's palm.**
Jemanden schmieren – jemanden bestechen.
Graisser la patte à quelqu'un.
Sobornar – Corromper a alguien.
Corrompere qualcuno – Ungere le ruote a qualcuno.

## OLD

**An old bird.**
Eine alte Schnepfe (Schachtel).
Un vieux renard.
Un viejo zorro.
Una vecchia volpe.

**Any old thing.**
Irgendetwas Altes – irgendetwas.
N'importe quoi.
Cualquier cosa.
Qualunque cosa.

**As old as the hills.**
Uralt – steinalt.
Très vieux – Vieux comme Hérode – Vieux comme l'an quarante.
Más viejo que Matusalén.
Molto vecchio – Vecchio come Matusalemme – Vecchio come il cucco.

**Remove an old tree, and it will wither to death.**
Einen alten Baum soll man nicht verpflanzen.
Le vieil arbre transplanté meurt.
Viejas plantas traspuestas, ni crecen ni medran.
Trapianta un albero vecchio e lo vedrai morire.

## OLIVE

**To hold out the olive-branch.**
Seinen Friedenswillen zeigen – die weiße Flagge hissen.
Offrir la paix.
Presentarse con bandera blanca – con una rama de olivo.
Porgere il ramoscello di ulivo.

## OMELETTE

**You can't make an omelette without breaking eggs.**
Wo gehobelt wird, da fallen Späne.
On ne peut pas faire d'omelette sans casser des oeufs - La fin justifie les moyens.
No se puede empezar a construir la casa por el tejado.
Non si può avere la botte piena e la moglie ubriaca.

## ON

**On the house.**
Angebot des Hauses.
Cadeau de la Maison.
Ofrece la casa (comercial) - Regalo de la casa.
Offerto dalla ditta - Omaggio della ditta.

## ONCE

**Once in a while.**
Zuweilen - hin und wieder.
De temps en temps.
De vez en cuando.
Una volta ogni tanto.

## ONCE

**Once bitten twice shy.**
Gebranntes Kind scheut das Feuer.
Chat échaudé craint l'eau froide.
Gato escaldado del agua fría huye.
Chi è stato scottato dall'acqua calda teme anche quella fredda.

## ONE

**One and all.**
Alle miteinander.
Et tous les autres.
Todo el mundo.
Tutti quanti.

**A one-track mind.**
Ein beschränkter Geist - engstirnig.
Un esprit étroit.

Una persona de cabeza cuadrada.
Una mente ristretta.

## ONLY

**I'm only too pleased to see you again.**
Ich bin nur zu glücklich, dich wiederzusehen - Ich bin wirklich glücklich, dich wiederzusehen.
Je suis vraiment content de te revoir.
Estoy encantado de verte de nuevo.
Sono proprio contento di rivederti.

## OPEN

**To come into the open.**
Sich erklären - offen reden - Farbe bekennen.
Mettre cartes sur table.
Descubrir el juego.
Metter le carte in tavola.

**To force an open door.**
Freien Zugang erzwingen.
Enfoncer une porte ouverte.
Forzar una puerta abierta.
Sfondare una porta aperta.

**To be open-handed.**
Freigebig sein.
Etre généreux.
Ser generoso.
Essere generoso.

**My dad is always open with me.**
Mein Papa ist immer ehrlich mit mir - Mein Papa spricht immer offen mit mir.
Mon père est toujours sincère (ouvert) avec moi.
Papá es siempre muy sincero conmigo.
Il babbo è sempre sincero con me.

## OPENINGS

**There are many openings in your firm.**
Ihre Firma hat viele freie Arbeitsplätze (offene Stellen).
Il y a beaucoup de postes vacants dans votre entreprise.

En vuestra empresa hay muchas plazas vacantes.
Ci sono molti posti vacanti nella vostra ditta.

## OPPOSITE

**The most extreme opposites have some qualities in common.**
Gegensätze haben Gemeinsames - Gegensätze ziehen sich an.
Les extrêmes se touchent.
Los extremos se tocan.
Gli estremi si toccano.

## OPTION

**I had no other option.**
Ich hatte keine andere Wahl.
Je n'avais pas le choix.
No tuve otro remedio - No tuve otra alternativa.
Non potei fare altro.

## ORDER

**The lift is out of order.**
Der Aufzug ist außer Betrieb.
L'ascenseur est en panne.
El ascensor no funciona.
L'ascensore è guasto (fuori servizio).

**A tall order.**
Eine zu große Aufgabe - ein bisschen viel verlangt.
Une tâche ardue.
Una tarea difícil.
Un compito arduo.

## OTHER

**Every other day.**
Jeden zweiten Tag.
Tous les deux jours.
Cada dos días.
Ogni due giorni.

## OUNCE

**An ounce of common sense is worth a pound of theory.**
Ein Körnchen gesunder Menschenverstand wiegt mehr als ein Haufen Theorie.
La pratique vaut mieux que la théorie.
Más sabe el diablo por viejo que por diablo.
Meglio un po' di buon senso che molta teoria - Val più la pratica che la grammatica.

## OUT

**I feel down and out.**
Ich bin erledigt - Ich bin kaputt - Ich fühle mich todmüde.
Je suis exténué.
Estoy hecho polvo.
Mi sento stanco morto.

**Out of sight, out of mind.**
Aus den Augen, aus dem Sinn.
Loin des yeux, loin du coeur.
Ojos que no ven corazón que no siente.
Lontano dagli occhi, lontano dal cuore.

**Murder will out.**
Die Sonne bringt es an den Tag - Alles kommt ans Licht.
Tout se paie - Tout finit par se savoir.
Tarde o temprano todo se sabe.
Tutti i nodi vengono al pettine - Tutto si viene a sapere.

**It's out.**
Es ist aus! - Es ist zu Ende! - Es kommt nicht infrage!
Il est éteint.
Está apagado.
È spento.

**We're out of tea.**
Der Tee ist aus (alle).
Nous avons fini le thé.
No hay té - No queda té.
Siamo rimasti senza tè.

**She cried her heart out.**
Sie weinte sich die Augen aus.

Elle a pleuré toutes les larmes de son corps - Elle a pleuré à chaudes larmes - Elle a pleuré tout son soûl.
Lloraba a lágrima viva.
Ha pianto tutte le sue lacrime.

## OUTRIGHT

**An outright lie.**
Eine glatte Lüge.
Un mensonge flagrant.
Una patraña - una mentira descarada.
Una bugia madornale.

## OVER

**I've nothing over.**
Ich habe nichts übrig.
Je n'ai pas d'avance - Il ne m'est rien resté.
No me sobra nada.
Non mi è avanzato nulla.

**It's all over!**
Es ist aus und vorbei!
Tout est fini!
¡Ya se acabó! - ¡Se ha acabado!
È tutto finito!

**To be over head and ears in debt.**
Bis zum Hals (über beide Ohren) in Schulden stecken.
Etre couvert de dettes.
Estar hasta el cuello de deudas.
Esser indebitato fin sopra i capelli.

## OVERLEAP

**Ambition often overleaps itself.**
Ehrgeiz verfehlt leicht sein Ziel - Wer immer mehr will, wird nichts haben.
Qui trop embrasse mal étreint.
La avaricia rompe el saco.
Chi troppo vuole nulla stringe.

## OVERSHOOT

**To overshoot the mark.**
Übers Ziel hinausschießen - übertreiben.
Exagérer.
Pasarse de la raya - Pasarse de rosca.
Esagerare - Passare il segno.

## OWE

**I owe it to you.**
Ich habe es dir zu verdanken - Ich bin es dir schuldig.
Je le dois à toi.
Te lo debo a ti.
Lo devo a te.

## OWN

**To own up.**
Offen zugeben.
Confesser - Avouer.
Confesar.
Confessare.

LET'S PACK IT IN UNTIL IT STOPS RAINING, JOE
THANK YOU!

# P

## P'S

**To mind one's P's and Q's.**
Seine Worte abwägen – auf seine Worte achten.
Mesurer ses mots.
Tener cuidado de lo que uno dice.
Badare a quel che si dice.

## PACK

**To pack someone off.**
Jemanden fortjagen.
Expédier quelqu'un sans trop d'histoires.
Despedir a alguien sin ceremonias – sin más historias.
Spedire via qualcuno senza troppi complimenti.

**To pack.**
Packen.
Faire son baluchon.
Hacer las maletas.
Fare le valigie.

**To pack in something.** 450
Aufgeben, etwas zu tun.
S'arrêter de faire quelque chose.
Dejar de hacer una cosa.
Smettere di fare qualcosa.

## PAINS

**To take pains.**
Sich Mühe gehen – sich anstrengen.
Se fatiguer – S'appliquer à faire quelque chose.
Esmerarse.
Affaticarsi – Fare qualcosa con cura.

## PAINT

**To paint the town red.** 453
Die Gegend unsicher machen.
Faire bombance - Faire la noce.
Ir de juerga - Irse de picos pardos.
Far baldoria.

## PAINTED

**The devil is not so black as he is painted.**
Es ist alles weniger schlimm, als man meint - Es ist alles halb so schlimm - Eine Sache nicht schwärzer machen, als sie ist.
Le diable n'est pas si noir qu'on le dit.
No es tan fiero el lobo como lo pintan.
Il diavolo non è poi così brutto come si dipinge.

## PALE

**As pale as death.**
Totenblass - leichenblass.
Pâle comme la mort.
Pálido como si estuviera muerto.
Pallido come la morte.

**As pale as a ghost.**
Käsebleich - kreidebleich - aschfahl - weiß wie ein Gespenst.
Très pâle - Pâle comme la mort.
Pálido como el papel.
Pallido come un fantasma.

## PALM

**To grease someone's palm.**
Jemanden bestechen.
Graisser la patte à quelqu'un.
Sobornar a alguien.
Ungere le ruote a qualcuno.

## PALM

**To have an itching palm.**
Gierig nach Geld sein.
Etre avide d'argent.

LET'S GO OUT TONIGHT AND PAINT THE TOWN RED
RED
CHOCOLATES
RED
RED

Ser codicioso.
Essere avido di danaro.

## PALM

**To palm something off on someone.**
Jemandem etwas anhängen (andrehen, aufdrängen).
Rouler quelqu'un.
Dar gato por liebre.
Vendere qualcosa a qualcuno con inganno - Rifilare qualcosa a qualcuno.

## PANCAKE

**As flat as a pancake.**
Platt wie ein Pfannkuchen - sehr müde sein.
Plat comme une planche - Etre fatigué - Etre à plat.
Muy aplanado - Muy cansado.
Completamente piatto - Essere molto stanco.

## PANGS

**The pangs of hunger.**
Magenknurren (vor Hunger).
Les crampes de la faim.
Crujir las tripas de hambre - Retortijones de barriga.
I morsi della fame.

## PAPER

**To put pen to paper.**
Die Feder ansetzen.
Commencer à écrire.
Empezar a escribir.
Incominciare a scrivere.

## PART

**To part from ...**
Sich trennen von ... - sich lösen von ... - teilen von ... - trennen von ...
Se séparer de ...
Separarse de ... - Despedirse de ...
Separarsi da ...

## PASS

**To make a pass at a girl.**
Einem Mädchen gegenüber zudringlich werden.
Faire des propositions louches à une jeune fille - Importuner une jeune fille.
Insinuarse a una muchacha.
Importunare una ragazza - Abbordare una ragazza.

## PAT

**To pat oneself on the back.**
Sich selbst beglückwünschen - sich selbst auf die Schulter klopfen.
Etre content de soi.
Estar contento de uno mismo.
Essere contento di sé.

## PATIENT

**As patient as Job.**
Geduldig wie ein Engel - Engelsgeduld.
Avoir une patience d'ange.
Tener la paciencia de Job.
Paziente come Giobbe.

**As patient as an ox.**
Geduldig wie eine Kuh (ein Ochse).
Très patient.
Tener mucha paciencia.
Molto paziente.

## PAUL

**To rob Peter to pay Paul.**
Eine neue Schuld auf sich nehmen, um eine alte zu begleichen - neue Schulden machen, um alte bezahlen zu können.
Voler Pierre pour payer Paul.
Desvestir a un santo para vestir a otro.
Fare un debito nuovo per pagarne uno vecchio.

**Paul Pry.**
Neugieriger - Schnüffler.

Fouinard.
Entrometido - salsero.
Ficcanaso.

## PAVE

**To pave the way for someone.**
Jemandem den Weg bahnen.
Faire la route (tracer la route) à quelqu'un.
Abrir - Allanar el camino a alguien.
Spianare la strada a qualcuno.

## PAY

**To pay someone in his own coin.**
Jemandem mit gleicher Münze heimzahlen.
Dent pour dent.
Pagar a alguien con la misma moneda.
Rendere pan per focaccia - Pagare qualcuno con la stessa moneta.

**To pay through the nose.**
Übermäßig bezahlen müssen - blechen müssen.
Payer les yeux de la tête.
Pagar muy caro.
Pagare esageratamente (salato).

**As the work, so the pay.**
Wie die Arbeit, so der Lohn.
Tel travail, tel salaire.
A tal trabajo, tal salario.
Tale il lavoro, tale il salario.

## PEA

**As like as two peas in a pod.**
Sich gleichen wie ein Ei dem anderen.
Se ressembler comme deux gouttes d'eau.
Parecerse como dos gotas de agua.
Simili come due gocce d'acqua.

## PEACE

**If you wish for peace, be prepared for war.**
Wer Frieden haben will, muss zum Krieg rüsten.
Si tu veux la paix, prépare la guerre.
Si quieres la paz, prepárate para la guerra.
Chi vuol la pace, apparecchi la guerra.

## PEACOCK

**As proud as a peacock.**
Stolz wie ein Pfau (Spanier).
Très vaniteux - Fier comme un paon.
Vanidoso - Engreído.
Vanitoso come un pavone.

## PEARLS

**To cast pearls before swine.**
Perlen vor die Säue werfen.
Offrir des choses excellentes à ceux qui ne savent pas les apprécier.
Echar margaritas a los cerdos.
Gettar margherite ai porci.

## PECKED

**A hen pecked husband.**
Ein Pantoffelheld - ein Ehemann, der unter dem Pantoffel steht.
Un mari dominé par sa femme.
Un marido dominado por la mujer.
Un marito dominato dalla moglie.

## PEELED

**To keep one's eyes peeled.**
Seine Augen offen halten.
Garder les yeux grands ouverts.
Andar con cien ojos.
Tenere gli occhi ben aperti.

## PEEP

**At peep of dawn.**
Im ersten Morgengrauen – in der Morgendämmerung – bei Tagesanbruch.
A la pointe de l'aube.
De madrugada – Al amanecer.
Allo spuntar dell'alba.

## PEEPING

**A peeping Tom.**
Ein neugieriger (lüsterner) Kerl – ein Voyeur – ein Spanner.
Un voyeur.
Un mirón.
Un guardone.

## PEG

**A square peg in a round hole.**
Ein Mensch am falschen Platz – ein Fisch außerhalb des Wassers.
Un poisson hors de l'eau.
Un pez fuera del agua.
Un pesce fuor d'acqua.

**To take someone down a peg or two.**
Jemanden ducken (fügsam machen, demütigen).
Humilier quelqu'un.
Humillar a alguien – Bajarle los humos a alguien.
Umiliare qualcuno.

**To peg away.**
Hart arbeiten.
Trimer – Bûcher – Bosser.
Trabajar con tesón – Atarearse.
Sgobbare.

**To peg out.**
Eingehen – sterben.
Mourir – Passer de vie à trépas.
Morir – Estirar la pata.
Morire – Tirare le cuoia.

## PELT

**At full pelt.**
In voller Geschwindigkeit.
A toute vitesse.
A toda pastilla - A toda mecha.
A tutta velocità.

## PENCE

**Take care of the pence and the pounds will take care of themselves.**
Wer den Pfennig nicht ehrt, ist des Talers nicht wert.
Ce sont les petits ruisseaux qui font les grandes rivières.
El ahorro empieza por las pesetas.
Il risparmio incomincia dal centesimo.

## PENNY

**It isn't worth a penny!**
Es ist keinen Heller wert.
Ça ne vaut pas un sou!
¡No vale nada! - ¡No vale un duro!
Non vale un fico secco!

**In for a penny, in for a pound.**
Wer A sagt, muss auch B sagen.
Quand on commence quelque chose il faut le terminer.
Estar para las duras y para las maduras.
Quando si è in ballo, bisogna ballare.

**A penny for your thoughts!** 460
Ich gäbe was dafür, wenn ich wüsste, woran du jetzt denkst.
Dis-moi ce que tu penses!
Dime lo que piensas.
Dimmi quello che pensi!

**It will cost a pretty penny.**
Es wird ein hübsches Sümmchen kosten.
Ça coûtera une belle somme - Ça coûtera les yeux de la tête.
Costará un ojo de la cara.
Costerà una bella sommetta - Costerà un occhio della testa.

A PENNY FOR YOUR THOUGHTS, SIR?
PROFESSOR of PHILOSOPHY

## PEP

**He's full of pep.**
Er ist voller Schwung - Er hat Elan (Energie).
Il est plein d'énergie.
Está lleno de energía.
È pieno di energia - È un peperino.

## PERISH

**Perish the thought!**
Daran ist nicht zu denken! - Nicht im Traum!
Il n'en est absolument pas question!
¡Ni en sueños! - ¡Ni por asomo!
Neanche per sogno!

## PET

**He's my pet aversion.**
Er ist mir ein Gräuel.
J'ai une singulière antipathie pour lui.
Me cae mal - fatal.
Ho una particolare antipatia per lui.

## PETER

**To peter out.**
Zu Ende gehen - sich verlieren - sich totlaufen - versanden - aussterben.
S'exténuer.
Extinguirse - Agotarse.
Estinguersi - Esaurirsi.

## PICK

**What I need is a pick-me-up.**
Was ich brauche, ist ein Schnäpschen zur Stärkung - Ich brauche eine Stärkung.
J'ai besoin d'un remontant.
Lo que necesito ahora es una copa.
Ho proprio bisogno di un cicchetto.

**To pick quarrels with ...**
Mit jemandem Streit suchen - sich mit jemandem anlegen.
Se prendre de querelle avec quelqu'un.

Trabar discusión con ...
Attaccar lite con ...

**To have a bone to pick with somebody.**
Ein Hühnchen mit jemandem zu rupfen haben.
Avoir un motif de mésentente avec quelqu'un.
Tener algo pendiente con alguien.
Avere un motivo di discordia con qualcuno.

**To pick one's words.**
Seine Worte wählen.
Parler avec affectation.
Medir las palabras.
Parlare in punta di forchetta.

**To pick and choose.**
Wählerisch sein - sorgfältig aussuchen.
Choisir avec difficulté.
Escoger con dificultad.
Scegliere con difficoltà.

## PICKED

**I picked up a few words of French.**
Ich habe ein paar Worte Französisch aufgeschnappt (aufgepickt).
J'ai appris quelques mots français par hasard.
Aprendí por casualidad unas cuantas palabras de francés.
Imparai qualche parola di francese per caso.

## PICKLE

**I'm in a nice pickle.**
Ich sitze schön in der Patsche (Tinte) - Ich bin in einer misslichen Lage.
Je suis dans de beaux draps.
Estoy en un aprieto - en un buen lío.
Sono in un bell'impiccio - Sono in un bel pasticcio.

## PICTURE

**You are the picture of health.**
Du siehst aus wie das blühende Leben.
Tu resplendis de santé.

Eres el retrato de la salud.
Sei il ritratto della salute.

**That boy is the very picture of his father.**
Dieser Junge ist das Ebenbild seines Vaters.
C'est tout le portrait de son père.
Ese muchacho es el retrato de su padre.
Quel ragazzo è proprio il ritratto di suo padre.

## PIDGIN

**To speak pidgin English.**
Pidgin-Englisch sprechen – schlechtes Englisch sprechen.
Parler l'anglais comme un petit nègre.
Hablar muy mal inglés.
Parlare un cattivo inglese.

## PIE

**To eat humble pie.**
Sich demütigen – Abbitte leisten – zu Kreuze kriechen.
S'humilier.
Humillarse – Mortificarse.
Umiliarsi.

**To have a finger in the pie.**
Seine Finger im Spiel haben – an einer Sache beteiligt sein.
Etre dans le bain.
Tener las manos en la masa.
Aver le mani in pasta.

## PIECE

**To give somebody a piece of one's mind.** 405
Jemandem gründlich die Meinung sagen.
Lui faire sa fête – Lui en dire des vertes et des pas mûres.
Decirle unas cuantas verdades a alguien – Cantarle a alguien las cuarenta.
Dirne quattro a qualcuno.

**To go to pieces.**
Zerbrechen – in Stücke gehen.
Avoir une dépression nerveuse.

Estar hecho polvo.
Avere un esaurimento nervoso – Essere a pezzi.

**Piecework.**
Akkordarbeit.
Travail à la pièce.
Trabajar a destajo.
Lavoro a cottimo.

## PIECRUST

**Promises are like piecrust, made to be broken.**
Versprechen sind zum Brechen gemacht.
Les promesses ne sont pas faites pour être tenues.
Las promesas están hechas para ser quebrantadas.
Le promesse sono fatte per non essere mantenute.

## PIG

**To buy a pig in a poke.**
Die Katze im Sack kaufen.
Acheter à l'aveuglette.
Comprar a ciegas.
Comprare alla cieca (a scatola chiusa).

## PIKESTAFF

**As plain as a pikestaff.**
Sonnenklar.
Clair comme l'eau de roche.
Claro como el agua.
Chiaro come la luce del sole.

## PILE

**He has a pile of money.**
Er hat einen Haufen Geld – Er hat eine Stange Geld.
Il est plein aux as – Il ramasse l'argent à la pelle.
Tiene un montón de dinero.
Ha un sacco di soldi.

**Don't pile it on!**
Trag nicht so dick auf! – Tragen Sie nicht so dick auf – Übertreiben Sie nicht.

N'exagérez pas!
¡No exageres!
Non esagerate!

## PILL

**To swallow a bitter pill.**
Eine bittere Pille schlucken – in den sauren Apfel beißen.
Avaler des couleuvres.
Tragar quina – Tragar amargo.
Mandar giù un boccone amaro – Ingoiare la pillola.

## PILLAR

**To be sent from pillar to post.**
Von Pontius zu Pilatus geschickt werden.
Etre balloté d'un côté et de l'autre.
Salir de Poncio y meterse en Pilatos.
Essere sbattuto da un posto all'altro – Essere mandato da Erode a Pilato.

## PILLOW

**To take counsel of one's pillow.**
Eine Sache überschlafen.
La nuit porte conseil.
Consultarlo con la almohada.
Dormirci sopra.

## PIN

**To pin one's faith on somebody.**
Sein Vertrauen in jemanden setzen.
Miser ses espoirs sur quelqu'un.
Poner todas las esperanzas en alguien.
Riporre le proprie speranze su qualcuno.

## PINCH

**To be pinched for money.**
Knapp bei Kasse sein.
Etre à court d'argent.
Estar en aprietos (de dinero).
Essere a corto di quattrini.

**If it comes to the pinch.**
Wenn es zum Äußersten kommt.
Si on est au pied du mur – Si on est aux abois – Si on est coincé.
Si viene la mala.
Se si viene messi alle strette.

## PINK

**To be in the pink.** 467
In Hochform sein – in bester Verfassung sein.
Etre en parfaite santé.
Estar en perfecta salud.
Essere in perfetta salute.

## PINS

**Pins and needles.**
Kribbeln.
Avoir des fourmis.
Hormigueo.
Formicolio.

**To be on pins and needles.**
Auf heißen Kohlen (Nadeln) sitzen.
Etre sur des charbons ardents.
Estar en ascuas.
Essere sulle spine.

## PIP

**He's got the pip.**
Er hat miese Laune (bekommen).
Il est de mauvaise humeur.
Está de malas – de mal humor.
È di malumore.

## PIPE

**Pipe down!**
Den Mund halten.
Arrêtez de parler!
¡Cállate! – ¡Deja de hablar!
Smettete di parlare!

IN THE PINK
AGAIN, HARRY?
PAINT FACTORY
PINK
BL
ED

NO, I WILL NOT WASH YOUR WORN OUT OLD SOCK AGAIN SO PUT THAT IN YOUR PIPE AND SMOKE IT

**Put that in your pipe and smoke it!** 468
Lass dir das gesagt sein!
Fais-toi bien rentrer ça dans la tête et penses-y!
¡Métetelo bien en la cabeza y piénsalo!
Mettitelo bene in testa e pensaci su!

## PIPER

**He who pays the piper calls the tune.**
Derjenige, der die Zeche bezahlt, kann den Ton angeben – Wer bezahlt, hat das Recht, zu bestellen, was er möchte.
Qui paie doit être servi comme il se doit.
El que paga tiene el derecho de ser servido como quiere.
Chi paga ha il diritto d'essere servito come vuole.

## PIPING

**It's piping hot.**
Es ist siedend heiß – Es ist brühwarm.
C'est bouillant.
Está hirviendo.
È bollente.

## PIQUE

**To pique oneself on ...**
Sich etwas einbilden auf ... – sich brüsten mit ...
Se vanter de ...
Jactarse de ... – Tirarse un farol.
Vantarsi di ...

## PITCH

**As black as pitch.**
Pechschwarz – schwarz wie die Nacht.
Noir corbeau.
Negro como el carbón.
Nero come la pece (come il carbone).

## PLACE

**Out of place.**
Fehl am Platz – unangebracht.
Inopportun – Déplacé.

Fuera de lugar - Inoportuno.
Inopportuno - Fuori luogo.

## PLAIN

**This is the plain truth!**
Dies ist die nackte (reine, glatte) Wahrheit!
Ça c'est la pure vérité!
¡Esta es la pura verdad!
Questa è la pura verità!

**Everything was plain sailing.**
Alles ging glatt - Alles verlief gut.
Tout alla comme sur des roulettes.
Todo ha ido a pedir de boca - Todo va a pedir de boca - Sobre ruedas - Todo va viento en popa.
Tutto era liscio come l'olio - Tutto era con il vento in poppa.

## PLASTERED

**To be plastered.**
Besoffen sein.
Etre ivre mort.
Estar borracho - estar como una cuba.
Essere ubriaco fradicio.

## PLAY

**To play the fool.** 221
Den Narren spielen - den Dummen spielen.
Faire le niais.
Hacer el tonto.
Fare lo stupido.

**To play the game.**
Sich an die Spielregeln halten - fair sein.
Jouer le jeu.
Actuar con lealtad.
Agire lealmente.

**To play a joke on somebody.**
Über jemanden Witze reißen - sich über jemanden lustig machen - jemanden auf den Arm nehmen - jemanden verulken (veräppeln).

Jouer un tour à quelqu'un.
Gastar una broma a alguien.
Fare uno scherzo a qualcuno.

**Fair play.**
Faires Spiel – Anständigkeit – Fairness.
«Fair play»
Juego leal.
Gioco leale.

**Foul play.**
Ein faules (gemeines) Spiel – Betrug.
Jeu déloyal.
Juego desleal.
Gioco sleale.

**It's child's play.**
Es ist ein Kinderspiel – Es ist kinderleicht.
C'est très facile – C'est un jeu.
Es un juego de niños – Es muy fácil.
È un gioco da ragazzi.

**To play truant.**
Die Schule schwänzen.
Faire l'école buissonnière.
Hacer novillos – Fumarse la clase.
Marinare la scuola – Bigiare.

## PLAYFUL

**As playful as a kitten.**
Verspielt wie ein Kätzchen.
Plein de verve – Plein d'entrain.
Muy brioso.
Molto brioso.

## PLEASED

**As pleased as Punch.**
Sich königlich freuen.
Heureux comme un pape.
Contento como unas Pascuas – como unas castañuelas.
Contento come una Pasqua.

## PLEASURE

**The great source of pleasure is variety.**
In der Abwechslung liegt das Vernügen.
Diversité réjouit.
En la variedad está el gusto.
Il piacere sta nella varietà.

## PLENTIFUL

**As plentiful as blackberries.**
Reichlich - im Überfluss.
Très abondant.
Muy abundante - copioso.
Molto abbondante.

## PLOUGH

**To put one's hand to the plough.**
Eine Arbeit angehen - Hand anlegen - helfen.
Entreprendre un travail.
Emprender un trabajo - una empresa.
Intraprendere un lavoro - Porre mano all'opera.

## PLUCK

**He's got lots of pluck.**
Er hat viel Schneid (Mut).
Il a beaucoup de courage.
Tiene muchas agallas.
Ha molto fegato.

**To pluck up courage.**
Mut fassen.
Se donner du courage.
Hacer de tripas corazón - Armarse de valor.
Farsi coraggio - Prendere il coraggio a quattro mani.

## PLUMP

**As plump as a partridge.**
Schön mollig - sehr fett - drall - prall - feist - schön rund - rundlich - gut beieinander.
Gras comme une dinde.

Rechoncho - rollizo - Más gordo que una vaca.
Molto grasso.

## PLUNGE

**To take the plunge.**
Den entscheidenden Schritt (Sprung) wagen.
Faire le plongeon.
Echar por en medio.
Saltare il fosso.

## PLY

**To ply someone with gifts.**
Jemanden mit Geschenken überhäufen (überschütten).
Couvrir de cadeaux quelqu'un.
Llenar de regalos a alguien.
Riempire qualcuno di doni.

## POCKET

**To put one's pride in one's pocket.**
Seinen Stolz überwinden - klein beigeben.
S'humilier.
Humillarse - Esconder el orgullo.
Umiliarsi.

## POINT

**To ask point-blank.**
Rundheraus (geradewegs) fragen - unverblümt (offen) fragen - klipp und klar fragen.
Demander de but en blanc.
Preguntar - pedir de buenas a primeras.
Chiedere di punto in bianco.

**To make a point of something.**
Wert (Gewicht) auf etwas legen.
Attribuer une grande importance à quelque chose.
Recalcar una cosa - Dar mucha importancia a algo.
Attribuire grande importanza a qualcosa.

**To come to the point.**
Zur Sache kommen.

En venir au fait.
Llegar al quiz de la cuestión.
Venire al sodo.

**It's my strong point!**
Es ist meine starke Seite! - Es ist meine Stärke!
C'est mon fort!
¡Esto es mi fuerte!
È il mio forte!

## POISON

**To hate somebody like poison.**
Jemanden wie die Pest hassen.
Haïr profondément quelqu'un.
Odiar a alguien a muerte.
Odiare qualcuno profondamente.

**A poison-pen letter.**
Ein anonymer Brief.
Une lettre anonyme.
Una carta anónima.
Una lettera anonima.

## POKE

**To poke fun at somebody.**
Sich über jemanden lustig machen.
Se moquer de quelqu'un.
Burlarse de alguien - Tomar el pelo a alguien.
Prendere in giro qualcuno.

**To buy a pig in a poke.**
Die Katze im Sack kaufen.
Acheter à l'aveuglette.
Comprar a ciegas.
Comprare alla cieca (a scatola chiusa).

**To poke one's nose into other people's affairs.**
Seine Nase in anderer Leute Angelegenheiten stecken.
Fourrer son nez dans les affaires des autres.
Meter las narices donde no te llaman.
Ficcare il naso negli affari altrui.

## POKER

**As stiff as a poker.**
Steif wie ein Stock.
Très rigide.
Tieso como un garrote.
Molto rigido.

## POLE

**He's up the pole.**
Er ist verrückt.
Il est un peu déboussolé.
Le falta un tornillo.
È un po' svitato.

## POLISH

**To polish off one's work.**
Seine Arbeit schnell erledigen.
Mener à terme un travail.
Despachar el trabajo.
Sbrigare il proprio lavoro.

**His English needs polishing up.**
Sein Englisch muss noch aufpoliert werden.
Son anglais a besoin de s'améliorer.
Su inglés necesita un perfeccionamiento.
Il suo inglese ha bisogno di una rispolverata.

## POOR

**As poor as a church mouse.**
Arm wie eine Kirchenmaus.
Pauvre comme Job.
Más pobre que una rata.
Povero in canna.

## POORLY

**To be poorly off.**
Arm (dürftig) dran sein – sehr schlecht gehen.
Etre à court d'argent.
Estar en las últimas.
Star male a quattrini – Essere in miseria.

**To think poorly of ...**
Nicht viel halten von ... - schlecht denken von ...
Avoir une triste opinion de ...
Tener una mala impresión de ... - una mala opinión de ...
Avere una cattiva opinione di ...

## POP

**To pop off.**
Abhauen - sich aus dem Staub machen - plötzlich verschwinden.
S'en aller à toute vitesse.
Irse de prisa y corriendo.
Andarsene di corsa.

**To pop the question.**
Einen Heiratsantrag machen.
Faire une proposition de mariage.
Pedir la mano.
Fare una proposta di matrimonio.

## POSSUM

**To play possum.**
Sich krank stellen.
Feindre d'être malade.
Simular - Fingir una enfermedad - Hacerse el enfermo.
Fingersi malato.

## POST

**Between you, me and the gate-post.**
Im Vertrauen - unter uns gesagt.
Soit dit entre nous.
Dicho en confianza - dicho entre nosotros.
Detto in confidenza - A quattrocchi - Detto fra noi.

## POT

**To go to pot.**
Kaputtgehen - auf den Hund kommen.
Aller à la ruine.
Quebrar - arruinarse - ir a pique.
Andare in rovina.

**A watched pot never boils.**
Beim Warten wird die Zeit lang.
Il ne faut jamais soulever le couvercle de la marmite.
Quien espera, desespera.
Pentola guardata non bolle mai.

**To make a pot of money.**
Geld wie Heu machen - einen Haufen Geld machen - eine Stange Geld machen - ein Heidengeld machen.
Gagner un argent fou.
Ganar un montón de dinero.
Fare un sacco di quattrini.

**The pot calling the kettle black.**
Ein Esel schilt den anderen Langohr.
L'hôpital qui se moque de la charité.
Mirar la paja en el ojo ajeno sin ver la suya propia.
Accusare uno di un difetto che si possiede nella stessa misura - Il bue che disse »cornuto« all'asino.

**To make the pot boil.**
Das Brot verdienen - die Sache in Gang bringen.
Gagner sa vie.
Ganarse la vida.
Guadagnarsi il pane.

## POTTER

**To potter about.**
Herumwerkeln - herumhantieren.
Travailler sans entrain.
Trabajar poco y mal.
Lavoricchiare.

## POTTY

**To be potty.**
Verrückt sein.
Etre fou.
Estar loco.
Essere pazzo.

IT NEVER RAINS BUT IT POURS, LADS
PRISON

## POUR

**It never rains but it pours.** 478
Ein Unglück kommt selten allein.
Un malheur ne vient jamais seul.
Las desgracias nunca vienen solas.
Le disgrazie non vengono mai sole.

**To pour cold water on a plan.**
Einen Plan vereiteln (vermasseln).
Faire tomber à l'eau un projet.
Echar abajo un proyecto.
Gettar acqua fredda su un progetto.

**To pour oil on troubled waters.**
Die Gemüter beruhigen.
Jeter de l'eau sur le feu.
Apaciguar las aguas.
Gettar acqua sul fuoco.

## PRACTICE

**Practice makes perfect.**
Probieren geht über Studieren.
Expérience passe science.
Más sabe el diablo por viejo que por diablo.
La pratica vale più della grammatica.

## PRESENCE

**Presence of mind.**
Geistesgegenwart.
Présence d'esprit.
Presencia de ánimo.
Presenza di spirito.

## PRESSING

**You are very pressing!**
Du bist sehr aufdringlich!
Tu es trop insistant!
¡Eres muy insistente!
Insisti troppo!

## PRICE

**Every man has his price.**
Alles hat seinen Preis.
C'est seulement une question de prix.
Cada hombre tiene su precio.
È solo questione di prezzo.

**Not at any price!**
Um keinen Preis!
Pour rien au monde!
¡Por nada en el mundo! – ¡Ni por todo el oro del mundo!
Per nulla al mondo!

## PRIME

**To be in one's prime.**
In der Blüte seiner Jahre sein – im besten Alter sein.
Etre à la fleur de l'âge.
Estar en la flor de la vida.
Essere nel fiore degli anni.

## PROMISES

**Promises are like piecrust, made to be broken.**
Versprechen sind zum Brechen da.
Les promesses ne sont pas faites pour être tenues.
Las promesas estan hechas para ser quebrantadas.
Le promesse sono fatte per non essere mantenute.

## PROOF

**The proof of the pudding is in the eating.**
Tatsachen zählen.
Ce sont les faits qui comptent et non les paroles.
Obras son amores y no buenas razones.
Quello che conta sono i fatti.

## PROPOSE

**Man proposes, God disposes.**
Der Mensch denkt und Gott lenkt.
L'homme propose et Dieu dispose.
El hombre propone y Dios dispone.
L'uomo propone e Dio dispone.

ALWAYS REMEMBER, THE PROOF OF THE PUDDING IS IN THE EATING, HAROLD
YAK!

## PROUD

**As proud as a peacock.**
Stolz wie ein Pfau (Spanier).
Fier comme un paon.
Engreído - vanidoso como un pavo.
Tronfio come un pavone.

**As proud as Lucifer.**
Sehr prächtig.
Fier - Hautain.
Muy altivo - Soberbio.
Molto altero.

**To do someone proud.**
Jemandem große Ehre erweisen - jemanden königlich bewirten.
Faire honneur à quelqu'un.
Honrar a alguien.
Fare onore a qualcuno.

## PROVE

**The exception proves the rule.**
Die Ausnahme bestätigt die Regel.
L'exception confirme la règle.
La excepción confirma la regla.
L'eccezione conferma la regola.

## PRY

**A Paul Pry.**
Ein Schnüffler - jemand, der seine Nase in alles steckt - ein Neugieriger.
Un fouinard.
Un cuenta alubias - un salsero - un entrometido.
Un ficcanaso.

## PUDDING

**To get more praise than pudding.**
Mehr Lob als Dank erhalten.
Avoir plus d'éloges que de récompenses.

Mucha paja y poco grano - Recibir más elogios que recompensas.
Ricevere più elogi che ricompense.

## PULL

**To pull someone's leg.** 484
Jemanden auf den Arm nehmen - jemanden aufziehen.
Se moquer de quelqu'un.
Burlarse de alguien - Tomar el pelo a alguien.
Prendere in giro qualcuno.

**To pull the strings.**
Die Fäden in der Hand haben.
Manoeuvrer.
Maniobrar.
Manovrare.

**Pull yourself together!** 485
Reiß dich zusammen!
Courage!
¡Ánimo!
Fatti coraggio!

**To pull something off.**
Etwas zuwege bringen - etwas schaukeln - etwas schaffen.
Porter quelque chose à terme.
Terminar algo.
Portare qualcosa a compimento.

## PUMP

**I pumped the rules of the game into the boys' heads.**
Ich habe den Jungen die Spielregeln eingetrichtert.
J'ai enfoncé les règles du jeu dans la tête des enfants.
He metido en la cabeza de los muchachos las reglas del juego.
Ho ficcato in testa ai ragazzi le regole del gioco.

## PUNCH

**As pleased as Punch.**
Sich königlich freuen.
Etre content comme un pape.

BEDROOM
I HOPE YOU'RE ONLY PULLING MY LEG

COME ON, PULL YOURSELF TOGETHER

Estar contento como unas pascuas - como unas castañuelas.
Contento come una Pasqua.

**As proud as Punch.**
Aufgeblasen wie ein Pfau.
Etre fier comme un paon.
Engreído - vanidoso como un pavo.
Tronfio come un pavone.

## PUPPY

**Puppy-love.**
Jugendliebe.
Amour enfantin (puéril).
Amor de niños.
Amore fanciullesco.

## PURPOSE

**On purpose.**
Absichtlich.
Exprès.
A adrede - A propósito - Intencionadamente.
Di proposito.

**It was to no purpose.**
Es war vergeblich (umsonst).
Cela a été fait en vain.
Ha sido en balde.
È avvenuto invano.

## PURSE

**Purse proud.**
Geldstolz - protzig.
Orgueilleux de sa propre richesse.
Orgulloso de sus propias riquezas.
Orgoglioso della propria ricchezza.

**To hold the purse strings.**
Den Geldbeutel verwalten - auf sein Geld achten.
Tenir les cordons de la bourse.
Tener el control de la economía familiar.
Avere il controllo dell'economia familiare.

HARRY GOT THE PUSH TODAY, BERT

## PUSH

**Let's push off!**
Hauen wir ab! – Machen wir uns davon!
Allons-y!
¡Vámonos!
Andiamo!

**To get the push.** 487
Rausfliegen – entlassen werden.
Se faire mettre à la porte – Se faire renvoyer.
Hacer que echen – despidan a uno del trabajo.
Farsi licenziare.

## PUSSY

**To pussy-foot.**
Schleichen (wie eine Katze) – leisetreten – sich nicht festlegen – herumreden – wie eine Katze um den heißen Brei schleichen.
Etre prudent – Ne pas se compromettre.
Ser prudente – No comprometerse.
Essere prudente – Non compromettersi.

## PUT

**To put one's foot down.** 489
Energisch werden – ein Machtwort sprechen – mit dem Fuß aufstampfen.
S'arc-bouter.
Hacer hincapié.
Puntare i piedi.

**To put one's best foot forward.** 490
Sein Bestes tun.
Allonger le pas.
Caminar a buen paso – a paso ligero.
Camminare di buon passo – Allungare il passo.

**To put away for a rainy day.**
Geld für schlechte Zeiten zurücklegen – einen Notgroschen zurücklegen – Geld für Notzeiten auf die hohe Kante legen.
Economiser par prudence.

THIS TIME I'M PUTTING MY FOOT DOWN

OH WELL, PUT YOUR BEST FOOT FORWARD

Ahorrar para cuando lleguen las vacas flacas.
Risparmiare in previsione di tempi più duri.

**To put off.**
Wegstellen - ablegen - verschieben - vertrösten (mit) - absagen - abbringen (von).
Renvoyer - Décourager.
Posponer - aplazar - desanimar.
Rimandare - Scoraggiare.

**To put up with.**
Sich abfinden mit ... - hinnehmen - ertragen.
Supporter.
Aguantar - tolerar - soportar.
Sopportare - Tollerare.

**To put someone through his paces.**
Jemanden auf Herz und Nieren prüfen.
Mettre à l'épreuve l'habileté de quelqu'un.
Someter a alguien a una prueba.
Mettere alla prova l'abilità di qualcuno.

**To put someone up for the night.**
Jemanden für die Nacht (bei sich) aufnehmen (unterbringen).
Accueillir quelqu'un pour la nuit.
Hospedar a alguien por la noche.
Ospitare qualcuno per la notte.

## PUTTY

**He deserves a putty medal.**
Er verdient einen Papierorden.
Il mérite une médaille en chocolat.
Se merece una medalla de cartón.
Merita una medaglia di cartone.

## PUZZLE

**To puzzle out something.**
Etwas heraustüfteln (herausknobeln, herausbekommen).
Résoudre quelque chose.
Desenredar - Descifrar algo.
Risolvere qualcosa.

**To puzzle over something.**
Sich den Kopf zerbrechen über ...
Se creuser la cervelle.
Tratar de resolver algo.
Scervellarsi su qualcosa.

# Q

## Q.T.

**On the q.t.**
Heimlich - still und heimlich - im Verborgenen.
En cachette - En douce.
A escondidas.
Di nascosto - Alla chetichella.

## QUAGMIRE

**To be in a quagmire.**
In der Patsche (Klemme) sein.
Etre dans de beaux draps.
Estar metido en un lío.
Essere nei pasticci.

## QUANDARY

**To be in a quandary.**
Sich in einem Dilemma befinden.
Se trouver en difficulté.
Encontrarse en dificultades.
Trovarsi in difficoltà.

## QUARREL

**To pick a quarrel with someone.**
Mit jemandem Streit suchen - sich mit jemandem anlegen.
Se prendre de querelle avec quelqu'un.
Trabar discusión con alguien.
Attaccar lite con qualcuno.

**To quarrel with one's bread and butter.**
Mit seinem Los unzufrieden sein.
Se plaindre de son état.
Quejarse de la propia situación.
Lamentarsi del proprio stato.

## QUARTER

**To give quarter.**
Nachsicht üben.
Laisser respirer – Accorder un répit.
Dar cuartel – Conceder un respiro.
Dare respiro – Accordare grazia.

## QUARTERS

**To come to close quarters.**
Handgemein werden (handgreiflich).
En venir aux mains.
Llegar a las manos.
Venire alle mani.

## QUEER

**To be in Queer street.**
In der Tinte sitzen.
Se trouver en difficulté.
Encontrarse en un callejón sin salida.
Trovarsi in difficoltà.

## QUENCH

**To quench one's thirst.**
Seinen Durst löschen.
Se désaltérer.
Apagar – calmar la sed.
Dissetarsi – Spegnere la sete.

## QUESTION

**Out of the question.**
Außer Frage.
Hors de propos.
Imposible – Fuera de toda discusión.
Fuori discussione.

**Beyond all question.**
Ohne Frage – zweifellos.
Hors de doute.
Fuera de duda.
Fuor di dubbio.

## QUICK

**As quick as lightning.**
Wie der Blitz – blitzschnell.
Rapide comme l'éclair.
Rápido como una centella.
Veloce come il fulmine.

## QUIET

**To live in peace and quiet.**
In Ruhe und Frieden leben.
Vivre en paix.
Vivir en paz.
Vivere in santa pace.

**As quiet as a lamb.**
Sehr ruhig – sehr still – lammfromm.
Très tranquille.
Manso como un cordero.
Molto tranquillo – Mite come un agnello.

## QUIT

**Death quits all scores.**
Der Tod begleicht alle Rechnungen – Der Tod tilgt alle Schuld – Mit dem Tod endet alle Schuld.
La mort règle tous les comptes.
La muerte salda todas las cuentas.
La morte salda tutti i conti.

**Let's quit!**
Lass uns aufhören (damit)! – Schluss damit!
Finissons-en!
¡Basta!
Finiamola!

## QUITS

**Now we're quits!**
Jetzt sind wir quitt!
Maintenant nous sommes quittes!
¡Ahora estamos empatados!
Ora siamo pari!

## QUITTANCE

**Omittance is no quittance.**

Unterlassung bedeutet nicht Erlassung – Eine versäumte Mahnung bedeutet nicht Erlassen der Schuld.

Ne pas réclamer son dû ne veut pas dire pour autant l'annuler.

La no demanda de paga, no cancela una deuda.

La mancata richiesta di pagamento non annulla il debito.

## QUIVER

**I've an arrow left in my quiver.**

Ich habe noch ein Eisen im Feuer.

J'ai encore une carte à jouer.

Me queda todavía una carta que jugar.

Ho ancora una carta da giocare – Ho ancora una freccia nel mio arco.

# R

## RACK

**To rack one's brains.**
Sich den Kopf zerbrechen.
Se creuser la tête.
Devanarse los sesos.
Lambiccarsi il cervello.

**To go to rack and ruin.**
Völlig zugrunde gehen.
Se ruiner - Aller au diable.
Arruinarse - ir a pique.
Andare in malora.

## RACKET

**To kick up a racket.**
Auf die Pauke hauen - ein Spektakel veranstalten - Lärm (Krach) schlagen - Wirbel (Radau) machen.
Faire du boucan.
Armar jaleo.
Fare un baccano d'inferno.

## RACKING

**A racking pain.**
Ein rasender Schmerz.
Une douleur vive.
Un dolor desgarrador.
Un dolore tremendo.

## RACY

**He has a racy style.**
Er hat einen rassigen Stil.
Il a un style enjoué.
Su estilo tiene mucho brío.
Ha uno stile brioso.

## RAG

**We always rag him.**
Wir nehmen ihn immer auf den Arm – Wir ziehen ihn immer auf.
Nous nous moquons toujours de lui.
Nos burlamos de él – le tomamos el pelo continuamente.
Lo prendiamo sempre in giro (per il naso).

## RAGE

**These maxi-dresses are all the rage.** 16
Diese Maxi-Kleider sind jetzt die große Mode.
Ces maxi-vêtements sont le dernier cri.
Estas maxifaldas están muy en boga.
Questi maxi-vestiti sono di gran moda.

**To get into a rage.**
In Wut geraten.
Se mettre dans une rage folle.
Ponerse furioso.
Montare su tutte le furie.

## RAILS

**To go off the rails.**
Aus dem Geleise kommen – durcheinander sein.
Dérailler – Ne pas bien aller – Avoir une dépression nerveuse.
No estar muy bien – Tener una crisis nerviosa.
Non stare bene – Avere un esaurimento.

## RAIN

**It never rains but it pours.** 478
Ein Unglück kommt selten allein.
Un malheur ne vient jamais seul.
Las desgracias nunca vienen solas.
Le disgrazie non vengono mai sole.

**It's raining cats and dogs.**
Es schüttet wie aus Eimern – Es gießt in Strömen.
Il pleut des cordes – Il pleut à verse.
Llueve a cántaros.
Piove a catinelle.

## RAINY

**To put away for a rainy day.**
Für schlechte Zeiten sparen - aus Vorsorge Geld zurücklegen - für Notzeiten Geld auf die hohe Kante legen.
Economiser par prudence.
Ahorrar para cuando lleguen las vacas flacas.
Risparmiare in previsione di giorni peggiori.

## RAISE

**To raise a family.**
Eine Familie gründen.
Elever (maintenir) une famille.
Levantar una familia.
Metter su famiglia.

## RAKE

**As thin as a rake.**
Dünn wie eine Latte - steckendünn.
Maigre comme un clou.
Hecho un fideo - muy flaco.
Magro come un chiodo (come un grissino).

**I'll have to rake up some cash.**
Ich werde etwas Geld auftreiben müssen - Ich muss ein bisschen Geld zusammenkratzen.
Je devrai ramasser par-ci par-là un peu d'argent.
Tengo que juntar un poco de dinero.
Dovrò raggranellare un po' di denaro.

## RAM

**To ram something down somebody's throat.**
Jemandem etwas aufzwingen.
Faire avaler des couleuvres à quelqu'un.
Hacerle tragar una papa a alguien.
Far inghiottire un rospo a qualcuno.

## RAMROD

**As stiff as a ramrod.**
Steif wie ein Stock.

Très raide - Très rigide.
Tieso como un garrote.
Molto rigido.

## RANDOM

**At random.**
Aufs Geratewohl - auf gut Glück - blindlings - zufällig.
Par hasard.
Por casualidad - Al azar - A la aventura.
A casaccio - A caso.

## RANK

**To rise from the rank.**
Von der Pike auf dienen.
Sortir des rangs.
Venir de la nada.
Venire dalla gavetta.

## RANSOM

**A king's ransom.**
Eine Riesensumme - ein königliches Lösegeld.
Une grosse somme.
Un montón de dinero.
Una grossa somma.

## RAP

**To take the rap.**
(Zu einer Strafe) verdonnert werden.
Endosser la faute.
Atribuirse la culpa.
Addossarsi la colpa.

## RAPID

**As rapid as lightning.**
Schnell wie der Blitz - blitzschnell.
Rapide comme l'éclair.
Rápido como una centella.
Veloce come un fulmine.

## RAT

**To smell a rat.**
Lunte (den Braten) riechen.
Suspecter un piège - Flairer un piège.
Sospechar - Oler a chamusquina - Haber gato encerrado.
Sospettare un tranello.

**He looked like a drowned rat.**
Er war pudelnass (patschnass).
Il était trempé jusqu'aux os.
Empapado - mojado hasta los huesos.
Era bagnato come un pulcino (fino alle ossa).

## RATTLED

**To be rattled.**
Nervös sein - verärgert sein.
Etre en colère - Etre effrayé.
Estar enfadado - cabreado.
Essere arrabbiato.

## RAW

**In the raw.**
Splitternackt.
Nu comme un ver.
Desnudo - En cueros.
Nudo.

## RAZOR

**To be on a razor's edge.**
Auf des Messers Schneide stehen.
Etre sur la corde raide.
Caminar sobre la cuerda floja.
Camminare sul filo del rasoio.

## RAZZLE

**To go on the razzle.**
Sich toll amüsieren.
Se laisser aller à la joie.
Darse la buena vida - Andar de francachela.
Darsi alla pazza gioia.

## READ

**A well-read man.**
Ein sehr belesener Mann – ein gebildeter (bewanderter) Mann.
Un homme cultivé.
Un hombre culto – un hombre instruído.
Un uomo colto.

## REAL

**This is the real thing!**
Das ist das einzig Wahre!
C'est vraiment ce qu'il faut!
¡Esto es lo que hace falta!
Questo è proprio quello che ci vuole!

## REAP

**He that sows the wind will reap the whirlwind.**
Wer Wind sät, wird Sturm ernten.
Qui sème le vent récolte la tempête.
Quien no siembra no recoge – Quien siembra vientos recoge tempestades.
Chi semina vento raccoglie tempesta.

**One sows while another reaps.**
Die einen säen, und die anderen ernten.
L'un sème, l'autre récolte.
Hay quien siembra y quien cosecha.
C'è chi semina e c'è chi raccoglie.

## REASON

**It stands to reason!**
Es ist klar! – Es leuchtet ein! – Es ist einleuchtend!
C'est évident!
¡Claro! – ¡Es evidente!
È ovvio!

**Without rhyme or reason.**
Ohne Sinn und Verstand – ohne Grund.
Sans rime ni raison.
Sin ninguna razón.
Senza motivo.

HE MAKES ME
SEE RED
OLÉ OLÉ

## RECKONING

**Short reckonings make long friends.**
Glatte Rechnung, gute Freunde.
Les bons comptes font les bons amis.
Entre dos amigos, un notario y dos testigos.
Patti chiari, amicizia lunga.

## RECORD

**It's off the record.**
Es ist inoffiziell.
Ce n'est pas officiel – C'est officieux.
No es oficial.
Non è ufficiale – È ufficioso.

## RED

**To paint the town red.** 453
Auf die Pauke hauen – die Gegend unsicher machen.
Faire bombance – Faire la noce.
Estar – ir de juerga.
Far baldoria.

**To see red.** 503
Rot sehen.
Etre très en colère – Voir rouge.
Estar enfurecido – Montar en cólera – Verlo todo negro.
Essere molto arrabbiato – Vedere rosso.

**They're in the red.**
Sie sind in den roten Zahlen – Sie haben das Konto überzogen.
Ils ont le compte à découvert.
Están en números rojos.
Hanno il conto scoperto – Sono in rosso.

**A red-letter day.**
Ein Festtag – ein Freudentag – ein Glückstag.
Un jour important.
Un día importante.
Un giorno importante.

**The burglar was caught red-handed.**
Der Einbrecher wurde auf frischer Tat ertappt.

Le voleur fut pris en flagrant délit.
El ladrón fue cogido con las manos en la masa.
Lo scassinatore fu colto in flagrante (fu preso con le mani nel sacco).

**To draw a red herring across the path.**
Ein Ablenkungsmanöver durchführen.
Détourner l'attention de quelque chose.
Distraer la atención sobre algo.
Distrarre l'attenzione da una cosa.

**Red-tape.**
Bürokratisch.
Bureaucratie pédante et minutieuse.
Burocracia pedante y minuciosa.
Burocrazia pedante e minuziosa.

**As red as blood.**
Rot wie Blut - blutrot.
Rouge feu.
Rojo como la sangre.
Rosso come il sangue.

**As red as a cherry.**
Rot wie eine Kirsche - kirschrot.
Rouge comme une cerise.
Rojo como una cereza.
Rosso come una ciliegia.

**As red as fire.**
Feuerrot.
Très rouge.
Rojo como un tomate.
Rosso come il fuoco.

**As red as a rose.**
Rosenrot.
Très rouge.
Muy rojo.
Molto rosso.

## REEK

**He reeks of beer.**
Er riecht (stinkt) nach Bier.
Il pue la bière.
Huele a cerveza.
Puzza di birra.

## REFRESHER

**A refresher course.**
Auffrischungskurs - Wiederholungskurs.
Stage de formation (de perfectionnement, de recyclage).
Un curso de repaso, reciclage.
Un corso di aggiornamento.

## REGULAR

**A regular rascal.**
Ein richtiger Schuft (Schurke, Halunke) - ein richtiger Spitzbube (Gauner).
Chenapan - Vaurien.
Un pícaro - un bribón.
Un vero furfante.

**A regular humbug.**
Ein richtiggehender Schwindler (Betrüger).
Un goujat - Un grand bavard - Un embrouilleur.
Un perfecto granuja.
Un perfetto cialtrone.

**As regular as clockwork.**
Wie ein Uhrwerk - Danach kann man die Uhr stellen.
Précis comme une horloge.
Preciso como un reloj.
Molto regolare - Preciso come un orologio.

## REIN

**Mrs Brown keeps a tight rein on her son.**
Frau Brown hat ihren Sohn fest an der Kandare (fest in der Hand, fest an den Zügeln) - Frau Brown hält ihren Sohn fest im Zaum.
Madame Brown tient en bride son fils - Madame Brown fait filer droit son fils.

La señora Brown lleva a su hijo a raya.
La signora Brown tiene a freno suo figlio.

**To give rein to one's imagination.**
Seiner Fantasie freien Lauf lassen.
Donner libre cours à la fantaisie.
Dar rienda suelta a la imaginación.
Dare libero corso alla propria fantasia.

## RELIEVE

**A thief relieved him of his wallet.**
Ein Dieb stahl ihm seine Brieftasche – Ein Dieb erleichterte ihn um seine Brieftasche.
Un voleur lui faucha son portefeuille.
Un ladrón le quitó – robó la cartera.
Un ladro lo alleggerì del portafogli.

**I felt relieved.**
Ich fühlte mich erleichtert (beruhigt).
J'ai éprouvé un soulagement.
He notado alivio.
Ho provato un senso di sollievo – Mi sentii sollevato.

**To relieve one's feelings.**
Seinen Gefühlen Luft machen – seinen Gefühlen freien Lauf lassen.
Se défouler – Se confier – Ouvrir son coeur.
Desahogarse.
Sfogarsi.

## RELISH

**I don't relish the idea of going now.**
Ich bin nicht gerade begeistert davon, jetzt zu gehen.
Je ne crois pas que ce soit le bon moment pour y aller.
No me agrada ir en este momento.
Non mi alletta l'idea di andare ora.

## REPAIR

**In bad repair.**
In schlechtem Zustand.
En mauvais état.

En mal estado.
In cattivo stato.

**In good repair.**
In gutem Zustand.
En bon état.
En buen estado.
In buono stato.

## REPORTS

**Idle reports.**
Leeres Geschwätz.
Bruits sans fondements.
Voces infundadas.
Voci infondate.

## REST

**To rest on one's laurels.**
Sich auf seinen Lorbeeren ausruhen.
Dormir sur ses lauriers.
Dormirse en los laureles.
Dormire sugli allori.

**To lose one's nights rest.**
Seine Nachtruhe (seinen Schlaf) verlieren – die Nacht schlaflos verbringen.
Perdre le sommeil.
Perder el sueño – No pegar ojo.
Passare la notte in bianco.

## RETIRE

**To retire from the world.**
Ins Kloster gehen – sich von der Welt zurückziehen.
Entrer au couvent.
Retirarse – Alejarse del mundo – Enclaustrarse.
Entrare in convento.

**To retire into oneself.**
Sich verschließen.
Se replier sur soi-même.

Encerrarse en uno mismo.
Chiudersi in sé.

## RETURN

**Happy returns of the day!**
Herzlichen Glückwunsch zum Geburstag!
Tous mes voeux!
¡Muchas felicitaciones! – ¡Enhorabuena!
Tanti auguri! – Cento di questi giorni!

## RICH

**As rich as Croesus.**
Reich wie ein Krösus – steinreich.
Riche comme Crésus.
Muy rico.
Ricco come un nababbo – Ricco sfondato.

**As rich as a Jew.**
Sehr reich.
Très riche.
Muy rico.
Molto ricco.

## RID

**To get rid of ...**
Sich befreien von ... – jemanden (etwas) loswerden.
Se libérer de ...
Liberarse de ... – Deshacerse de ...
Liberarsi di ... – Sbarazzarsi di ...

## RIDDANCE

**Good riddance to bad rubbish.**
Ein vorteilhafter Verlust.
Une perte avantageuse.
Mejor perderlo que encontrarle.
Meglio perderlo che trovarlo.

## RIDDLE

**To speak in riddles.**
In Rätseln sprechen.
Parler de façon énigmatique - Parler à mots couverts.
Hablar enigmáticamente.
Parlare in modo enigmatico.

## RIDE

**To take somebody for a ride.**
Jemanden reinlegen - jemanden auf den Arm nehmen.
Se moquer de quelqu'un - Jouer un tour à quelqu'un.
Tomar a alguien por el pito del sereno.
Prendere in giro qualcuno - Ingannare qualcuno.

**To ride the high horse.**
Auf einem hohen Ross reiten.
Se donner de grands airs.
Darse aires de grandeza.
Darsi grandi arie.

## RIGHT

**Right-hand man.**
Rechte Hand - rechter Nebenmann.
Une aide précieuse - Le bras droit.
La mano derecha.
Aiutante prezioso - Braccio destro.

**The right man in the right place.**
Der richtige Mann am richtigen Platz.
L'homme qu'il faut.
El hombre que hace falta.
L'uomo giusto al giusto posto.

**To be in one's right mind.**
Bei vollem Verstand sein.
Etre sain d'esprit.
Estar en sus cabales.
Essere sano di mente.

**As right as rain!**
Ganz richtig! - Korrekt! - In Ordnung!
Très juste!

¡Claro! - ¡Justo!
Giustissimo!

**Right you are!**
Richtig! - Jawohl!
Ça va!
¡Está bien! - ¡Muy bien!
Va bene!

## RING

**There was a ring of sincerity in the speech.**
Da war ein Klang von Aufrichtigkeit in dem Gespräch.
Il y avait un accent de sincérité dans ses paroles.
Hay un ápice de sinceridad en lo que dice.
C'era un accento di sincerità nel discorso.

**To give someone a ring.** 512
Jemanden anrufen.
Passer un coup de fil à quelqu'un.
Llamar por teléfono a una persona.
Dare a qualcuno un colpo di telefono.

## RINGS

**To have rings under one's eyes.**
Ringe unter den Augen haben.
Avoir les yeux cernés - Avoir des poches sous les yeux.
Tener ojeras.
Avere gli occhi cerchiati - Avere le borse sotto gli occhi.

## RIPE

**As ripe as a cherry.**
Reif (wie eine rote Kirsche) - ausgereift.
Très mûr.
Estar maduro.
Molto maturo.

## RIPPING

**To have a ripping good time.**
Sich prima amüsieren.
S'amuser follement.

I'LL GIVE YOU A RING THIS AFTERNOON
A GOLDSMITH – JEWELLERS

Pasar un buen rato.
Divertirsi un mondo.

## RISE

**To give rise to ...**
Verursachen - hervorrufen - erregen.
Faire naître ...
Dar lugar - origen a algo - Promover.
Far nascere ...

**To give rise to the occasion.**
Sich der Lage gewachsen zeigen.
Etre à la hauteur de la situation.
Estar a la altura de la situación.
Essere all'altezza della situazione.

## RIVET

**To rivet one's attention upon something.**
Seine Aufmerksamkeit auf etwas richten.
River son attention sur quelque chose.
Fijarse en algo.
Fissare la propria attenzione su qualcosa.

## ROAR

**To roar with laughter.**
Vor Lachen brüllen.
Se tordre de rire - Se bidonner.
Morirse de la risa.
Sbellicarsi dalle risa.

## ROBBERY

**Daylight robbery!**
Ein guter Fang! - Ein Fang, der sich sehen lassen kann!
C'est bel et bien un vol!
Un buen atraco.
Un furto bell'e buono!

## ROCK

**To reach rock-bottom.**
Einer Sache auf den Grund gehen.
Toucher le fond.
Tocar el fondo.
Toccare il fondo.

## ROCKER

**He's off his rocker!**
Er ist übergeschnappt (verrückt).
Il est fou!
Está loco de amarrar - de remate.
È matto da legare!

## ROCKS

**To run upon the rocks.**
Auf eine Serie von Schwierigkeiten stoßen.
Rencontrer de sérieuses difficultés.
Encontrar grandes dificultades.
Incontrare serie difficoltà.

**To be on the rocks.**
Pleite sein - in Geldnot sein.
Etre sur la paille - Etre fauché.
Estar mal de dinero - Estar pelado.
Essere al verde.

**On the rocks.**
Mit Eis - On the rocks.
Avec des glaçons.
Con hielo.
Con ghiaccio.

## ROD

**Spare the rod and spoil the child.**
Wer die Rute spart, verzieht das Kind.
Le médecin qui a pitié ne guérit pas la plaie - Il faut savoir être sévère - La pitié n'est pas le meilleur remède.
La compasión no es el mejor remedio.
Il medico pietoso fa la piaga cancrenosa.

**To make a rod for one's own back.**
Sich die Rute selber flechten – Sich selbst ins Unglück stürzen.
Chercher des ennuis.
Buscarse problemas.
Andare in cerca di guai.

## ROLL

**To roll up.**
Aufkreuzen – Auftauchen.
Arriver par hasard.
Llegar por casualidad.
Capitare per caso (in un luogo).

## ROLLING

**To be rolling in money.**
In Geld schwimmen.
Rouler sur l'or – Ramasser l'argent à la pelle.
Nadar en la abundancia.
Far soldi a palate – Nuotare nell'oro.

**A rolling stone gathers no moss.**
Ein rollender Stein setzt kein Moos an.
Pierre qui roule n'amasse pas mousse.
Piedra movediza nunca moho la cobija.
Chi tenta troppe vie non raggiunge nessuna meta.

## ROLLS

**They are going to strike his name off the rolls.**
Sie sind im Begriff, seinen Namen von der Liste zu streichen.
Ils retirent son nom du tableau – Ils le rayent du tableau.
Su nombre va a ser eliminado del tablón.
Hanno intenzione di cancellare il suo nome dall'albo.

## ROME

**Rome was not built in a day.**
Rom wurde nicht an einem Tag erbaut.
Rome ne s'est pas faite en un jour.
Roma no fue construida en un día.
Roma non fu fatta in un giorno.

**When in Rome, do as the Romans do.**
Mit den Wölfen heulen - sich fremden Sitten anpassen.
Lorsque tu vas à Rome, fais comme les Romains.
Cuando a Roma fueres, haz lo que vieres.
A Roma comportati come i romani.

## ROMP

**To romp home.**
Leicht gewinnen.
Gagner avec facilité.
Ganar con facilidad.
Vincere con facilità.

## ROOF

**The roof of heaven.**
Himmelsgewölbe - Himmelszelt - Firmament.
La voûte du ciel.
El techo del cielo - El firmamento.
La volta del cielo.

**To raise the roof.**
Krach schlagen.
Faire le diable à quatre.
Levantar - Remover todo.
Fare il diavolo a quattro.

## ROOM

**To make room.**
Platz machen.
Faire place.
Hacer espacio.
Fare posto.

**There is no room!**
Da ist kein Platz! - Es gibt keinen Platz! - Besetzt!
Il n'y a pas de place!
No hay más espacio.
Non c'è posto!

## ROOST

**To rule the roost.**
Das Regiment (Wort) führen – herrschen.
Faire la loi.
Ser un mandón – un mandamás.
Spadroneggiare.

**Curses come home to roost.**
Wer anderen eine Grube gräbt, fällt selbst hinein.
Les malédictions retombent sur la tête de ceux qui les envoient.
Las maldiciones recaen sobre la cabeza de quien las profiere.
Le maledizioni ricadono sul capo di chi le manda.

## ROOT

**To get at the root of the matter.**
Den Kern der Sache treffen.
Aller au fond des choses.
Ir hasta el fondo de un asunto.
Andare in fondo alla faccenda.

**To root out.**
Ausrotten – ausreißen.
Déraciner.
Desarraigar.
Sradicare.

## ROOTED

**He was rooted to the ground.**
Er stand wie angewurzelt da – Er war wie angewurzelt.
Il était cloué au sol.
Estaba como clavado al suelo.
Era inchiodato al suolo.

## ROPE

**The rope gave way.**
Das Seil gab nach – Das Seil lockerte sich.
La corde se cassa.
Se rompió la cuerda.
La corda si ruppe.

YOU'LL SOON GET TO KNOW THE ROPES

**To be at the end of one's rope.**
Mit seinem Latein (mit seiner Weisheit) am Ende sein.
Etre à bout de forces et de ressources.
Estar en las últimas.
Essere allo stremo delle forze.

**Give him enough rope and he'll hang himself!**
Er richtet sich selbst zugrunde.
Qu'il crée sa propre ruine!
Dale suficiente cuerda y se colgará a si mismo.
Che si rovini con le sue mani!

## ROPES

**To get to know the ropes.** 518
Er beginnt etwas von seiner Arbeit zu verstehen.
Connaître son métier.
Conocer bien el oficio.
Cominciare a conoscere il proprio mestiere.

**To teach someone the ropes.**
Jemandem die Kniffe beibringen.
Enseigner les ficelles d'un métier à quelqu'un.
Enseñarle a alguien el oficio.
Insegnare a qualcuno un mestiere.

**To learn the ropes.**
Sich einarbeiten.
Apprendre un métier.
Aprender un oficio.
Imparare un mestiere.

## ROSE

**It's no bed of roses!**
Es ist kein Honiglecken!
Ce n'est pas tout rose!
¡No es todo de color de rosa!
Non sono tutte rose!

**There's no rose without a thorn.**
Es gibt keine Rose ohne Dornen – Ohne Fleiß kein Preis.
Il n'y a pas de roses sans épines.

No hay rosas sin espinas.
Non c'è rosa senza spine.

**To see things through rose-coloured spectacles.**
Die Dinge durch eine rosarote Brille sehen.
Voir tout en rose.
Ver las cosas bajo un cristal de color de rosa.
Veder tutto roseo.

## ROT

**To talk rot.**
Unsinn reden – Quatsch reden.
Dire des bêtises.
Decir tonterías.
Dire sciocchezze.

**Tommy rot!**
Purer Blödsinn! – Quatsch!
Des sottises! – Balivernes!
¡Tonterías!
Fesserie!

## ROTTEN

**What rotten luck!**
So ein Pech!
Quelle malchance!
¡Qué mala suerte!
Che sfortuna!

## ROUGH

**To rough it.**
Einfach leben.
Vivre mal à l'aise.
Vivir una vida austera – vivir sin lujos.
Vivere in condizioni disagiate.

**One must learn to take the rough and the smooth.**
Man muss das Leben (die Dinge) nehmen, wie es ist (wie sie kommen).
Il faut prendre la vie comme elle vient.

Aceptar la vida - las cosas como vienen.
Bisogna prendere la vita come viene.

## ROUGH

**A rough diamond.**
Ein Mensch mit gutem Kern und rauer Schale.
Le bourru bienfaisant.
Un diamante en bruto.
Un burbero benefico.

**A rough customer.**
Ein Grobian - ein grober Kerl.
Un rustre.
Un palurdo - un hortera.
Uno zoticone.

## ROUND

**As round as a apple.**
Rund wie eine Kugel - kugelrund.
Rond comme une pomme.
Redondo como una pelota - esfera.
Tondo come una palla.

**As round as an ball.**
Rund wie ein Ball.
Rond comme un ballon.
Redondo como una pelota - esfera.
Tondo come una mela.

**As round as a globe.**
Kugelrund.
Très rond.
Muy redondo.
Molto rotondo.

**To round off something.**
Etwas abschließen.
Terminer quelque chose. Finir quelque chose.
Redondear una cosa.
Finire qualcosa.

**To get round the difficulty.** 523
Um Schwierigkeiten herumkommen – Schwierigkeiten umgehen.
Tourner la difficulté.
Esquivar un obstáculo.
Aggirare la difficoltà (l'ostacolo).

**To sleep round the clock.**
Rund um die Uhr schlafen – volle 24 Stunden schlafen.
Dormir douze heures de suite.
Dormir medio día.
Dormire dodici ore filate.

## ROUNDABOUT

**A roundabout phrase.**
Eine weitschweifige (umständliche) Redensart.
Un tour de phrase.
Un circunloquio – un rodeo.
Una circonlocuzione – Un giro di parole.

## RUB

**The teacher tried to rub in the lesson.**
Der Lehrer paukte (hämmerte) die Lektion ein.
Le maître essaya de faire entrer la leçon dans la tête des élèves.
El profesor trató de inculcar la lección en la cabeza de sus alumnos.
Il maestro cercò di far entrare la lezione in testa agli studenti.

**To rub somebody up the wrong way.** 524
Jemanden verstimmen (verschnupfen).
Irriter quelqu'un.
Llevarle a alguien la contraria.
Irritare qualcuno.

**To rub shoulders with somebody.**
Mit jemandem verkehren.
Avoir des rapports avec quelqu'un – Etre en rapport avec quelqu'un.
Tener relaciones con alguien.
Intrattenere rapporti con qualcuno.

YOU CAN'T GET ROUND ME, MISTER HARRIS
CHOCS

SAUNA and MASSAGE
DON'T RUB HIM UP THE WRONG WAY, FRED

**There's the rub!**
Das ist der wunde Punkt – Da liegt der Hase im Pfeffer.
C'est là la difficulté – Voilà le hic!
Ahí está la dificultad.
Qui sta la difficoltà!

## RUBBISH

**Good riddance to bad rubbish!**
Sei froh, dass du ihn los bist!
Il vaut mieux l'avoir en photo qu'en pension.
Mejor perderlo que encontrarlo.
Meglio perderlo che trovarlo!

## RUBY

**As red as a ruby.**
Rubinrot – so rot wie ein Rubin.
Rouge rubis.
Rojo como un tomate.
Rosso rubino.

## RULE

**As a rule.**
In der Regel.
C'est la règle.
Por lo general.
Di regola.

## RUM

**A rum fellow.**
Ein ulkiger (drolliger) Kerl.
Un type étrange.
Un tipo extravagante.
Un tipo strambo.

## RUMMAGE

**To rummage about.**
Herumwühlen – herumstöbern.
Mettre sens dessus dessous.

Revolverlo todo.
Mettere sottosopra.

## RUMOUR

**Rumour says ...**
Das Gerücht sagt ... – laut Gerücht ... – laut Gerede ...
Le bruit court que ...
Circulan rumores de que ...
Corre voce che ...

## RUMPUS

**To kick up a rumpus.**
Krawall (Spektakel) machen – einen Höllenlärm machen.
Faire le diable à quatre.
Armar un jaleo.
Fare il diavolo a quattro.

## RUN

**To run to earth.**
Etwas mit Mühe herausfinden (aufstöbern, erjagen).
Trouver après maintes recherches.
Encontrar algo después de mucho buscar.
Trovare dopo tante ricerche.

**To run up against a brick wall.**
Gegen eine Mauer anlaufen (rennen) – auf Widerstand stoßen.
Aller à l'encontre d'un inconvénient.
Ir contra corriente.
Andare incontro a un inconveniente.

**In the long run.**
Auf die Dauer – am Ende – schließlich.
A la longue.
A la larga.
A lungo andare.

**My blood ran cold.**
Das Blut erstarrt mir in den Adern – Das Herz bleibt mir stehen.
Mon sang se glaça.

Se me heló la sangre.
Mi si gelò il sangue nelle vene.

**To run in a car.**
Ein Auto einfahren.
Faire le rodage d'une voiture.
Hacerle el rodaje a un coche.
Fare il rodaggio di un'automobile.

**To run into ...** 528
Hineinlaufen - rennen in ... - fahren (rennen) gegen ... - zusammenstoßen - geraten in ...
Tomber sur ...
Tropezarse con alguien - Darse de bruces con ...
Imbattersi in ...

**Things must run their course.**
Man soll den Dingen ihren Lauf lassen.
Il faut que les choses suivent leur cours
Hay que dejar que las cosas sigan su curso.
Bisogna lasciare che le cose seguano il loro corso.

**It runs in our family.**
Es liegt in der Familie - Es liegt im Blut - Es ist erblich.
C'est une chose héréditaire.
Es una cuestión hereditaria.
È una cosa ereditaria.

**A run of bad luck.**
Eine Pechsträhne.
Une période de malchance.
Una mala racha.
Un periodo di sfortuna.

**To run riot.**
Sich austoben - Krawall machen (schlagen).
Faire le diable à quatre.
Armar un lío - Remover todo.
Fare il diavolo a quattro.

**To run short of ...**
Knapp sein an ...
Rester à court de ...

GUESS WHO I **RAN INTO** THIS MORNING?

YOU'RE A LITTLE BIT RUN-DOWN THAT'S ALL

Estar escasos de ...
Rimanere sprovvisto di ...

## RUN-DOWN

**To feel run-down.** 529
Ich bin erschöpft – Ich fühle mich abgespannt (abgearbeitet).
Se sentir à terre – Etre abattu.
Sentirse por los suelos.
Sentirsi a terra.

## RUSH

**To rush somebody off his feet.**
Jemanden zu einer Entscheidung zwingen.
Contraindre quelqu'un à prendre une décision hasardeuse.
Obligar a alguien a tomar una decisión apresurada.
Costringere qualcuno a prendere una decisione avventata.

**Rush hour.**
Hauptverkehrszeit.
Heure de pointe.
Horas punta.
Ora di punta.

## RUST

**Better wear out than rust out.**
Es ist besser, sich zu erschöpfen, als einzurosten.
Il vaut mieux être actif.
Mejor cansarse que oxidarse.
È meglio stancarsi che fare la ruggine.

## RUSTY

**My Spanish is a little rusty.**
Mein Spanisch ist etwas eingerostet.
Je suis un peu rouillé en espagnol.
En español me falta práctica – estroy un poco verde.
Sono un pò fuori esercizio in spagnolo.

## RUT

**To get into a rut.**
In einen Trott verfallen.
Etre esclave de la routine.
Ser esclavo de la rutina.
Essere schiavo della routine.

# S

## SACK

**To get the sack.**
Rausfliegen - an die Luft gesetzt werden.
Etre licencié.
Ser despedido - echado.
Essere licenziato

**To hit the sack.**
Sich langlegen - sich aufs Ohr legen.
Aller au lit.
Acostarse.
Andare a letto.

## SACKCLOTH

**Sackcloth and ashes.**
In Sack und Asche (gehen).
Faire pénitence - Crier misère.
Llorando miserias - Arrepentido.
Vestito di sacco e col capo cosparso di cenere - Pentito - Pianger miseria.

## SAD

**A sad dog.**
Ein arger Tunichtgut - ein mieser Hund.
Une canaille.
Un canalla.
Una canaglia.

## SADDLE

**To saddle the wrong horse.**
Die Schuld dem Falschen geben (zuschreiben).
Inculper l'innocent.
Culpar a un inocente.
Dar la colpa a chi è innocente.

**In the saddle.**
Fest im Sattel – im Amt – an der Macht.
Au pouvoir.
En el poder.
Al potere.

## SAFE

**It's safe to say.**
Man kann mit Sicherheit sagen – Man kann (ruhig) sagen.
On peut le dire sans avoir peur.
Puede decirse sin peligro de caer en contradicciones.
Si può dire senza timore di smentita.

**Safe bind, safe find.**
Erst schauen, dann vertrauen – Schaue, wem du traust – Vertraue nicht blind.
Méfiance est mère de sûreté.
Confiar es bueno, no confiar es mejor.
Fidarsi è bene, non fiarsi è meglio.

**They're safe and sound.**
Sie sind heil und gesund.
Ils sont sains et saufs.
Están sanos y salvos.
Sono sani e salvi.

## SAFETY

**There's safety in numbers.**
Einigkeit macht stark.
L'union fait la force.
La unión hace la fuerza.
L'unione fa la forza.

**To play for safety.**
Sicher gehen (wollen) – Risiken vermeiden.
Eviter tout risque.
Actuar con las espaldas cubiertas.
Evitare ogni rischio.

## SAID

**Easier sad than done.**
Leichter gesagt als getan.
Il y a loin de la coupe aux lèvres.
De lo dicho al hecho va un trecho.
Fra il dire ed il fare c'è di mezzo il mare.

**No sooner said the done.**
Schneller getan als gesagt – Gesagt, getan.
Aussitôt dit, aussitôt fait.
Dicho y hecho.
Detto e fatto.

## SAILING

**It's plain sailing.**
Es ist eine leichte Aufgabe.
C'est une tâche très ardue.
Es una tarea muy simple.
È un compito molto facile.

## SAILS

**To take the wind out of someone's sails.**
Jemandem den Wind aus den Segeln nehmen.
Rabaisser l'orgueil de quelqu'un – Rabaisser le caquet de quelqu'un.
Bajarle a alguien los humos.
Sgonfiare l'orgoglio di qualcuno.

## SAINT

**It would try the patience of a saint.**
Da verlöre auch ein Engel die Geduld.
Même un saint perdrait patience.
Haría perder la paciencia a un santo.
Farebbe perdere la pazienza anche a un santo.

## SAINTS

**Young saints old sinners.**
Anfangs Engel, später Bengel – Kleine Engel, große Bengel.
Saints quand ils sont jeunes, pécheurs quand ils sont vieux.

I SAID—
IT'S ENOUGH TO
TRY THE
PATIENCE
OF A SAINT

Santos de joven, pícaros de viejo.
Santi da giovani, peccatori da vecchi.

## SALAD

**In his salad days.**
In seinen wilden Jugendjahren.
Dans ses vertes années.
En la flor de la vida.
Negli anni della sua giovinezza.

## SALT

**As salt as brine.**
Sehr salzig.
Très salé.
Muy salado.
Molto salato.

**As salt as a herring.**
Salzig wie ein Hering.
Très salé.
Más salado que la salmuera.
Molto salato.

**To eat somebody's salt.**
Jemandes Brot essen.
Oter le pain de la bouche à quelqu'un.
Quitarle el pan de la boca alguien.
Mangiare il pane di qualcuno.

**You'll have to take that with a pinch of salt.**
Sie sollten das auch schweren Herzens hinnehmen.
Tu devras le prendre comme il est.
Tendrás que tomarlo como viene.
Dovrai prenderlo anche a malincuore.

## SANDS

**To plough the sands.**
Den Sand pflügen – Nutzloses tun.
Faire un travail inutile.
Predicar en el desierto.
Fare un lavoro inutile.

**The sands are runnig out.**
Die Tage sind gezählt - Wir sind am Ende.
Les choses touchent à leur fin.
Se está acabando - Estamos en las últimas.
Siamo agli sgoccioli.

## SAUCE

**Hunger is the best sauce.**
Hunger ist der beste Koch.
La faim est le meilleur assaisonnement.
A buen hambre no hay pan duro, ni falta salsa a ninguno.
La fame è il migliore dei condimenti.

**What's sauce for the goose is sauce for the gander.**
Was dem einen recht ist, ist dem anderen billig.
Ce qui est bon pour lui l'est aussi pour moi.
Lo que no mata engorda.
Quello che è buono per lui è buono anche per me.

## SAUNTER

**To saunter through life.**
Das Leben leicht nehmen - Das Leben auf die leichte Schulter nehmen.
Prendre la vie comme elle se présente.
Tomar la vida - las cosas como vienen.
Prendere la vita come viene.

## SAVE

**To save one's face.**
Das Gesicht wahren.
Sauver la face.
Guardar las apariencias.
Salvare la faccia.

## SAVES

**A stich in time saves nine.**
Gleich getan ist viel gespart.
Ne remets pas à demain ce que tu peux faire aujourd'hui.

No dejes para mañana lo que puedas hacer hoy.
Un punto in tempo ne risparmia cento – Chi ha tempo non aspetti tempo.

## SAWDUST

**He's just a bag of sawdust!**
Er ist aufgeblasen! – Er ist ein hohler Mensch!
C'est un ballon gonflé!
Es un farolero.
È un pallone gonfiato!

## SAY

**I say!**
Hör mal! – Sag mal! – Donnerwetter!
Dis un peu!
¡Es a Usted a quien me refiero!
Di' un pò!

**As much as to say ...**
Als ob er sagen wollte ...
Comme pour dire ...
Es un decir – Como quien dice.
Come per dire ...

**To have one's say.**
Seine Meinung äußern.
Dire la sienne.
Meter baza.
Dire la propria.

**To say no more!**
Sag nichts mehr! – Genug davon!
N'en parlons plus! – Ça suffit comme ça!
¡No se hable más!
Non ne parliamo più! – Basta così!

## SCALES

**To take away the scales from somebody's eyes.**
Jemandem die Augen öffnen.
Ouvrir les yeux à quelqu'un.

Abrirle los ojos a alguien.
Aprire gli occhi a qualcuno.

## SCAMPER

**To scamper away.**
Sich davonmachen.
Prendre ses jambes à son cou.
Largarse – Irse por pies.
Darsela a gambe.

## SCARCE

**To make oneself scarce.**
Sich rar machen – sich dünnmachen.
Se faire désirer – Filer en douce – Jouer la fille de l'air.
Hacerse esperar.
Svignarsela.

## SCATTER-BRAIN

**He's a scatter-brain!**
Er ist ein Wirrkopf!
C'est un écervelé!
¡Es un atolondrado!
È uno scervellato!

## SCENT

**He's off the scent.**
Er ist auf der falschen Fährte (Spur) – Er ist von der (richtigen) Spur abgekommen.
Il est sur une fausse piste.
Despistado – No está sobre la pista.
È su una falsa pista (fuori pista).

**To get scent of ...**
Eine Nase haben für ... – einen Spürsinn haben für ...
Avoir vent de quelque chose.
Barruntar – olerse algo.
Avere sentore di ...

## SCHOLAR

**He's no scholar.**
Er ist kein Gelehrter (Studierter) - Er hat wenig Bildung.
Il a peu d'instruction.
No tiene una buena formación.
Ha poca istruzione.

## SCOFF

**To scoff at ...**
Spotten über ...
Se moquer de ...
Mofarse de alguien.
Deridere.

## SCOOP

**To make a scoop.**
Einen Knüller (Scoop) landen — einen großen journalistischen Fang machen.
Faire un gros coup (journalistique).
Dar un notición.
Fare un colpo grosso (giornalistico).

## SCORE

**To pay off old scores.**
Eine alte Rechnung begleichen.
Régler les vieux comptes - Se venger.
Vengarse - Saldar viejas cuentas.
Regolare dei vecchi conti - Vendicarsi.

## SCORN

**To laugh to scorn.**
Verlachen - verspotten.
Mépriser - Se moquer de ...
Mofarse de ...
Deridere - Farsi beffe di ...

## SCOT

**To get off scot-free.**
Ungeschoren davonkommen - glücklich davonkommen.

Se la couler douce.
Escurrir el bulto.
Passarla liscia - Farla franca.

## SCRAPE

**To scrape through.**
Mit Ach und Krach durchkommen.
S'en tirer de justesse.
Echar adelante a duras penas.
Cavarsela per il rotto della cuffia.

**To get into a scrape.**
In Verlegenheit geraten - in die Klemme (Patsche) kommen.
Se fourrer dans un guêpier.
Meterse en un lío.
Cacciarsi in un guaio.

**To get out of a scrape.**
Sich aus der Klemme (Patsche) herausbringen - die Kurve kratzen.
Se sortir d'un ennui.
Salir de un apuro.
Cavarsi da un guaio.

**To scrape together.**
Zusammenkratzen.
Ramasser par-ci, par-là.
Espigar - Recoger (poco a poco).
Raggranellare.

**To scrape a living.** 542
Sich mühsam (durchs Leben) schlagen.
Vivoter - Gagner difficilement sa vie.
Ir tirando.
Guadagnarsi da vivere a stento.

## SCRATCH

**To start from scratch.**
Ganz von vorne anfangen - klein anfangen.
Commencer à zéro.
Empezar de cero - de la nada - desde el principio.
Cominciare da zero.

WE MANAGE TO SCRAPE A LIVING
SCRAPE
Thank you

HE HAS A SCREW LOOSE, NURSE
PSYCHIATRIST

## SCREAM

**To scream with laughter.**
Vor Lachen brüllen.
Se tordre de rire – Se bidonner.
Morirse de la risa.
Sbellicarsi dalle risa.

**It's a scream!**
Es ist zum Schreien (komisch)!
C'est une chose très drôle!
¡Es muy raro!
È una cosa buffissima!

## SCREW

**To have a screw loose.** 543
Eine Schraube locker haben – nicht ganz richtig sein.
Etre cinglé.
Faltarle a uno un tornillo.
Essere svitato.

**To screw up one's courage.**
All seinen Mut zusammennehmen.
Se donner du courage.
Hacer de tripas corazón.
Farsi animo.

**His head is screwed on the right way.**
Er ist in Ordnung.
Il a la tête sur les épaules.
Tiene la cabeza en su sitio.
Ha la testa sulle spalle.

## SCYLLA

**Between Scylla and Charybdis.**
Sich in Gefahr begeben.
Entre Charybde et Scylla.
Estar entre la espada y la pared.
Tra Scilla e Cariddi.

## SEA

**To be at sea.**
Schwimmen - ratlos sein - im Dunkeln tappen.
Ne savoir que faire.
No saber qué hacer - Estar empantanado.
Non sapere che fare - Essere in alto mare.

**Between the devil and the deep blue sea.**
Zwischen zwei Feuern - in auswegloser Lage - in der Zwickmühle.
Entre l'enclume et le marteau.
Entre la espada y la pared.
Fra l'incudine e il martello.

## SEAL

**To seal one's fate.**
Sein Schicksal besiegeln.
Signer son arrêt de mort.
Firmar su propia sentencia.
Firmare la propria condanna.

## SEARCH

**Search me!**
Keine Ahnung!
Allez savoir!
¡Que me registren!
Chi lo sa!

## SECOND

**To play second fiddle to somebody.**
Die zweite Geige spielen - in jemandes Schatten stehen.
Rester dans l'ombre de quelqu'un.
Estar bajo la sombra de alguien - Estar en segundo lugar.
Avere una parte di secondaria importanza.

**On second thoughts.**
Nach reiflicher Überlegung - wenn ich es mir recht überlege.
En y repensant bien ...
Pensándolo bien.
Ripensandoci bene ...

**To come off second best.**
Verlierer sein.
Avoir des dessous.
Salir perdiendo.
Avere la peggio.

## SECRET

**Keep it secret!**
Halt es geheim! – Behalt es für dich! – Schweig darüber!
Motus bouche cousue!
¡No digas nada! – ¡Boca cerrada!
Acqua in bocca!

## SEE

**To see into a millstone.**
Das Gras wachsen hören.
Etre perspicace.
Ser perspicaz.
Essere perspicace.

**To see through somebody.** 547
Jemanden durchschauen.
Lire dans les pensées de quelqu'un.
Adivinar lo que una perona piensa.
Scoprire i veri pensieri di qualuno.

**To see red.** 503
Rot sehen.
Voir rouge.
Enfurecerse.
Veder rosso.

**To see eye to eye with ...** 548
Übereinstimmen mit ...
Etre parfaitement d'accord avec ...
Estar completamente de acuerdo con ...
Essere in pieno accordo con ...

**I want to see how the cat jumps.**
Ich würde gerne sehen, wie der Hase läuft.
Je voudrais voir comment s'arrangent les choses.

DON'T THINK I CAN'T SEE THROUGH YOU, MR. HARRIS

WE DON'T SEE EYE TO EYE
MARRIAGE GUIDANCE COUNCIL

Quisiera saber dónde irán a parar las cosas.
Voglio vedere come si mettono le cose.

**I'll see you home.**
Ich werde Sie nach Hause begleiten (geleiten, bringen).
Je vous accompagnerai à la maison (chez vous).
Les acompañaré a casa.
Vi accompagnerò a casa.

## SEED

**To go to seed.**
Verwahrlosen - herunterkommen.
Aller à la ruine - S'abîmer - Se flétrir.
Ir a la ruina.
Andare in rovina - Sciuparsi.

## SEEDY

**To feel seedy.**
Sich mies (elend) fühlen.
Ne pas se sentir trop bien.
No sentirse muy bien.
Non sentirsi troppo bene.

## SEEP

**The news seeped out.**
Die Neuigkeiten sickerten durch.
La nouvelle s'est répandue.
Las noticias se propagaron por doquier.
La notizia è trapelata.

## SEETHE

**To seethe with anger.**
Vor Wut kochen.
Boullir de rage.
Encendérsele a alguien la sangre.
Bollire di rabbia.

## SEIZED

**Panic seized me.**
Mich ergriff Panik.
Il fut pris de panique.
Fui preso del pánico.
Fui preso dal panico.

## SELF-CENTRED

**Self-centred.**
Ichbezogen – egozentrisch.
Egocentrique.
Egocéntrico – Egoísta.
Egocentrico.

## SELF-CONSCIOUS

**Self-conscious.**
Befangen – gehemmt.
Timide.
Tímido.
Timido.

## SELF-CONTROL

**Self-control.**
Selbstbeherrschung.
Maîtrise de soi – Self-control.
Dominio de sí mismo.
Autocontrollo.

## SEND

**To send coals to Newcastle.**
Eulen nach Athen tragen.
Porter de l'eau à la rivière.
Llevar piedras al cerro.
Portar vasi a Samo.

**To send somebody packing.**
Jemanden zum Teufel schicken.
Envoyer quelqu'un au diable.
Mandar a alguien a paseo – a la porra.
Mandar qualcuno a farsi benedire.

## SEND-OFF

**I was given a good send-off.**
Ich wurde herzlich verabschiedet – Man bereitete mir einen herzlichen Abschied.
On fêta mon départ.
Me dieron una fiesta de despedida.
Fui festeggiato alla partenza.

## SENILE

**He's got senile decay.**
Er ist altersschwach geworden – Er leidet an Altersschwäche.
Il souffre de sénilité.
Se está poniendo chocho.
Soffre d'anzianità.

## SENSE

**To come to one's senses.**
In sich gehen – seinen Verstand befragen – zur Besinnung kommen – zur Vernunft (zu Verstand) kommen.
Reprendre ses sens.
Volver en sé – recobrar los sentidos.
Rientrare in sé – Rinvenire.

**To talk sense.**
Vernünftig reden.
Parler de façon sensée.
Hablar con sentido común.
Parlare assennatamente.

## SERIOUS

**Are you serious?**
Ist das Ihr Ernst? – Meinen Sie das im Ernst?
Vous parlez sérieusement?
¿Habla Usted en serio?
Dite sul serio?

## SERIOUSNESS

**In all seriousness!**
In vollem Ernst! – Mit aller Wichtigkeit!
Sérieusement!

¡En serio!
Sul serio!

## SERVANT

**Fire is a good servant but a bad master.**
Mit Feuer spielt man nicht.
On ne joue pas avec le feu.
Con el fuego no se juega.
Col fuoco non si scherza.

## SERVES

**That serves you right!**
Das geschieht dir recht!
C'est bien fait pour toi! – Que ça te serve de leçon!
¡Te está bien merecido!
Ti sta bene!

## SET

**To set one's heart on ...**
Sein Herz hängen an ...
Avoir une envie folle de ...
Tener muchas ganas de ...
Avere una gran voglia di ...

**A set of rascals.**
Ein Kreis von Gaunern – eine Gruppe von Schurken.
Une bande de vauriens (de voyous).
Una pandilla de granujas.
Una banda di furfanti.

**To set the Thames on fire.**
Das Pulver erfinden – Außergewöhnliches tun.
Faire une chose sensationnelle.
Hacer algo sensacional.
Fare una cosa sensazionale.

**To set one's teeth.**
Die Zähne zusammenbeißen.
Serrer les dents.
Apretar los dientes.
Serrare i denti.

**To set the fox to keep the geese.**
Den Bock zum Gärtner machen.
Faire entrer le loup dans la bergerie.
Meter el lobo en el redil.
Mettere il lupo nell'ovile.

**To set one's hand to the plough.**
Hand anlegen - eine Arbeit in Angriff nehmen.
Entreprendre un travail.
Emprender una empresa.
Intraprendere un lavoro - Mettersi all'opera.

**To set a stone rolling.**
Den Stein ins Rollen bringen.
Réveiller un nid de guêpes.
Meterse en un berenjenal.
Suscitare un vespaio.

**He set things going.**
Er hat die Dinge ins Laufen gebracht - Er hat die Sache in Gang (in Bewegung) gebracht.
Il a mis les choses en route.
Ha puesto las cosas en marcha.
Ha messo le cose in moto.

## SETTLE

**To settle on ...**
Sich entscheiden für ... - sich entschließen zu ... - sich jemandem oder etwas zuwenden.
Se décider pour ...
Decidirse por algo.
Decidersi per ...

**To settle an account.**
Eine Rechnung begleichen.
Régler les comptes.
Liquidar - saldar una cuenta.
Saldare un conto.

## SEVENTH

**In the seventh heaven.**
Im siebten Himmel.
Au septième ciel.
En el séptimo cielo.
Al settimo cielo.

## SHADE

**To throw into the shade.**
In den Schatten stellen.
Eclipser - Jeter de l'ombre sur ...
Dejar a la sombra.
Eclissare - Gettare ombra su ...

## SHADOW

**He's worn to a shadow.**
Er ist bis auf die Knochen abgemagert.
Il n'est plus qu'une ombre.
No es ni la sombra de lo que era.
È molto sciupato - È ridotto un'ombra.

## SHADY

**A shady character.**
Ein zwielichtiger (fragwürdiger) Charakter - ein verdächtiger Typ.
Un individu louche.
Una persona sospechosa.
Un tipo losco.

## SHAGGY

**A shaggy-dog story.**
Eine endlose Geschichte - ein Witz ohne echte Pointe.
Une blague qui finit en queue de poisson.
Un chiste sin fuste - un chiste paradógico.
Una barzelletta con finale paradossale.

## SHAKE

**To give somebody the shake off.**
Jemanden abwimmeln.
Se débarrasser de quelqu'un – Brouiller ses traces.
Librarse de alguien.
Sbarazzarsi di qualcuno – Seminare qualcuno – Far perdere le proprie tracce.

**Shake a leg!** 556
Rühr dich! – Beweg dich! – Beeil dich! – Tempo!
Dépêche-toi!
¡Muévete! – ¡Date prisa!
Sbrigati!

## SHALLOW

**Shallow-brained!**
Seicht – hohlköpfig – Hohlkopf!
Ecervelé!
Memo – Atolondrado.
Scervellato!

## SHAMBLES

**What a shambles!**
Welch Schlachtfeld! – Welch wüstes Durcheinander!
Quel désordre!
¡Qué desorden! – ¡Qué lío!
Che disordine!

## SHAME

**For shame!**
Pfui, schäm dich!
Quelle honte!
¿No te da vergüenza?
Che vergogna!

## SHANK

**To go on Shank's pony.**
Auf Schusters Rappen reiten.
Aller à pied.

IT'S TIME TO
SHAKE A LEG
MR. JOHNSON
WARD 3

Coger el coche de San Fernando un »ratico« a pie y otro »ratico« andando.
Andare a piedi – Andare col cavallo di San Francesco.

## SHARE

**The lion's share.**
Der Löwenanteil.
La part du lion.
La parte del león.
La parte del leone.

**To take more than one's fair share.**
Mehr nehmen, als einem zusteht.
Se servir grassement (copieusement).
Tomar más de lo que a uno le toca – Servirse copiosamente.
Prendere più di quanto spetta.

**Share and share alike.**
Zu gleichen Teilen – halb und halb.
Partage équitable.
Justa repartición.
Equa spartizione.

**To share with ...**
Teilen mit ...
Partager avec ...
Compartir con ...
Condividere – Dividere con ...

## SHARP

**As sharp as a needle.**
Höchst intelligent – auf Draht sein.
Très aigu.
Afilado como un cuchillo.
Molto acuto (perspicace).

**As sharp as a razor.**
Scharf wie ein Messer.
Coupant comme une lame de rasoir.
Cortante como una navaja.
Tagliente come un rasoio.

## SHAVE

**To have a close shave.** 559
Mit knapper Not davonkommen.
L'échapper belle.
Salvar el pellejo – librarse por un pelo.
Scamparla bella.

## SHED

**To shed light on something.**
Etwas ins Licht rücken – etwas ans Licht holen – etwas enthüllen – Licht auf eine Sache werfen.
Faire la lumière sur quelque chose.
Arrojar una luz sobre algo.
Gettar luce su qualcosa.

## SHEEP

**The sheep and the goats.**
Die Guten und die Bösen – die Schafe und die Böcke.
Les bons et les méchants.
Los malos y los buenos.
I buoni e i cattivi.

**A wolf in sheep's clothing.**
Ein Wolf im Schafspelz.
Le loup même déguisé en agneau reste toujours loup – Chassez le naturel, il revient au galop.
Un lobo vestido de oveja.
Un lupo in veste d'agnello.

**A black sheep.**
Ein schwarzes Schaf.
Une brebis galeuse.
La oveja negra de la familia.
Una pecora nera.

## SHELF

**To be left on the shelf.** 560
Mauerblümchen sein.
Etre tenu à l'écart.
Dar de lado – Dejar a un lado.
Essere lasciato in disparte – Fare da tapezzeria.

I'VE JUST HAD A CLOSE SHAVE!
MENS HAIRDRESSER

EMILY WAS
LEFT ON
THE SHELF

## SHELL

**He's an empty shell.**
Er ist ein Dummkopf – Er ist eine hohle Nuss.
C'est une tête vide.
Es un cabezahueca – Tiene serrín en la cabeza.
Ha la testa vuota.

**To go into one's shell.**
Sich in sich zurückziehen – sich verschließen.
Se refermer dans sa coquille.
Encerrarse en una torre de marfil.
Chiudersi nel proprio guscio.

**As easy as shelling peas.**
Sehr leicht – kinderleicht.
Très facile – Simple comme bonjour.
Un juego de niños.
Molto facile – Facile come bere un bicchier d'acqua.

## SHIELD

**The other side of the shield.**
Die Kehrseite der Medaille (Sache, Geschichte).
Le revers de la médaille.
La otra cara de la moneda.
Il rovescio della medaglia.

## SHIFT

**To shift for oneself.**
Auf sich selbst gestellt sein – sich selbst helfen.
Faire par soi-même.
Hacerse – valerse por uno mismo.
Fare da sé.

**To make shift with something.**
Sich mit etwas behelfen.
Se contenter de quelque chose.
Contentarse con algo.
Accontentarsi di qualcosa.

## SHINDY

**To kick up a shindy.**
Einen tollen Lärm (Krach) veranstalten – Radau machen.
Faire un boucan du diable.
Armar bulla – jaleo.
Fare un baccano d'inferno.

## SHIP

**When my ship comes in.**
Wenn ich mein Glück mache – wenn ich das große Los ziehe.
Quand je ferai fortune.
Cuando sea rico.
Quando farò fortuna.

## SHIPSHAPE

**It's in shipshape order.**
Es ist in tadelloser Ordnung.
C'est tout en ordre.
Todo está en orden.
È tutto in ordine.

## SHIRT

**Keep your shirt on!**
Regen Sie sich nicht auf!
Ne vous mettez pas en colère!
¡No se enfade!
Stai calmo!

**Near is my shirt, but nearer is my skin.**
Die eigene Haut ist einem am nächsten – nur die eigene Haut retten wollen.
Rien ne m'importe plus que moi-même.
Ande yo caliente, ríase la gente – Pensar solo a uno mismo.
Niente m'importa più di me stesso.

## SHOCKING

**What shocking weather!**
Welch scheußliches Wetter! – Was für ein Hundewetter!
Quel sale temps!

¡Qué tiempo espantoso!
Che tempaccio!

## SHOES

**I'm glad I'm not in his shoes.** 564
Ich bin froh, dass ich nicht in seiner Haut stecke.
Je suis content de ne pas être dans sa peau – Je suis content de ne pas être à sa place.
Estoy contento de no estar en su lugar.
Sono contento di non essere nei suoi panni.

**That's another pair of shoes!**
Das sind zwei Paar Stiefel!
C'est tout autre chose! – C'est une autre pair de manches!
¡Esto es harina de otro costal!
È un altro paio di maniche!

**Where the shoe pinches.**
Wo der Schuh drückt.
C'est là que le bât le blesse.
Donde más duele.
Dove duole il dente.

## SHOP

**To talk shop.**
Geschäftlich sprechen.
Parler affaires.
Hablar de negocios.
Parlar d'affari.

**You're at the wrong shop.**
Sie sind an die falsche Adresse geraten – Sie haben sich in der Adresse geirrt.
Vous vous êtes trompés d'adresse.
Se han equivocado de dirección.
Avete sbagliato indirizzo.

## SHORT

**To cut in short.**
Es kurz machen – sich kurz (knapp) fassen – um es kurz zu machen.

I WOULDN'T LIKE TO BE IN YOUR SHOES
CIRCUS

Pour couper court.
En resumidas cuentas - Para abreviar.
Per farla breve.

**To make short work of ...**
Wenig Aufhebens machen von ... - sich kurzerhand entledigen von ... - etwas kurz und bündig machen.
Se débarrasser de ...
Terminar de inmediato - Desembarazarse de ...
Finirla subito - Sbarazzarsi di ...

## SHORTCOMINGS

**To have many shortcomings.**
Viele Unzulänglichkeiten besitzen - viele Fehler (Mängel) haben.
Avoir beaucoup de défauts.
Tener muchos defectos.
Avere molti difetti.

## SHOT

**To take a shot at ...**
Versuchen mit ...
Faire un essai (une tentative).
Tratar de ...
Fare un tentativo di ...

**To be off like a shot.**
Wie der Blitz verschwinden - sofort weg sein.
Disparaître en un éclair.
Desaparecer en un abrir y cerrar de ojos - en un santiamén.
Sparire in un lampo.

## SHOULDER

**To give somebody the cold shoulder.**
Jemandem die kalte Schulter zeigen.
Tourner le dos à quelqu'un.
Volver - dar la espalda a alguien.
Voltar le spalle a qualcuno.

**To shoulder one's way.**
Sich einen Weg bahnen.
Jouer des coudes.
Hacerse camino.
Farsi largo.

## SHOVE

**Let's shove off!**
Lasst uns abhauen! – Machen wir uns davon!
Allons-nous-en!
¡Vámonos!
Andiamocene!

## SHOW

**To show someone the ropes.** 567
Jemandem die Kniffe beibringen.
Enseigner les ficelles d'un métier à quelqu'un.
Enseñarle el oficio a alguien.
Insegnare a qualcuno un mestiere.

**To show one's teeth.**
Die Zähne zeigen.
Montrer les dents.
Enseñar los dientes.
Mostrare i denti.

**To show off.**
Protzen mit ... – sich hervontun mit ... – angeben.
Se vanter – Se faire voir.
Jactarse – Hacer ostentación de ... – Fanfarronear.
Vantarsi – Mettersi in mostra.

**To show the door to ...**
Jemandem die Tür weisen.
Mettre à la porte.
Enseñarle la puerta de la calle a alguien.
Mettere alla porta.

**To give the show away.**
Den ganzen Schwindel verraten – den Schleier lüften.
Révéler les tares (les défauts) de quelqu'un.

DON'T WORRY, I'LL SHOW YOU THE ROPES

Revelar los defectos de alguien.
Mostrare le magagne - Rivelare le manchevolezze di qualcuno.

## SHRED

**To tear to shreds.**
In Fetzen reißen - zerfetzen - etwas zerpflücken (zerreißen).
Réduire en morceaux.
Hacer padazos - Hacer trizas.
Fare a pezzi.

## SHRIFT

**To make short shrift of something.**
Kurzen Prozess mit etwas machen.
Traiter de façon expéditive.
Tratar algo expeditamente.
Trattare qualcosa in modo spiccio.

## SHRINK

**To shrink into oneself.**
Sich in sich zurückziehen - sich verschließen.
Se replier sur soi-même.
Encerrarse en sí mismo.
Chiudersi in sé.

## SHRUG

**To shrug one's shoulders.**
Die Achseln zucken.
Hausser les épaules.
Encogerse de hombros.
Alzare le spalle.

## SHUT

**Shut up!**
Halt den Mund! - Halt's Maul!
Tais-toi! - Arrête!
¡Cállate! - ¡Cierra el pico!
Sta' zitto! - Piantala!

## SICK

**I'm sick and tired of that!**
Ich habe es satt! – Es hängt mir zum Hals heraus!
J'en ai plus qu'assez!
Estoy hasta la coronilla.
Sono arcistufo di quello! – Ne ho fin sopra i capelli!

**To be sick at heart.**
Todunglücklich sein.
Avoir la mort dans l'âme.
Tener la muerte en el corazón.
Avere la morte nel cuore.

**To be sick of ...**
Überdrüssig sein – angewidert sein von ... – krank sein von ...
En avoir assez de ...
Estar harto de ... – cansado de ...
Essere stufo di ... – Averne abbastanza.

## SIDE

**To side with ...**
Es halten mit ... – Partei ergreifen für ...
Prendre le parti de ...
Estar de parte de ... – ser partidario de ...
Stare dalla parte di ...

**To look on the bright side of things.**
Die Dinge nur von der guten Seite betrachten – alles durch eine rosarote Brille sehen – alles rosarot sehen.
Voir tout en rose.
Mirar el lado positivo de las cosas.
Vedere l'aspetto positivo delle cose.

**To get out of bed on the wrong side.** 717
Mit dem linken (falschen) Fuß aufstehen.
Se lever du pied gauche.
Levantarse de mal humor – de malas.
Alzarsi di malumore – Alzarsi col piede sinistro.

## SIDEWAYS

**He looked at me sideways.**
Er betrachtete mich von der Seite - Er schaute mich schief an.
Il m'a regardé de travers.
Me ha mirado de reojo.
Mi ha guardato di traverso.

## SIEVE

**To have a memory like a sieve.**
Ein Gedächtnis wie ein Sieb haben.
Avoir une mémoire comme une passoire.
Tener mala memoria - Tener una cabeza de chorlito.
Essere smemorato - Avere la memoria come un colabrodo.

## SIGHT

**Out of sight out of mind.**
Aus den Augen, aus dem Sinn.
Loin des yeux, loin du coeur.
Ojos que no ven corazón que no siente.
Lontano dagli occhi, lontano dal cuore.

**A sight for sore eyes.** 571
Ein erfreulicher Anblick - eine Augenweide.
Une chose très agréable à voir.
Una cosa muy agradable de ver.
Una cosa molto gradita da vedere.

**To look a sight.**
Komisch (grässlich, verboten) aussehen.
S'habiller de façon ridicule.
Vestirse como un mamarracho.
Vestirsi in modo ridicolo.

## SIGHTED

**Far-sighted.**
Weitsichtig.
Clairvoyant.
Previsor.
Lungimirante.

NOW THAT'S A SIGHT FOR SORE EYES

## SILENCE

**Silent gives consent.**
Wer schweigt, scheint zuzustimmen – Schweigen bedeutet Zustimmung.
Qui ne dit mot consent.
Quien calla otorga.
Chi tace acconsente.

**Silence is golden.**
Schweigen ist Gold.
Le silence est d'or.
El silencio es oro.
Il silenzio è d'oro.

## SILENT

**As silent as the grave.**
Verschwiegen wie ein Grab.
Muet comme une tombe.
Callado como una tumba – piedra.
Muto come una tomba.

## SILK

**One cannot make a silk purse out of a son's ear.**
Man kann aus einem Kieselstein keinen Diamanten schleifen.
On ne peut tirer de l'huile d'un mur.
No se pueden pedir peras al olmo – No se puede sacar de donde no hay.
Non si può cavar sangue da una rapa.

## SILLY

**As silly as a goose.**
Albern (blöd) wie eine Gans.
Bête comme une oie.
Tonto – bobo.
Molto sciocco – Stupido come una capra (un'oca).

## SILVER

**Every cloud has a silver lining.**
Jedes Unglück hat auch sein Gutes – Jedes Unglück hat auch eine gute Seite – Jede dunkle Nacht hat ein helles Ende.
Chaque chose a du bon.
Todas las cosas tienen su lado bueno.
Ogni cosa ha il suo lato buono.

**To be born with a silver spoon in one's mouth.** 600
Mit einem goldenen Löffel im Mund geboren sein – ein Glückskind (Sonntagskind) sein.
Etre né coiffé.
Haber nacido con estrella.
Essere nato con la camicia.

## SINGE

**To singe one's feathers.**
Sich verbrennen – ins Fettnäpfchen treten – sich die Finger verbrennen.
Se brûler – Y laisser des plumes.
Dejar el pellejo.
Scottarsi – Lasciarci le penne.

## SINGING

**To have a singing in one's ears.**
Ohrensausen haben – jemandem klingen die Ohren.
Sentir siffler ses oreilles.
Silbarle – zumbarle a uno los oídos.
Sentirsi fischiare le orecchie.

## SINKER

**Hook, line and sinker.**
Ganz und gar – restlos.
Complètement – Entièrement.
Del todo – completamente.
Completamente – Del tutto.

## SIT

**To sit tight.**
Sich eisern behaupten – sich nicht beirren lassen.

Tenir bon.
Resistir a pie firme.
Tener duro.

## SIX

**To be at sixes and sevens.**
Ganz durcheinander sein – uneins (unrund) sein.
Etre bouleversé.
Estar todo patas arriba.
Essere sottosopra.

**It's six of one and a half a dozen of the other.**
Das ist gehüpft wie gesprungen.
C'est bonnet blanc et blanc bonnet.
Olivo y aceituno todo es uno.
Se non è zuppa è pan bagnato.

## SKATE

**He's skating on thin ice.**
Er bewegt sich auf dünnem Eis – Er läuft (befindet sich) auf unsicherem Boden.
Il marche sur du verre.
Está navegando por aguas peligrosas.
Cammina su terreno infido.

## SKIN

**To save one's skin.**
Seine Haut retten – mit heiler Haut davonkommen.
Sauver sa peau.
Salvar el pellejo.
Salvar la pelle.

**He's got a thick skin.**
Er hat eine dicke Haut – Er hat ein dickes Fell.
Il a la peau dure.
Tiene la piel curtida.
Ha la pelle dura.

**To escape by the skin of one's teeth.**
Mit knapper Not davonkommen (entkommen, entrinnen).
S'en sortir de justesse.

Salvarse por un pelo.
Uscirne per il rotto della cuffia.

**Don't get under my skin!**
Komm mir nicht zu nahe! – Ärgere mich nicht!
Ne m'ennuie pas!
¡No me molestes!
Non seccarmi!

**Beauty is only skin deep.**
Schönheit ist äußerlich – Schönheit ist nur oberflächlich – Es ist nicht alles Gold, was glänzt.
Tout ce qui brille n'est pas or.
No es oro todo lo que reluce.
Non è tutto oro quel che luccica.

**To have a thin skin.**
Zartbesaitet sein – feinfühlig sein.
Etre susceptible – Etre hypersensible.
Ser susceptible – Ser delicado.
Essere suscettibile – Essere ipersensibile.

## SKINNED

**To keep one's eyes skinned.**
Seine Augen offen halten.
Garder les yeux grands ouverts.
Tener los ojos abiertos.
Tener gli occhi ben aperti.

## SKITTLES

**Life is not all beer and skittles.**
Das Leben besteht nicht nur aus Vergnügen.
La vie n'est pas toujours rose.
La vida no es todo miel y rosas.
La vita non è tutta rose e fiori.

## SKY

**If the sky falls, we shall catch larks.**
Wenn der Himmel einstürzt, sind alle Spatzen tot.
A quelque chose malheur est bon.

No hay mal que por bien no venga.
Non tutto il male viene per nuocere.

## SLASH

**Prices were slashed at the sale.**
Im Ausverkauf gibt es Schleuderpreise.
Les prix ont subi des rabais considérables à la braderie.
Los precios han sufrido una fuerte baja en la venta.
I prezzi hanno subito tagli considerevoli alla svendita.

## SLATE

**He started with a clean slate.**
Er begann ganz von Neuem (von vorne).
Il a refait sa vie.
Ha comenzado una nueva vida.
Si è rifatto una vita - Ha ricominciato da capo.

## SLEEP

**To sleep like a log.**
Schlafen wie ein Murmeltier (Bär, Klotz).
Dormir comme un loir.
Dormir como un lirón - como un tronco.
Dormire come un ghiro.

**Not to have a wink of sleep.**
Kein Auge zutun.
Ne pas pouvoir fermer l'oeil.
No pegar ojo.
Non poter chiudere occhio.

**To sleep the clock round.**
Rund um die Uhr schlafen.
Dormir douze heures de suite.
Dormir medio día.
Dormire dodici ore filate.

**To lose one's night's sleep.**
Seine Nachtruhe (seinen Schlaf) verlieren.
Perdre le sommeil.
Perder el sueño.
Perdere il sonno.

## SLEEPING

**Let sleeping dogs lie.**
Schlafende Hunde soll man nicht wecken – Rühre nicht an alte Geschichten.
Ne réveillez pas le chat qui dort.
No hay que buscar tres pies al gato.
Non svegliare il can che dorme.

## SLEEVE

**He's got something up his sleeve.**
Er hat etwas auf Lager – Er führt etwas im Schilde.
Il a la bonne carte.
Tener una buena carta en la manga.
Ha un asso nella manica.

**To laugh up one's sleeve.**
Sich ins Fäustchen lachen.
Rire sous cape.
Reirse para sus adentros.
Ridere sotto i baffi.

## SLENDER

**As slender as a gossamer.**
Sehr zart und dünn – sehr schlank.
Très mince – Elancé.
Muy delgado – esbelto.
Molto snello – Molto sottile.

## SLICE

**I had a slice of bad luck.**
Ich hatte eine Portion Pech (ein bisschen Unglück).
J'ai eu un peu de malchance.
He tenido un poco de mala suerte – He tenido mala pata.
Ho avuto un po' di sfortuna.

## SLIDE

**To let things slide.** 579
Die Dinge laufen lassen.
Négliger les choses.

No hacer caso de algo – descuidar las cosas.
Trascurare le cose

## SLIP

**There's many a slip twixt the cup and the lip.**
Gesagt ist nicht gleich getan – Gesagt ist noch lange nicht getan.
Il y a loin de la coupe aux lèvres.
Del dicho al hecho va un trecho.
Tra il dire e il fare c'è di mezzo il mare.

**A slip of the tongue.**
Sich versprechen – ein Schnitzer – ein Lapsus.
Dire un mot à la place d'un autre – Un lapsus.
Decir una palabra por otra – Un lapsus.
Dire una parola per un'altra – Un lapsus.

**To give somebody the slip.**
Jemandem entwischen.
Semer quelqu'un en cours de route.
Darle a alguien esquinazo (por la calle).
Seminare qualcuno per la strada.

**To slip up.** 580
Einen Fehler machen – stolpern.
Se tromper.
Equivocarse.
Sbagliare.

## SLIPPERY

**As slippery as an eel.**
Aalglatt – gerissen – schlüpfrig (glitschig) wie ein Aal.
Répugnant – Visqueux.
Resbaladizo como una anguila.
Molto viscido – Sfuggente come un'anguilla.

**A slippery customer.** 581
Eine zweifelhafte Person.
Un type louche.
Una persona fullera.
Un tipo losco.

YOU'VE BEEN LETTING THINGS SLIDE LATELY, SMITH

GENTLEMEN, WE'VE SLIPPED UP SOMEWHERE
ACME ICE-CUBE Co

THAT EEL IS
A SLIPPERY CUSTOMER

## SLOW

**Slow and sure.**
Langsam, aber sicher – Eile mit Weile.
Qui veut aller loin ménage sa monture.
Lento pero seguro – Despacito y buena letra.
Chi va piano, va sano e va lontano.

## SLOWCOACH

**You're a slow-coach!**
Du bist ein Langweiler (Leimsieder)! – Du bist langweilig (wie eine Schnecke)!
Tu es un paresseux! – Tu es lambin!
¡Eres un lento! – ¡Eres el caballo del malo!
Sei un pigrone! – Sei un ritardatario.

## SLY

**On the sly.**
Insgeheim.
En cachette.
A escondidas.
Di nascosto – Alla chetichella.

## SMALL

**He made me feel small.**
Er hat mich erniedrigt.
Il m'a humilié.
Me ha humillado.
Mi ha umiliato.

**Small talk.**
Oberflächliche Konversation – Geplauder.
Conversation de salon.
Charla – Tertulia.
Conversazione da salotto.

**To sing small.**
Kleinlaut werden – klein beigeben.
Parler humblement.
Hablar humildemente.
Parlare umilmente.

I HAVEN'T GOT TIME FOR SMALL TALK, MISTER HARRIS
FINE ART MINITURES LTD

## SMART

**He's a smart Aleck.**
Er ist ein Neunmalkluger - Er ist ein Besserwisser.
C'est un présomptueux. - Un blanc-bec.
Es un engreído - un presuntuoso.
È un presuntuoso.

## SMELL

**To smell a rat.**
Den Braten (Lunte) riechen.
Flairer un coup.
Olerse una trampa - una estafa.
Fiutare un imbroglio.

## SMOKE

**Put that in your pipe and smoke it!** 468
Lass dir das gesagt sein!
Tiens, attrape!
¡Come y calla!
Prendi e porta a casa!

**There's no smoke without fire.**
Irgendetwas ist immer dran - Jedes Gerücht hat ein Fünkchen Wahrheit - ... kein Rauch ohne Feuer.
Il n'y a pas de fumée sans feu.
No hay humo sin fuego.
Non c'è fumo senza arrosto.

**From smoke into smother.**
Vom Regen in die Traufe (kommen).
Tomber de Charybde en Scylla.
Escapar del trueno y dar en el relámpago - De la olla a la sartén.
Dalla padella nella brace.

**To smoke like a chimney.**
Wie ein Schlot rauchen.
Fumer comme un pompier.
Fumar como una chimenea.
Fumare come un turco - come una ciminiera.

## SMOOTH

**As smooth as butter.**
Weich wie Butter.
Mou come du beurre.
Más suave que un guante.
Molto liscio.

**As smooth as oil.**
Reibungslos – wie geschmiert.
Très lisse.
Liso como la palma de la mano.
Liscio come l'olio.

**As smooth as glass.**
Spiegelglatt.
Très poli – Très lisse.
Liso.
Molto levigato – Molto liscio.

**As smooth as velvet.**
Weich wie Samt – samtweich.
Lisse comme du velours.
Suave como la seda.
Molto liscio – Liscio come la seta.

**To take the rough with the smooth.**
Das Leben nehmen, wie es ist.
Prendre le monde comme il vient.
Aceptar las cosas como vienen.
Prendere la vita come viene.

## SNEEZE

**It's not to be sneezed at!**
Es ist nicht zu verachten!
Ce n'est pas à dédaigner!
¡No es despreciable!
Non è da disprezzare! – Non prenderlo sottogamba!

## SNOOPER

**He's a snooper.**
Er ist ein Schnüffler.
C'est un fouinard.

Es un cuenta alubias - un oliscón.
È un ficcanaso.

## SNUG

**To be as snug as a bug in a rug.**
Wie die Made im Speck leben.
Etre comme un poisson dans l'eau.
Estar cómodo.
Stare comodissimo.

## SOAK

**To be soaked to the skin.**
Bis auf die Haut nass (durchnässt) sein - pudelnass sein.
Etre trempé jusqu'aux os.
Estar calado - mojado hasta los huesos - Estar hecho una sopa - Estar empapado.
Essere bagnato fradicio (fino alle ossa).

## SOB

**He gave me a sob story.**
Er erzählte mir eine rührselige Geschichte - Er drückte mir auf die Tränendrüse.
Il m'a raconté une histoire pathétique.
Me ha contado una triste historia.
Mi ha raccontato una storia patetica (strappalacrime).

## SOBER

**As sober as a judge.**
Sehr sachlich - sehr nüchtern.
Très solennel - Sérieux.
Muy serio - solemne.
Molto solenne - Serio.

## SOCKS

**Pull up your socks!**
Streng dich an! - Spuck dir in die Hände!
Retrousse tes manches! - Travaille!
¡Arremángate!
Rimboccati le maniche!

## SOFT

**As soft as butter.**
Weich wie Butter.
Mou comme du beurre.
Blando.
Molto molle – Soffice come il burro.

**As soft as down.**
Weich wie Flaum (Daunen) – daunenweich.
Doux comme du duvet.
Muy suave.
Molto morbido – Soffice come le piume.

**As soft as wax.**
Weich (gefügig) wie Wachs.
Très doux.
Muy suave.
Molto soffice.

**Soft-soap.**
Jemandem Honig um den Mund schmieren.
Adulation peu sincère.
Dorar la píldora.
Adulazione poco sincera.

## SON

**He's father's son!**
Wie der Vater, so der Sohn! – Er ist das Ebenbild seines Vaters – Er gleicht seinem Vater aufs Haar.
Il est bien le fils de son père!
¡Se ve que es hijo de su padre! – ¡De tal palo tal astilla!
È degno figlio di suo padre!

## SONG

**To sell something for a song.** 
Etwas für ein Butterbrot (einen Apfel und ein Ei) verkaufen.
Vendre quelque chose pour une bouchée de pain.
Vender algo por cuatro perras.
Vendere qualcosa per un'inezia (per niente).

**There's no need to make a song and dance about it.** 590
Er ist nicht nötig, deswegen ein Getue zu machen.
Il n'y a pas de quoi en faire un drame!
No hay que hacer de eso un drama.
Non c'è da farne una questione.

## SOON

**Least said soonest mended.**
Je weniger geredet wird, desto besser ist es - Reden ist Silber, Schweigen ist Gold.
Moins on en parle mieux ça vaut.
Cuanto menos se hable, mejor.
Meno se ne parla meglio è.

## SORE

**He's like a bear with a sore head.**
Er ist brummig (bärbeißig).
Il est d'une humeur exécrable! - Il s'est levé du pied gauche.
Está inaguantable (de humor).
È di pessimo umore.

**That's a sight for sore eyes.** 571
Das ist ein erfreulicher Anblick - Das ist eine Augenweide.
C'est très agréable à voir.
Es muy agradable de ver.
Ciò è molto piacevole da vedere - Fa bene alla vista.

## SOUL

**He had just enough money to keep body and soul together.**
Er hatte eben genug Geld zum Überleben.
Il avait à peine de quoi vivre.
Tenía apenas lo necesario para vivir.
Aveva appena di che vivere.

## SOUND

**As sound as a bell.**
Kerngesund.
Etre en parfaite santé.

HE SOLD IT FOR A SONG
SOLD
M. LANZA (Tenor)

C. SHARP
MUSIC
PUBLISHER
NO NEED TO MAKE
A SONG AND
DANCE ABOUT
IT

Sano como una manzana.
Sano come un pesce.

## SOUP

**To be in the soup.**
In der Tinte sitzen.
Etre frit - Etre fais - Etre cuit.
Estar perdido.
Essere bello fritto.

**A pea-souper.**
Dicker Nebel - eine Waschküche.
Temps très brumeux.
Hay niebla.
Tempo molto nebbioso.

## SOUR

**As sour as vinegar.**
Sehr bitter - sehr sauer - sehr herb.
Aigre comme du vinaigre.
Mas ácido que un limón.
Molto acido.

## SOW

**To sow one's wild oats.**
Sich austoben - sich die Hörner abstoßen.
Mener une vie de bâton de chaise.
Holgazanear - holgar.
Correre la cavallina.

**As a man sows, so shall he reap.**
Was man sät, wird man ernten - Wie die Saat, so die Ernte.
On récolte ce qu'on sème.
Uno siembra, otro recoge.
Chi semina raccoglie.

**He who sows the wind will reap the whirlwind.**
Wer Wind sät, wird Sturm ernten.
Qui sème le vent récolte la tempête.
El que siembra vientos - recoge tempestades.
Chi semina vento, raccoglie tempesta.

**As drunk as a sow.**
Sturzbetrunken - sternhagelvoll.
Soûl comme un Polonais.
Borracho como una cuba.
Molto ubriaco - Ubriaco fradicio.

**He got the wrong sow by the ear.**
Er zog falsche Schlüsse.
Il est arrivé à une conclusion erronée.
Ha llegado a una conclusión equivocada.
È giunto a una conclusione errata.

## SPADE

**To call a spade a spade.**
Das Kind beim (richtigen) Namen nennen.
Appeler un chat un chat.
Llamarle al pan pan y al vino vino.
Dare pane al pane e vino al vino.

## SPANNER

**To throw spanner into works.** 593
Jemandem einen Knüppel zwischen die Beine werfen - querschießen.
Mettre les bâtons dans les roues.
Poner la zancadilla - echar el pie al cuello.
Mettere un bastone fra le ruote.

## SPARE

**In one's spare time.**
In der Freizeit - in den Mußestunden.
Dans les loisirs.
Tiempo libre - de ocio.
Nel tempo libero.

**I've no time to spare!**
Ich habe keine Zeit (zu verlieren)!
Je n'ai pas de temps à perdre!
No tengo tiempo que perder - No me sobra el tiempo.
Non ho tempo da perdere!

MISTER JONES, HE THREW A SPANNER INTO THE WORKS
ATOMIC REACTOR
SHOP STEWARD

**Spare the rod and spoil the child.**
Wer die Rute spart, verzieht das Kind.
La pitié n'est pas toujours le meilleur remède - Il faut savoir être sévère.
La compasión no es el mejor remedio.
Il medico pietoso fa la piaga cancrenosa.

**To spare somebody's feelings.**
Jemandes Gefühle schonen.
Essayer de ne pas vexer quelqu'un.
Tratar de no ofender a nadie.
Cercare di non urtare la suscettibilità di qualcuno.

## SPARK

**A gay-spark.**
Ein flotter Kerl - ein Galan.
Faire le mirliflor(e).
Un galán - un rompecorazones.
Un bellimbusto.

## SPEAKING

**Not to be on speaking terms with somebody.**
Mit jemandem nicht (mehr) sprechen.
Ne pas être en bons termes avec quelqu'un.
No llevarse bien con alguien.
Non essere in buoni rapporti con qualcuno.

## SPECTACLES

**To see everything through rose-coloured spectacles.**
Alles durch eine rosarote Brille sehen.
Voir tout en rose.
Verlo todo bajo un cristal de color rosa.
Veder tutto rosa.

## SPEECH

**Speech is silver but silence is gold.**
Reden ist Silber, Schweigen ist Gold.
La parole est d'argent mais le silence est d'or.

Las palabras son de plata, pero el silencio es de oro.
La parola è d'argento ma il silenzio è d'oro – Chi parla, semina; chi tace, raccoglie.

## SPEED

**More haste less speed.**
Eile mit Weile.
Qui veut aller loin ménage sa monture.
Vísteme despacio que tengo prisa – despacito y buena letra.
Chi va piano, va sano e va lontano.

## SPELL

**We had a cold spell in April.**
Wir hatten im April eine Kältewelle (eine kalte Periode).
Nous avons eu une vague de froid en avril.
En abril tuvimos una ola de frío.
Abbiamo avuto un'ondata di fredo in aprile.

## SPEND

**To spend a penny.**
Auf die Toilette gehen.
Aller aux toilettes.
Ir al cuarto de baño.
Avere bisogno della toilette.

## SPICY

**A spicy story.**
Eine witzige (pikante) Geschichte.
Une histoire piquante.
Una historia picante – verde.
Una storia piccante.

## SPILL

**It's no use crying over spilt milk.** 402
Geschehen ist geschehen – hin ist hin.
La page est tournée.
¡A lo hecho pecho!
Non serve piangere sul latte versato.

## SPIN

**To go for a spin.**
Eine Spritztour machen – einen Ausflug machen.
Aller faire un tour en voiture.
Ir a dar una vuelta en coche.
Andare a fare un giro in macchina.

## SPITE

**To cut off one's nose to spite one's face.**
Sich ins eigene Fleisch schneiden.
Faire une méchanceté qui tourne à notre désavantage.
Echarse uno tierra encima.
Darsi la zappa sui piedi.

## SPLASH

**To make a splash.**
Aufsehen erregen – Furore machen.
Faire sensation.
Causar sensación.
Fare sensazione.

## SPLEEN

**To vent one's spleen.**
Seinem Ärger Luft machen – seine üble Laune auslassen an ...
Epancher sa mauvaise humeur.
Desahogar el malhumor.
Sfogare il proprio malumore.

## SPLIT

**To split one's sides with laughter.**
Sich kaputtlachen – sich halb tot lachen – sich schütteln vor Lachen – vor Lachen bersten.
Se tordre de rire – Se bidonner.
Morirse – desternillarse de la risa.
Sbellicarsi dalle risa.

**To split hairs.**
Haarspalterei treiben.

OLGA HAS MADE QUITE A SPLASH TODAY
HIGH DIVING CHAMPIONSHIPS
JUDGE

HIS CORNER HAS
THROWN IN
THE SPONGE
REF'

Regarder par le menu – Couper les cheveux en deux – Chercher la petite bête.
Pararse en pelillos.
Andare per il sottile – Cercare il pelo nell'uovo.

## SPOKE

**To put a spoke in somebody's wheel.**
Jemandem einen Knüppel zwischen die Beine werfen.
Mettre le bâton dans les roues à quelqu'un.
Ponerle a alguien la zancadilla.
Mettere il bastone fra le ruote a qualcuno.

## SPONGE

**To throw in the sponge.** 598
Es aufgeben – sich geschlagen geben – das Handtuch werfen.
Se rendre – Jeter l'éponge.
Rendirse.
Arrendersi – Gettare la spugna.

**To sponge a meal.**
Eine Mahlzeit erschnorren – eine Mahlzeit kostenlos ergattern.
Resquiller un repas.
Comer de gorra.
Scroccare un pasto.

## SPOON

**To be born with a silver spoon in one's mouth.** 600
Mit einem goldenen Löffel im Mund geboren sein – ein Glückskind ein.
Etre né coiffé.
Haber nacido con estrella.
Essere nato con la camicia.

## SPORT

**He's a good sport.**
Er ist ein echter Sportsmann – Er ist kein Spielverderber.
C'est un vrai sportif.
Es un buen deportista.
È un vero sportivo.

HE WAS
BORN WITH A
SILVER SPOON
IN HIS MOUTH

## SPORTING

**She was sporting a mink coat.**
Sie protzte (prahlte) mit einem Nerzmantel.
Elle arborait un manteau de vison.
Alardeaba de tener un abrigo de visón.
Sfoggiava una pellicia di visone.

## SPOT

**Spot on!**
Ausgezeichnet! – Vortrefflich!
Excellent!
¡Excelente!
Eccellente!

**On the spot.**
An Ort und Stelle – auf der Stelle – sofort.
Sur place.
En el sitio.
Sul posto.

**A spot of gin.**
Einen Schuss (Tropfen, Schluck) Gin.
Une goutte (une larme, un doigt) de gin.
Una gota de ginebra.
Una goccia di gin.

## SPUR

**On the spur of the moment.**
Der Eingebung des Augenblicks folgend – ohne Überlegung – spontan.
Sous l'implusion du moment.
Sin pensarlo – espontáneamente.
Così, sui due piedi.

## SQUARE

**On the square.**
Gutgläubig – ehrlich – anständig – in Ordnung.
Loyalement.
De buena fe.
Lealmente – In buona fede.

**To be square.** 603
Anständig (ehrlich) sein - quitt sein.
Etre quitte.
Estar en paz - no deber nada - Empatar.
Essere pari.

**A square peg in a round hole.**
Ein Mensch am falschen Platz.
Un poisson hors de l'eau.
Un pez fuera del agua.
Un pesce fuor d'acqua.

## STAKE

**His reputation is at stake.**
Sein guter Ruf (Name) steht auf dem Spiel.
Sa réputation est en jeu.
Su reputación está en juego.
È in gioco la sua reputazione.

## STALLING

**He's stalling for time.**
Er versucht, Zeit zu gewinnen - Er macht Ausflüchte, um Zeit zu schinden.
Il essaie de gagner du temps.
Está tratando de ganar tiempo.
Sta cercando di guadagnare tempo.

## STANDS

**It stands for reason.**
Es ist leicht zu verstehen.
C'est facile à comprendre.
Es fácil de comprender.
È facile da capire.

## STARCH

**To take the starch out of somebody.**
Jemandem den Mut (die Courage) nehmen.
Démonter quelqu'un.
Desanimar a alguien.
Smontare qualcuno.

NOW WE'RE
ALL SQUARE,
MISTER TUBBS
FINANCE
COMPANY

## STARK

**He's stark mad!**
Er ist total verrückt!
Il est fou à lier!
¡Está loco de remate!
È matto da legare!

**Stark madness!**
Blanker (völliger) Wahnsinn!
C'est de la pure folie!
¡Es una locura!
Pura follia!

## STARRY

**Starry-eyed.**
Mit strahlenden Augen – überglücklich – romantisch – wirklichkeitsfremd.
Novice.
Ingenuo – Cándido.
Ingenuo.

## STEADY

**As steady as a rock.**
Felsenfest – unbeugsam.
Ferme comme un roc.
Firme como una roca.
Molto saldo – Saldo come una roccia – Stabile.

## STEAM

**To let off steam.**
Dampf ablassen – seinem Zorn (sich) Luft machen.
Se libérer de ... – Epancher.
Desahogarse.
Sfogarsi.

## STEEL

**He's got a heart of steel.**
Er hat ein Herz aus Eisen (Stein).
Il a un coeur dur.

Tiene un corazón de piedra.
Ha un cuore di pietra.

## STEER

**To steer clear of ...**
Vermeiden – aus dem Weg gehen.
Eviter.
Evitar.
Evitare.

## STEP

**Step on it!** 606
Gib Gas! – Mach schnell!
Fais vite!
¡Date prisa! – ¡Muévete!
Fa' presto!

**Watch your step!**
Vorsicht! – Gib acht! – Sieh dich vor! – Pass auf!
Attention!
¡Ten cuidado! – ¡Atención!
Sta' attento!

**To keep step with ...**
Schritt halten mit ...
Aller de pair avec ...
Marchar al compás de ... – Ir al paso de ...
Andare di pari passo con ...

**To step out of line.** 607
Aus der Reihe tanzen.
Passer la mesure – Passer les limites.
Pasarse de la raya.
Passare la misura.

## STEW

**To get into a stew.**
In Aufregung geraten.
Se fourrer dans un guêpier.
Estar en un aprieto – Meterse en un »fregao«.
Cacciarsi nei guai.

YOU'LL HAVE TO 'STEP ON IT'
PAINT

IF YOU STEP OUT OF LINE UP HERE, YOU'LL BE SORRY

## STICH

**A stich in time saves nine.**
Gleich getan ist viel gespart.
Un point fait à temps en épargne cent.
Una buena puntada puede salvar las otras cien.
Un punto in tempo ne salva cento.

**To get into stiches.** 609
Vor Lachen Stiche (Seitenstechen) bekommen - sich vor Lachen krümmen.
Se tordre de rire.
Desternillarse de la risa.
Sbellicarsi dalle risa.

## STICK

**To have the wrong end of the stick.** 714
Die Sache falsch verstehen.
Commettre une bévue.
Malinterpretar - Engañarse.
Prendere un abbaglio.

**To stick up for ...**
Sich für jemanden einsetzen.
Parler en défense de ...
Hablar en defensa de ...
Parlare in difesa di ...

**He sticks at nothing.**
Vor nichts zurückschrecken.
Il n'a pas de scrupules.
No tiene escrúpulos.
Non ha scrupoli.

**To stick together.**
Zusammenhalten - zusammenkleben.
Rester unis.
Permanecer unidos.
Restare uniti.

**It sticks out a mile!**
Es sticht aus allem hervor! - Es übertrifft alles! - Es überragt alles.
C'est évident!

HE'S GOT ME
IN STITCHES
AGAIN, NURSE
HA HA
HEH
HEH
HO HO
SURGEON

Se ve a cien leguas.
Si vede lontano un miglio!

**To stick through thick and thin.**
Durch dick und dünn gehen.
Tenir bon.
Mantenerse firme - resistir.
Tener duro.

## STICKY

**To be very sticky about something.**
Sehr pingelig sein in ...
Etre très tatillon (vétilleux).
Ser muy meticuloso en algo.
Essere molto pignolo su qualcosa.

## STIFF

**As stiff as a poker.**
Steif wie ein Stock.
Très rigide - Raide.
Tieso como un garrote.
Molto rigido.

**As stiff as a post.**
Stocksteif.
Raide comme un bâton - Raide comme un piquet.
Tieso como un garrote.
Molto rigido - Molto impettito.

**To keep a stiff upper lip.**
Charakter beweisen.
Démontrer une force de caractère - Faire preuve de force de caractère.
Demostrar fuerza de carácter.
Dimostrare forza di carattere.

## STILL

**As still as death.**
Totenstill.
Très tranquille.

Inmóvil.
Molto quieto.

**As still as a grave.**
Schweigsam wie ein Grab.
Muet comme une tombe.
Inmóvil como una tumba.
Muto come una tomba.

**Still waters run deep.**
Stille Wasser gründen tief.
Il faut se méfier de l'eau qui dort.
Donde más fondo el río, hace menos ruido.
Le acque chete rovinano i ponti.

## STINK

**To raise a stink.** 612
Einen Skandal hervorrufen – einen Krach anzetteln.
Faire une histoire.
Trabar una discusión – cantarle a uno las cuarenta.
Piantare una grana.

## STOCK

**To take stock of ...**
Sich klarwerden über ... – eine Situation richtig abschätzen.
Evaluer une situation.
Evaluar una situación.
Valutare una situazione.

**To make a laughing stock of oneself.**
Sich zum Gegenstand des Gelächters machen – sich zur Zielscheibe des Spotts machen – sich lächerlich machen.
Se rendre ridicule.
Hacer el ridículo.
Rendersi ridicolo.

**Lock, stock and barrel.**
Mit Stumpf und Stiel – ganz und gar – mit Haut und Haar – mit Sack und Pack.
Armes et bagages.
Con todos sus bártulos.
Armi e bagagli.

THERE'S NO NEED TO
RAISE A STINK
ABOUT IT
SUNNYDAY ZOO
THE SKUNK

## STONE

**As hard as a stone.**
Hart wie Stein.
Dur comme pierre.
Duro como la piedra.
Duro come una pietra.

**Within a stone's throw.**
Nur ein Katzensprung.
Très près.
Muy cerca – a un paso.
A un tiro di schioppo – Molto vicino.

**I'll leave no stone unturned!**
Ich werde nichts unversucht lassen!
Je ne laisserai rien au hasard!
¡Lo intentaré todo! – ¡No dejaré títere con cabeza!
Non lascerò nulla d'intentato.

**One cannot draw blood from a stone.**
Man kann nicht Unmögliches von jemandem verlangen.
On ne peut pas tirer de l'huile d'un mur.
No se pueden pedir peras al olmo.
Non si può cavar sangue da una rapa.

## STONED

**He was stoned.**
Er war betrunken – Er war völlig besoffen.
Il était ivre mort.
Estaba borracho como una cuba.
Era ubriaco fradicio.

## STONES

**Those who live in glasshouses should not throw stones.**
Wer im Glashaus sitzt, sollte nicht mit Steinen werfen.
Que celui qui n'a jamais péché jette la première pierre – Jeter la pierre à quelqu'un.
El que esté libre de pecado que tire la primera piedra.
Chi è senza peccato scagli la prima pietra – Chi vive in una casa di vetro non dovrebbe tirare le pietre.

## STONEY

**To be stoney-broke.**
Pleite sein – völlig abgebrannt sein.
Etre sur la paille – Etre fauché.
Estar sin un céntimo – Estar pelado.
Essere al verde.

## STOOL-PIGEON

**A stool-pigeon.** 615
Ein Lockvogel.
Un informateur – Un mouchard.
Un soplón – un confidente.
Una persona che fa da esca – Un informatore.

## STOREY

**He's a little wrong in the upper storey!**
Er hat nicht alle im Kasten! – Er ist nicht ganz richtig im Oberstübchen!
Il lui manque un boulon!
¡Le falta un tornillo!
Gli manca un venerdì!

## STORM

**A storm in a tea cup.**
Ein Sturm im Wasserglas – viel Lärm um nichts.
Beaucoup de bruit pour rien.
Es más el ruido que las nueces.
Molto rumore per nulla.

## STRADDLE

**To straddle an issue.**
Schwanken – unschlüssig sein.
Ménager la chèvre et le chou – Tempérer les choses.
Contemporizar.
Dare un colpo al cerchio e uno alla botte.

## STRAIGHT

**As straight as an arrow.**
Gerade wie ein Pfeil – pfeilgerade.

I'M LOOKING FOR
A STOOL-PIGEON
SEED
JOE'S
PET
SHOP
PARROTS
CANARIES
PIGEONS
ect.,

Droit comme un piquet.
Más tieso que un garrote.
Dritto come un fuso.

**To get straight.**
Sich wieder aufrichten.
Se remettre en état.
Reponerse - restablecerse.
Rimettersi in sesto.

## STRAIGHTAWAY

**Go straightaway!**
Gehen Sie sofort - Gehen Sie auf der Stelle!
Allez-y tout de suite!
¡Vayan en seguida!
Andateci subito!

## STRAIN

**To strain every nerve.**
Seine ganze Kraft aufbieten - jeden Nerv anspannen.
Faire n'importe quoi - Faire l'impossible.
No escatimar en esfuerzos.
Fare ogni sforzo - Fare l'impossibile.

## STRAITENED

**In straitened circumstances.**
In beschränkten Verhältnissen.
(Se trouver) dans la gêne.
Pasarlas canutas.
In ristrettezze (economiche).

## STRANDED

**She's stranded.**
Sie ist gescheitert (gestrandet).
Il a des ennuis.
Está en apuros.
È nei guai.

## STRAW

**To draw straws.**
Los ziehen.
Tirer au sort.
Sortear.
Tirare a sorte.

**It's the last straw that breaks the camel's back.** 348
Es ist der Tropfen, der das Fass zum Überlaufen bringt.
C'est la dernière goutte qui fait déborder le vase.
Es la gota que ha colmado el vaso.
È l'ultima goccia che fa traboccare il vaso.

**Not to care a straw.**
Völlig gleichgültig sein – sich absolut nicht interessieren.
Ne pas s'intéresser le moins du monde ...
No importarle a un comino – un bledo.
Non interessarsi minimamente.

## STRAYS

**Waifs and strays.**
Verwahrloste Kinder.
Enfants abandonnés – Objets perdus.
Niños abandonados – Objetos perdidos.
Bambini abbandonati.

## STREET

**The man in the street.**
Der Mann auf der Straße – der Durchschnittsmensch.
L'homme de la rue.
El hombre de la calle.
L'uomo comune – L'uomo della strada.

## STRENGHT

**On the strength of a promise.**
Aufgrund eines Versprechens – kraft eines Versprechen – auf ein Versprechen hin.
Encouragé par une promesse.
Alentado por una promesa.
Incoraggiato da una promessa.

## STRESS

**To lay stress on something.**
Nachdruck (Gewicht, Akzent) auf etwas legen - etwas betonen (hervoheben).
Donner de l'importance à quelque chose.
Racalcar algo - Hacer hincapié en algo.
Dare importanza a qualcosa.

## STRETCH

**To stretch the truth.**
Es mit der Wahrheit nicht allzu genau nehmen - flunkern.
Exagérer - Détourner la question.
Exagerar - Deformar la realidad.
Esagerare - deformare la realtà.

## STRIDE

**To take something in one's stride.**
Etwas spielend (leicht) schaffen - etwas mühelos bewältigen.
Faire quelque chose avec facilité.
Hacer una cosa con facilidad - Hacer una cosa como si nada.
Fare qualcosa con facilità.

**To make great strides.** 620
Große Fortschritte machen - aus dem Ärmel schütteln.
Faire des progrès - Faire des pas de géant.
Hacer progresos.
Fare grandi progressi - Fare passi da gigante.

## STRIKE

**To strike while the iron is hot.** 322
Das Eisen schmieden, solange es heiß ist.
Battre le fer pendant qu'il est encore chaud.
Cuando el hierro está encendido, ha de ser batido.
Battere il ferro finchè è caldo.

**To strike home.**
Den Nagel auf den Kopf treffen.
Faire mouche.
Dar en el blanco - en el clavo - Acertar.
Colpire nel segno.

## STRING

**To harp on the same old string.**
Immer auf derselben Sache herumreiten.
Insister sur le même sujet.
Insistir en el mismo argumento.
Insistere sullo stesso tasto.

**She's got him on a string.**
Sie hat ihn in ihrer Gewalt – Sie hat ihn (fest) am Gängelband.
Elle le tient en main.
Lo tiene en el bolsillo.
Lo tiene in pugno.

**To pull the strings.**
Der Drahtzieher sein.
Manipuler quelque chose.
Manipular (las personas o situaciones).
Manipolare qualcosa.

**To be tied to one's mother's apron strings.** 23
An Mutters Rockzipfel (Schürzenband) hängen.
Etre pendu aux jupes de sa mère.
Estar aún prendido de las faldas de su madre.
Essere attaccato alle sottane della mamma.

**I've two strings to my bow.**
Ich habe zwei Eisen im Feuer.
J'ai deux possibilités.
Tengo dos posibilidades.
Ho due possibilità – Ho due corde al mio arco.

**To string along.**
Sich jemandem anschließen.
Suivre – Adhérer à ...
Seguir a ... – Adherir a ...
Seguire ... – Aderire a ...

## STROKE

**Little strokes fell great oaks.**
Steter Tropfen höhlt den Stein.
La persévérance vient à bout de tout.

I SEE HARRY'S MAKING GREAT STRIDES IN HIS NEW JOB
CIRCUS

La gota menuda que cayendo de continuo hace cavadura.
La goccia scava la pietra.

**He hasn't done a stroke of work in his life.**
Er hat in seinem Leben keinen Finger gerührt.
Il n'a jamais rien fait de sa vie.
No ha dado - pegado clavo en su vida.
Non ha fatto un briciolo di lavoro in tutta la sua vita.

## STROLL

**To go for a stroll.**
Einen Bummel machen - spazierengehen.
Faire quelques pas.
Ir a dar un paseo.
Fare quattro passi.

## STRONG

**As strong as a horse.**
Stark wie ein Pferd (Stier).
Très fort.
Fuerte como un toro.
Forte come un toro.

**As strong as a lion.**
Stark wie ein Löwe.
Fort comme un lion.
Fuerte como un toro.
Forte come un leone.

## STRUNG

**To be highly strung.** 299
Überempfindlich sein.
Etre hypersensible.
Ser muy sensible - hipersensible.
Essere ipersensibile.

## STUDDED

**Studded with mistakes.**
Mit Fehlern übersät.
Bourré de fautes.

Plagado de errores.
Costellato d'errori.

## STUDY

**To be in a brown study.**
In Gedanken versunken sein.
Etre pensif.
Estar pensativo.
Essere soprapensiero.

## STUFF

**He's got good stuff in him.**
Er ist aus gutem Holz geschnitzt – Er hat Talent – Er hat das Zeug zu etwas Großem.
Il a de l'étoffe.
Tiene buena madera.
Ha della stoffa – C'è della stoffa in lui.

**Stuff and nonsense!**
Dummes Zeug!
Sottises!
¡Tonterías! – ¡Chorradas!
Sciocchezze!

**That's the stuff to give them!**
So ist's richtig!
C'est comme ça qu'il faut faire!
¡Así es como hay que tratarlos!
Così van trattati!

## STUFFED

**A stuffed shirt.** 624
Fatzke – Wichtigtuer – lackierter Affe.
Un ballon gonflé.
Un mamarracho – Un farolero.
Un pallone gonfiato.

## STUMBLING

**A stumbling block.**
Der Stein des Anstoßes – ein Hindernis.

Des difficultés - Un obstacle.
Un estorbo - un obstáculo.
Un intoppo - Un ostacolo.

## STUMPED

**I'm stumped!**
Ich bin verblüfft - Ich bin aufgeschmissen.
Je suis perplexe! - Je ne sais sur quel pied danser!
¡Estoy perplejo! - ¡No sé qué hacer!
Sono perplesso! - Non so che pesci pigliare!

## STUPID

**As stupid as a donkey.**
Dumm wie ein Esel.
Bête comme ses pieds.
Burro - Tonto.
Molto stupido - Stupido come un'oca.

## STYX

**As black as Styx.**
Schwarz wie die Hölle.
Noir corbeau - Noir comme le charbon.
Negro como el carbón.
Nero come il carbone.

## SUBMERGED

**The submerged tenth.**
Die ärmste (unterste) Bevölkerungsschicht.
Les classes les plus pauvres.
Las clases pobres.
Le classi più povere.

## SUCCESS

**Nothing succeeds like success.**
Ein Erfolg zieht den anderen nach sich.
Un succès en appelle un autre.
Triunfo llama triunfo - Dinero llama dinero.
Un successo ne chiama un altro.

HE'S A BIT OF A STUFFED SHIRT

## SUCH

**Such master such servant.**
Wie der Herr, so der Knecht – Wie der Herr, so's Gescherr (Geschirr).
Tel maître, tel valet.
De tal amo, tal criado.
Tale il padrone tale il servo.

## SUCK

**To suck up to ...**
Jemandem in den Hintern kriechen – jemandem um den Bart gehen.
Lécher les bottes à ...
Sobarle la leva – Hacer la pelota a ...
Leccare i piedi a ...

## SUFFER

**To suffer fools gladly.**
Geduldig ertragen (erleiden).
Supporter avec patience.
Aguantar con paciencia – Soportar pacientemente.
Sopportare pazientemente le persone moleste.

## SUGAR

**A sugar-daddy.**
Geldonkel – von einer Kokette ausgebeuteter Geldonkel.
Un vieux dandy.
Un viejo verde.
Vecchio danaroso che frequenta donne molto più giovani.

## SULKS

**To have the sulks.**
Schlechte Laune haben – schmollen – trotzen.
Faire la tête.
Estar de morros.
Tenere il broncio.

## SUNDAY

**A month of Sundays.**
Schrecklich lange - ewig.
Une période très longue.
Una eternidad - un siglo.
Un periodo lunghissimo - Un'eternità.

**One's Sunday best.**
Jemandes Sonntagsstaat (Sonntagskleider).
Le meilleur habit - L'habit du dimanche.
El mejor vestido - El traje de los domingos.
Il vestito migliore - Il vestito della festa.

## SUNNY

**To look on the sunny side of life.**
Die Sonnenseite des Lebens betrachten.
Regarder le bon côté de la vie.
Mirar el lado positivo de la vida.
Guardare il lato buono della vita.

## SUP

**He who sups with the devil needs a long spoon.**
Wer sich mit dem Teufel einlässt, muss sehr vorsichtig sein - Der Teufel ist mit Vorsicht zu genießen.
Il faut être prudent pour traiter avec le diable.
Quien se mete con el diablo es mejor que sea prudente.
Nel trattare col diavolo bisogna andare molto cauti.

## SUPPORT

**Without means of support.**
Ohne stützende (unterstützende, fördernde) Mittel - ohne Rückhalt - ohne Unterstützung.
Sans moyens visibles.
Sin apoyo - Sin medios.
Senza mezzi visibili.

## SURE

**As sure as death.**
Todsicher.
Bien sûr!

Muy cierto - seguro.
Certissimo.

**As sure as a gun.**
Sicher - unfehlbar.
Aussi vrai que j'existe.
Verdadero.
Verissimo.

**He's sure-footed.**
Er ist sich seiner sicher.
Il est sûr de lui.
Seguro de sí mismo.
È sicuro di sè.

## SURFACE

**On the surface.**
Oberflächlich betrachtet - äußerlich.
Apparemment.
Aparentemente - En aparencia.
In apparenza.

## SURLY

**As surly as a bear.**
Bärbeißig - grob - verdrießlich - mürrisch - griesgrämig.
Bourru comme un ours.
Rudo - Hosco - Arisco.
Molto burbero - Molto villano.

## SWALLOW

**He'll swallow anything.**
Er wird alles für bare Münze nehmen (schlucken).
C'est un crédule - C'est un gobeur.
Se lo traga - se lo cree todo.
È un credulone - Le beve tutte.

**One swallow does not make a summer.**
Eine Schwalbe macht noch keinen Sommer.
Une hirondelle ne fait pas le printemps.
Una golondrina no hace verano.
Una rondine non fa primavera.

## SWAMPED

**To be swamped with work.**
Mit Arbeit überhäuft sein – sich nicht mehr vor Arbeit retten können.
Etre débordé de travail.
Estar agobiado de trabajo.
Essere sommerso dal lavoro.

## SWAP

**Never swap horses when crossing a stream.**
Nimm keine Veränderungen in einem kritischen Moment vor.
Il ne faut jamais faire de changements dans un moment critique.
No hay que efectuar cambios cuando se está en un momento crítico.
Mai fare mutamenti in un momento critico.

## SWARM

**A swarm of children.**
Ein Schwarm von Kindern.
Une bande d'enfants.
Un tropel de niños.
Una frotta di bambini

## SWEAR

**To swear like a trooper.**
Wie ein Landsknecht fluchen.
Jurer comme un charretier.
Blasfemar como un hereje.
Bestemmiare come un turco.

## SWEEP

**As black as a sweep.**
Schwarz wie ein Schornsteinfeger.
Noir comme un corbeau.
Negro como el carbón.
Nero come il carbone.

## SWEEPINGS

**The sweepings of the gutter.**
Der Abschaum der Gesellschaft - das Gesindel.
La lie - La racaille - La populace.
El populacho - La plebe - La chusma.
La feccia - La plebaglia.

## SWEEPS

**A new broom sweeps clean.**
Neue Besen kehren gut.
Tout nouveau tout beau.
El cuchillo nuevo corta mejor.
Scopa nuova spazza bene.

**As sweet as honey.**
Süß wie Honig.
Doux comme un agneau - Doux comme le miel.
Dulce como la miel.
Dolce come il miele.

**As sweet as sugar.**
Zuckersüß - reizend - goldig - angenehm.
Très doux - Agréable.
Dulce como la miel.
Molto dolce - Piacevole.

## SWEPT

**To be swept off one's feet.** 631
Hingerissen sein.
Etre transporté par l'enthousiasme.
Dejarse llevar por el entusiasmo.
Essere trasportato dall'entusiasmo.

## SWIFT

**As swift as an arrow.**
Schnell wie ein Pfeil.
Rapide comme une flèche (comme l'éclair).
Rápido como una centella - Flecha.
Veloce come un lampo (come una saetta).

**As swift as lighting.**
Schnell wie der Blitz.
Rapide comme l'éclair.
Rápido como una centella.
Veloce come il lampo.

**As swift as a thought.**
Flüchtig wie ein Einfall (Gedanke).
Très vite.
Rápido como el pensiamento.
Molto rapido.

**As swift as the wind.**
Schnell wie der Wind.
Très rapide – Rapide comme le vent.
Raudo y veloz como el viento.
Veloce come il vento.

## SWIMMING

**My head was swimming.**
Mir war schwindelig – Ich hatte ein Schwindelgefühl.
La tête me tournait.
Me daba vueltas la cabeza.
Mi girava la testa.

## SWING

**There's no room to swing a cat!** 632
Da ist kaum Platz zum Umdrehen!
On ne peut pas se remuer là-dedans!
No hay espacio ni para moverse – hay poco espacio.
Non c'è nemmeno il posto per girarsi!

**In full swing.**
In vollem Gange – in Schwung.
En pleine activité.
En su apogeo.
In piena attività.

## SWINGING

**We had a swinging time.**
Wir haben uns köstlich amüsiert.

HE JUST SWEPT ME OFF MY FEET, DAD
COUNCIL DUST CART 170117

THERE ISN'T ROOM TO SWING A CAT IN HERE
VETERINARY SURGEON

Nous nous sommes follement amusés.
Nos hemos divertido una barbaridad.
Ci siamo divertiti un mondo.

## SWORD

**Those who live by the sword shall perish by the sword.**
Wer mit dem Schwert spielt, wird durch das Schwert umkommen.
Quiconque prendra l'épée, périra par l'épée.
Quien a hierro mata a hierro muere.
Chi di spada ferisce, di spada perisce.

## SYMPATHETIC

**He's very sympathetic.**
Er ist sehr verständnisvoll.
Il est très compréhensif.
Es muy comprensivo.
È molto comprensivo.

# T

## T

**It suits me to a T!**
Das passt mir ausgezeichnet!
Ça me va comme un gant!
¡Me sienta de maravilla!
Mi va a pennello!

## TABLES

**To turn the tables.**
Den Spieß umdrehen.
Renverser la situation.
Revolver una situación.
Rovesciare la situazione.

## TACK

**To be on the wrong tack.**
Auf dem Holzweg sein - auf dem falschen Weg sein.
Etre sur le mauvais chemin.
Ir descaminado.
Essere fuori strada.

**To be on the right tack.**
Auf dem richtigen Weg sein.
Etre sur le bon chemin.
Estar sobre la pista.
Essere sulla pista giusta.

## TACKS

**Let's get down to brass tacks!**
Kommen wir zum Kern!
Venons-en au fait!
¡Sin rodeos! - ¡Al grano!
Veniamo al sodo!

## TAILOR

**The tailor makes the man.**
Kleider machen Leute.
L'élégance est de grande importance.
El hábito hace al monje.
L'eleganza è molto importante.

## TAILS

**Head or tails?**
Kopf oder Zahl?
Pile ou face?
¿Cara o cruz?
Testa o croce?

**With one's tail between one's legs.**
Mit hängenden Ohren – betreten.
La queue entre les jambes.
Con el rabo entre las patas.
Con la coda fra le gambe.

**To twist the lion's tail.**
Das Unglück herausfordern – den Teufel an die Wand malen.
Tirer le diable par la queue.
Tirarle de la cola al diablo.
Tirar la coda al diavolo.

## TAKE

**To take for granted.**
Als erwiesen annehmen – als selbstverständlich betrachten.
Présumer.
Dar por descontado.
Dare per scontato.

**To take down a peg or two.**
Jemanden demütigen.
Rabaisser le caquet de quelqu'un.
Bajarle – quitarle a uno los humos.
Sgonfiare qualcuno.

**To take to drinking.**
Das Trinken anfangen.

IT'S JUST LIKE YOU TO TAKE THINGS LYING DOWN
SWAG

S'adonner à la boisson.
Darse a la bebida.
Darsi al bere.

**To take a short cut.**
Eine Abkürzung nehmen.
Prendre un raccourci.
Atajar - echar por un atajo.
Prendere una scorciatoia.

**To take a turn for the better.**
Eine Wendung zum Guten nehmen.
Améliorer - S'améliorer.
Mejorar.
Migliorare.

**To take in someone.**
Jemanden reinlegen.
Tromper quelqu'un.
Engañar - embaucar a alguien.
Ingannare qualcuno.

**To take it easy.**
Es leicht nehmen - es auf die leichte Schulter nehmen.
Faire à son aise - Se la couler douce.
Tranquilizarse - tomárselo con calma.
Fare con comodo.

**To take things lying down.** 636
Dinge bequem nehmen.
Se la couler douce.
Tomarse las cosas con calma.
Prendersela con comodo.

**To take after someone.**
Jemandem nachschlagen (nachgeraten) - jemandem ähneln.
Ressembler à quelqu'un.
Parecerse a alguien.
Assomigliare a qualcuno.

**To take the words (right) out of someone's mouth.** 638
Jemandem die Worte aus dem Mund nehmen.
Oter les mots de la bouche à quelqu'un.

YOU TOOK THE WORDS RIGHT OUT OF MY MOUTH
VENTRILOQUIST

Quitarle a alguien las palabras de la boca.
Togliere la parola di bocca a qualcuno.

## TALE

**An old wive's tale.**
Ein Ammenmärchen.
Une légende stupide.
¡Cuentos!
Una sciocca leggenda – Una superstizione.

**Old wives' tales.**
Altweiberklatsch – Altweibergeschwätz.
Ragots de bonne femme.
Chismes de mujeres – Cuentos de viejas.
Chiacchere di donnicciole.

## TALK

**He's the talk of the town.**
Er ist Stadtgespräch – Er ist in aller Munde.
C'est sur les lèvres de tout le monde.
Todos hablan de él – está en boca de todos.
È sulla bocca di tutti.

**To talk turkey.**
Deutlich werden.
Parler clairement.
Hablar claro.
Parlar chiaro.

**Big talk.**
Aufschneiderei – hochtrabende Reden.
Une fanfaronnade.
Fanfarronada.
Spacconata.

**To talk throught the back of one's neck.** 640
Ins Blaue hinein schwatzen (reden) – reden, solange der Tag lang ist.
Parler à tort et à travers.
Hablar a troche y moche – hablar a tontas y a locas.
Parlare a vanvera.

JONES IS TALKING THROUGH THE BACK OF HIS NECK, SIR
SCHOOL of ELOCUTION
PRINCIPAL

## TALKING

**To give a talking to ...**
Jemandem eine Standpauke halten.
Faire une semonce à quelqu'un.
Echar un rapapolvo.
Fare una paternale a ...

## TALL

**As tall as a maypole.**
Sehr hoch - sehr groß.
Haut comme une perche.
Muy alto.
Alto come una pertica.

**As tall as a steeple.**
Hoch wie ein Kirchturm.
Très grand.
Muy alto.
Molto alto - Alto come il campanile del duomo.

## TAME

**A tame cat.**
Eine zahme Katze - ein unterwürfiger Typ.
Un type serviable.
Una persona servicial.
Un tipo servizievole.

**As tame as a cat.**
Friedlich (schläfrig) wie eine Katze.
Un endormi.
Un lento - un atontado - un dormido.
Molto addormentato - Tonto.

## TANGLE

**To be in a tangle.**
In einer Verwicklung stecken - in etwas verstrickt sein.
Etre dans les ennuis.
Estar en un lío.
Essere nei pasticci.

## TANNED

**He tanned his hide!**
Er gerbte ihm das Fell! – Er verdrosch ihn!
Il l'a drôlement arrangé!
Le ha zurrado la badana – le ha pegado una soba – le ha dado una paliza.
Lo ha conciato per le feste!

## TAPE

**Red tape.**
Bürokratismus – Amtsschimmel – Papierkrieg.
Bureaucratie.
Burocracia.
Burocrazia.

## TAR

**To have a touch of the tar brush.**
Etwas schwarzes Blut in den Adern haben.
Avoir du sang noir dans les veines – Etre métis.
Tener un poco de sangre mixta en las venas.
Avere un po' di sangue misto.

## TARRED

**To be tarred with the same brush.**
Genauso schlecht sein – die gleichen Fehler haben.
Avoir les mêmes défauts.
Estar cortados con el mismo patrón.
Avere gli stessi difetti.

## TASTE

**To have a taste of one's own medicine.** 643
Gleiches mit Gleichem vergelten – Wie du mir, so ich dir.
Rendre la pareille à quelqu'un.
Pagar con la misma moneda.
Rendere pan per focaccia.

HE'S GIVING YOU A TASTE OF YOUR OWN MEDICINE, DOCTOR
YAK!
DOCTOR

## TASTES

**There is no accounting for tastes.**
Das ist Geschmacksache – Jeder hat seinen eigenen Geschmack.
Les goûts et les couleurs ne se discutent pas.
Sobre gustos no hay nada escrito.
Ognuno ha i suoi gusti.

## TEA

**One's cup of tea.** 135
Nach jemandes Geschmack.
Le cheval de bataille.
Ser el caballo de batalla de uno.
Il cavallo di battaglia.

## TEACH

**That will teach him to meddle in my affairs!**
Das wird ihn lehren, sich nicht in meine Angelegenheiten zu mischen!
Je vais lui apprendre à fourrer son nez dans mes affaires!
¡Eso le enseñará a meterse en mis asuntos!
Glielo insegnerò io ad immischiarsi nei miei affari!

## TEACUP

**A storm in a teacup.**
Ein Sturm im Wasserglas – viel Lärm um nichts.
Beaucoup de bruit pour rien.
Es más el ruido que las nueces.
Molto rumore per nulla.

## TEARING

**He was tearing down the road.**
Er raste die Straße runter.
Il courait comme un dératé.
Iba a toda pastilla por la calle.
Correva a rotta di collo giù per la strada.

## TEETH

**He escaped by the skin of his teeth.**
Er entkam mit knapper Not.
Il s'en est sorti (tiré) de justesse.
Se ha librado por un pelo.
Se l'è cavata per il rotto della cuffia.

**To cast something in a person's teeth.**
Jemandem etwas vorwerfen.
Reprocher quelque chose à quelqu'un.
Reprochar a alguien por algo.
Rimproverare uno di una cosa.

**To set one's teeth on edge.**
Die Zähne zusammenbeißen.
Serrer les dents.
Apretar los dientes.
Stringere i denti.

**To show one's teeth.**
Die Zähne zeigen.
Montrer les dents.
Enseñar los dientes.
Mostrare i denti.

**In the teeth of opposition.**
Trotz des Widerstandes - entgegen (ungeachtet) der Opposition.
Malgré toute opposition.
A pesar de las oposiciones.
Nonostante ogni opposizione.

## TELLING-OFF

**He gave me a good telling-off.**
Er gab mir ordentlich Bescheid.
Il m'a passé un bon savon.
Me ha echado un buen rapapolvo.
Mi ha rimproverato severamente.

## TEMPER

**God tempers the wind to the shorn lamb.**
Gott schickt dem geschorenen Lamm mildes Wetter.

Dieu fait bien les choses.
Dios da a cada uno lo que se merece.
Dio dà a ciascuno ciò che si merita.

**To be in a temper.**
Wütend sein.
Etre hors de soi.
Estar fuera de sí.
Essere fuori di sé.

## TENDER

**As tender as a chicken.**
Zart wie ein Küken.
Très tendre - Tendre comme un bourgeon.
Tierno como la manteca.
Molto tenero.

## TENTERHOOKS

**To be on tenterhooks.**
Auf die Folter gespannt sein - auf glühenden Kohlen sitzen.
Etre sur des charbons ardents.
Estar en ascuas.
Stare sulle spine.

## TERMS

**To be on good terms with somebody.**
Mit jemandem auf gutem Fuß stehen.
Etre en bons termes avec quelqu'un.
Llevarse bien con alguien.
Essere in buoni rapporti con qualcuno.

**To be on bad terms with somebody.**
Mit jemandem auf schlechtem Fuß stehen.
Etre en mauvais termes avec quelqu'un.
Llevarse mal con alguien.
Essere in cattivi rapporti con qualcuno.

## TETHER

**To be at the end of one's tether.**
Am Ende seiner Kräfte (Geduld) sein - sich nicht mehr zu helfen wissen.
Etre réduit à l'extrême.
Estar agotado - exhausto.
Essere stremato - Essere agli sgoccioli.

## THICK

**As thick as a cable.**
Dick wie ein Tau (Seil).
Très épais.
Muy espeso.
Molto spesso.

**As thick as hail stones.**
Sehr dicht.
Très dense.
Muy espeso.
Molto denso.

**To be as thick as thieves.**
Dicke Freunde sein.
Etre très intimes - Etre très amis.
Ser uña y carne - Ser como hermanos.
Essere molto intimi - Essere amici per la pelle.

**To lay it on thick.**
Dick auftragen.
Etre prodigue en compliments.
Exagerar.
Essere prodigo di complimenti - Esagerare.

**We went through thick and thin together.**
Wir gingen zusammem durch dick und dünn.
Nous avons franchi ensemble tous les obstacles.
Hemos pasado muchas juntos (buenas y malas).
Abbiamo affrontato insieme ogni difficoltà.

**It's a bit thick!**
Das ist ein bisschen stark!
C'en est trop!

¡Esto es el colmo!
Questo è troppo!

**He's a bit thick!**
Er ist ein bisschen dumm!
Il est un peu bête!
¡Es un poco tonto! – ¡Bobo!
È un po' stupido!

## THICK-SKINNED

**To be thick-skinned.**
Eine dicke Haut (ein dickes Fell) haben.
Etre solide – Avoir la peau dure.
Tener la piel curtida.
Avere la pelle dura.

## THIEF

**Procrastination is the thief of time.**
Verschiebe nicht auf morgen, was du heute kannst besorgen.
Il ne faut pas remettre au lendemain ce que l'on peut faire le jour-même.
No dejes para manaña lo que puedas hacer hoy.
Non rimandare a domani quello che potresti fare oggi.

## THIN

**As thin as a rake.**
Dünn wie ein Stecken.
Très maigre.
Estar como un palillo.
Magro come un grissino.

**As thin as a wafer.**
Hauchdünn.
Très fin – Très mince.
Fino como el papel de fumar – Muy delgado.
Molto sottile.

**As thin as a lath.**
Spindeldürr.
Maigre comme un clou.

Flaco como un espárrago.
Magro come un chiodo.

## THING

**To know a thing or two.**
Bescheid wissen.
En savoir long.
Saber más que Lepe.
Saperla lunga.

**It's not quite the thing.**
Es ist nicht das Richtige.
C'est très incorrect.
No es exáctamente eso.
È alquanto scorretto.

**The latest thing in ties.**
Der letze Schrei (das Neueste) in Krawatten.
C'est le dernier cri en matière de cravates.
La última moda - el último grito en corbatas.
L'ultimo grido in fatto di cravatte.

## THINGAMABOB

**What a strange thingamabob!**
Welch komisches Ding da!
Quel drôle de truc!
¡Qué trasto - qué artefacto tan extraño!
Che strano aggeggio!

## THINK

**To think nothing of ...**
Wenig halten von ... - sich nichts machen aus ... - sich nichts dabei denken.
Ne fais pas attention à ...
No hacer caso a ... - No dar importancia a ...
Non far caso a ...

**To think better of it.**
Sich eines Besseren besinnen - es noch einmal überdenken.
Y réfléchir.

Pensarlo mejor – pensarlo bien.
Ripensarci.

## THISTLE

**To grasp the thistle firmly.**
Das Übel anpacken – den Stier bei den Hörnern packen.
Prendre le taureau par les cornes.
Coger el toro por los cuernos.
Prendere il toro per le corna.

## THORN

**To be on thorns.**
Auf glühenden Kohlen sitzen.
Etre sur des charbons ardents.
Estar en ascuas.
Essere sulle spine.

**There's no rose without a thorn.**
Es gibt keine Rose ohne Dornen.
Il n'y a pas de roses sans épines.
No hay rosa sin espinas.
Non c'è rosa senza spine.

## THROW

**To throw the book at someone.** 651
Jemanden verhauen (verprügeln) – mit einem Gegenstand nach jemandem werfen.
Taper sur le dos de quelqu'un.
Agredir a alguien.
Dare addosso a qualcuno.

## THUMB

**To be under somebody's thumb.**
In jemandes Gewalt stehen – unter jemandes Fuchtel stehen.
Etre sous la domination de quelqu'un.
Estar bajo el dominio de alguien – Estar en el puño de alguien.
Essere sotto il dominio di qualcuno.

THE JUDGE THREW THE BOOK AT HIM
POLICE NOTICE
COURT ROOM Nº3

WHEN I FOUND OUT OLD SMITH HAD DIED, I WAS TICKLED TO DEATH

## THUMBS

**His fingers are all thumbs!**
Er ist ein tappiger Kerl (Tollpatsch).
C'est un brouillon! – Il est maladroit!
¡Es torpe! – ¡Es desmañado!
È un pasticcione!

## THUNDER

**Blood and thunder.**
Gewaltsam – gewalttätig – heftig – Mord und Totschlag.
Violent.
Violento.
Violento.

## TICK

**On the tick.**
Pünktlich – auf die Sekunde (pünktlich).
Ponctuellement.
Con puntulidad – Puntualmente.
Puntualmente.

## TICKLED

**To be tickled to death.** 652
Sich totlachen können.
Etre très amusé.
Morirse de gusto – Estar muy contento.
Essere molto divertito.

## TICKLED

**To be tickled pink.**
Überglücklich sein.
Etre très heureux.
Estar muy contento.
Essere felicissimo.

## TIGHT

**He's in a tight corner.**
Er steckt in der Klemme – Er ist in Verlegenheit.
Il est dans une situation dangereuse.

Está en un callejón sin salida.
È in una situazione pericolosa.

**To be tight.**
Blau sein - besoffen sein.
Etre gai.
Estar borracho.
Essere brillo.

**Sit tight!**
Bleib fest! - Lass dich nicht beirren! - Rühr dich nicht!
Tiens bon! - Ne cède pas!
¡No te rindas!
Non cedere!

**To be tight for money.**
Knapp bei Kasse sein.
Ne pas avoir d'argent - Etre sans le sou.
No tener dinero.
Non avere soldi.

**To be tight with one's money.**
Knickerig (geizig) mit seinem Geld sein.
Etre avare de son argent.
Ser tacaño - agarrado con el dinero.
Essere tirchio coi propri quattrini.

## TILT

**Full tilt.**
Mit voller Wucht (Geschwindigkeit) - in gestrecktem Galopp.
A toute vitesse.
A toda velocidad - pastilla.
A gran velocità.

## TIMBERS

**Shiver my timbers!**
Rutsch mir den Buckel runter! - Scher dich zum Teufel!
Au diable!
¡Al diablo! - ¡A la porra!
Al diavolo!

## TIME

**Time flies!** 656
Die Zeit fliegt!
Le temps passe! – Le temps court.
¡El tiempo vuela!
Il tempo vola!

**To while away the time.**
Sich die Zeit vertreiben – die Zeit totschlagen.
Tuer le temps.
Matar el tiempo – Pasar el tiempo.
Ammazzare il tempo.

**To have the time of one's life.**
Sich großartig amüsieren.
S'amuser follement.
Pasarlo bien – divertirse mucho.
Divertirsi un mondo.

**There's a time for everything.**
Alles zu seiner Zeit.
Chaque chose en son temps.
Todo llega a su tiempo.
Ogni cosa a suo tempo.

## TIMID

**As timid as a hare (rabbit).**
Scheu wie ein Reh.
Très timide.
Muy tímido.
Timido come un coniglio.

## TIP

**I had it on the tip of my tongue.**
Es lag mir auf der Zunge.
Je l'avais sur la bout de la langue.
Lo tenía en la punta de la lengua.
L'avevo sulla punta della lingua.

GOODNESS, TIME FLIES, DOESN'T IT?
HIC
HIC

## TIP-OFF

**To tip-off.**
Einen Tipp geben.
Conseiller.
Aconsejar a alguien.
Consigliare - Fare una soffiata (alla polizia).

## TIPSY

**To be tipsy.**
Beschwipst (angeheitert) sein.
Etre gai.
Estar bebido - chispado.
Essere brillo.

## TIT

**To give tit for tat.**
Mit gleicher Münze heimzahlen.
Dent pour dent - Rendre la pareille à quelqu'un.
Pagar con la misma moneda.
Rendere pan per focaccia.

## TOE

**To toe the line.**
Sich nach den Gewohnheiten richten.
Se conformer aux usages.
Respetar las costumbres - adaptarse a las costumbres.
Conformarsi alle usanze.

## TOES

**To be on one's toes.**
Auf Draht sein - in Form sein.
Etre en forme - Etre dynamique - Etre plein de vie.
Estar en forma - lleno de vida y energía.
Essere in gamba - In forma - Pieno di vita.

**To tread on someone's toes.**
Jemandem auf die Hühneraugen (Füße) treten.
Ecraser les pieds à quelqu'un - Marcher sur les pieds de quelqu'un.

Pisar los pies a una persona.
Pestare i calli a qualcuno.

## TOM

**Tom, Dick and Harry.**
Hinz und Kunz.
Pierre, Paul, Jaques et Martin.
Fulano, zutano y mengano.
Tizio, Caio e Sempronio.

## TONGS

**To do something hammer and tongs.**
Etwas mit aller Kraft (Gewalt) tun.
Faire tout à la va-vite.
Poner gran empeño en hacer algo.
Darci sotto – Darci dentro.

## TONGUE

**Hold your tongue!**
Halt deinen Mund! – Halt deine Zunge im Zaum!
Tiens ta langue! – Tais-toi!
¡Ten la boca cerrada! – ¡Cierra el pico!
Taci!

**To speak with one's tongue in one's cheek.**
Ironisch sprechen.
Parler avec ironie – Mentir.
Hablar irónicamente – decir mentiras.
Parlare ironicamente – Mentire.

**To be tongue-tied.**
Maulfaul (schweigsam) sein – sprachlos (stumm) sein (vor).
Ne pas sortir un mot.
Trabársele a alguien la lengua.
Non riuscire a spiccicare una parola.

**A slip of the tongue.**
Ein Versprecher – ein Lapsus.
Un lapsus linguae.
Lapsus »linguae«.
Un lapsus linguae – Lapsus.

## TOOTH

**To fight tooth and nail.**
Verbissen (erbittert) kämpfen.
Lutter des pieds et des mains.
Luchar a brazo partido.
Combattere con le unghie e con i denti.

**To have a sweet tooth.**
Gerne Süßigkeiten essen (naschen).
Etre gourmand pour les sucreries.
Gustarle las chucherías – las golosinas.
Essere goloso di dolciumi.

**He's long in the tooth!**
Er ist alt!
Il est vieux!
¡Está viejo!
È vecchio.

## TOP

**At the top of one's voice.**
Aus vollem Hals.
A gorge déployée.
Desgañitarse.
A squarciagola.

**He got to the top.**
Er setzte sich durch – Er machte Karriere.
Il a fait carrière.
Ha llegado alto – Ha hecho una buena carrera.
Ha fatto carriera.

**To be on top of the world.**
Im siebten Himmel sein.
Etre au septième ciel.
Estar en el séptimo cielo.
Essere al settimo cielo.

**To sleep like a top.**
Wie ein Murmeltier schlafen.
Dormir comme un loir.
Dormir como un lirón.
Dormire come un ghiro.

## TORCH

**To carry the torch for somebody.**
In jemanden verknallt sein.
Etre amoureux fou de quelqu'un.
Estar completamente chalado - Estar colgado a alguien.
Essere cotto di qualcuno.

## TOUCH

**It's touch and go!**
Es ist riskant!
Le risque est grand!
¡Es muy arriesgado!
Il rischio è grande!

**To keep in touch with somebody.**
Mit jemandem in Verbindung bleiben.
Rester en contact avec quelqu'un
Mantenerse en contacto con alguien.
Restare in contatto con qualcuno.

**As tough as leather.**
Zäh wie Leder.
Très dur - Dur comme la semelle.
Dura como una suela de zapato.
Duro come il cuoio.

## TOUGH

**Tough luck!**
Pech!
Quelle malchance!
¡Qué mala suerte!
Che sfortuna!

## TOWEL

**To throw in the towel.**
Sich geschlagen geben - das Handtuch werfen.
Jeter l'éponge.
Rendir la espada.
Gettare la spugna.

## TOWN

**To paint the town red.** 453
Die Gegend unsicher machen.
Faire bombance - Faire la noce.
Irse de juerga - de picos pardos - de marcha.
Far baldoria.

## TRACES

**To kick over the traces.**
Über die Stränge schlagen.
Secouer le joug - Se rebeller.
Sacudir el yugo - Revelarse.
Scuotere il gioco - Ribellarsi.

## TRACK

**To be off the beaten track.**
Vom gebahnten Weg (vom Thema) abgekommen sein.
Ne pas être dans le coup.
Estar fuera de lugar - Estar extraviado.
Essere fuori strada.

**To make tracks.**
Abhauen.
Couper la corde.
Tomar las de Villadiego.
Tagliare la corda.

**To follow the beaten track.**
Den einfachen Weg gehen (wählen) - im ausgefahrenen Gleis bleiben.
Prendre les chemins battus.
Ir por buen camino.
Seguire la strada maestra.

## TRADE

**A dying trade.** 662
Ein aussterbendes Gewerbe - ein absterbender Berufszweig.
Un métier qui se perd.
Un oficio que se está perdiendo.
Un mestiere che va scomparendo.

YOU COULD SAY THIS IS A **DYING TRADE**
UNDERTAKER

THEY'RE ALL TRICKS OF THE TRADE
AGENT
MAGICIAN

## TRAUANT

**To play truant.**
Die Schule schwänzen - bummeln.
Faire l'école buissonnière.
Hacer novillos - Fumarse la clase.
Marinare la scuola - Bigiare.

## TREE

**To be at the top of the tree.**
Den Gipfel des Erfolgs erreicht haben - in der Spitzenposition (der höchsten Stellung) sein.
Etre au sommet de sa profession.
Haber alcanzado el éxito - estar en la cima.
Essere all'apice della propria carriera.

## TRICKS

**To know all the tricks of the trade.** 663
Alle Tricks (Schliche) eines Berufes kenne.
Connaître toutes les ficelles du métier.
Conocer todas las artimañas del oficio.
Conoscere tutti i trucchi del mestiere.

**To know a trick or two.**
Ein ausgekochter Gauner (Schwindler) sein.
Etre débrouillard - Ne pas s'embarrasser de scrupules.
Ser un pícaro - un bribón.
Saperla lunga.

**That will do the trick!**
Das ist der Trick!
Voilà ce qu'il faut!
¡Eso es lo que hace falta!
Ecco ciò che ci vuole!

## TRICKY

**As tricky as a monkey.**
Raffiniert (schlau) wie ein Affe.
Très astucieux - Malin comme un renard.
Astuto como una zorra.
Molto astuto - Furbo come una volpe.

## TRIFLE

**To trifle with somebody.**
Mit jemandem spielen.
Se moquer de quelqu'un.
Bromear con alguien - Tomarle el pelo a alguien.
Prendere in giro qualcuno.

## TRIGGER

**To be quick on the trigger.**
Schlagfertig sein - auf Draht sein.
Etre rapide.
Ser muy listo.
Essere svelto.

## TRIVET

**To be as right as a trivet.**
Sich sauwohl fühlen.
Très bien se porter.
Estar muy bien.
Stare benissimo.

## TROOPER

**To swear like a trooper.**
Wie ein Landsknecht fluchen.
Jurer comme un charretier.
Blasfemar como un hereje.
Bestemmiare come un turco.

## TROUBLED

**To fish in troubled waters.** 666
Im Trüben fischen.
Pêcher en eaux troubles.
Pescar en río revuelto.
Pescare nel torbido.

## TROWEL

**To lay it on with a trowel.**
Zu dick auftragen.
Flatter de façon grossière.

TRUST YOU TO FISH IN TROUBLED WATERS

Lisonjear - Hacer la pelota.
Esagerare - Andarci pesante.

## TRUANT

**To play truant.**
Die Schule schwänzen - bummeln.
Faire l'école buissonière.
Hacer novillos - Fumarse la clase.
Marinare la scuola - Bigiare.

## TRUE

**As true as steel.**
Treu wie ein Hund.
Très fidèle.
Fiel hasta la muerte.
Molto fedele.

**It came true!**
Es wurde wahr!
Ça s'est avéré!
¡Se ha verificado! - ¡Se ha cumplido!
Si è verificato!

## TRUMPET

**To blow one's own trumpet.** 668
Sein eigenes Lob singen.
Faire ses propes louanges.
Jactarse - Echarse un farol.
Tessere le proprie lodi.

## TRUMPETER

**To be one's own trumpeter.**
Sein eigenes Loblied singen.
Chanter ses propres louanges.
Decir las proprias virtudes - Jactarse.
Cantare le proprie lodi.

BLOWING YOUR OWN TRUMPET AGAIN, HIGGINS?
OFFICE

## T'S

**To cross one's t's and dot one's i's.**
Peinlich genau sein – es klar und deutlich sagen.
Etre tatillon (vétilleux) – Mettre les points sur les i.
Poner los puntos sobre las »i« – Ser puntilloso.
Essere pignolo – Mettere i puntini sulle i.

## TUCK

**To tuck into ...**
Sich vollstopfen mit ... – (viel Essen) verdrücken.
Faire une ventrée de ...
Hartarse de ... – Darse un hartazón de ...
Fare una scorpacciata di ...

## TUCKER

**One's best bib and tucker.**
Der Sonntagsstaat – jemandes beste Kleidung.
L'habit qu'il faut.
El mejor vestido del guardarropa – del ropero.
Il vestito buono.

## TUMBLE

**To have a nasty tumble.**
Einen bösen (schlimmen, gefährlichen) Sturz machen – bös hinfallen (stürzen).
Faire une mauvaise chute.
Caer malamente.
Fare una brutta caduta.

**To tumble to an idea.**
Plötzlich einen Einfall haben – plötzlich eine Idee kriegen.
Saisir une idée.
Coger una idea al vuelo.
Afferrare un'idea.

## TUNE

**To change one's tune.**
Einen anderen Ton anschlagen – andere Saiten aufziehen.
Changer de ton.

Cambiar de humor – Cambiar de tono.
Cambiare tono (ritornello).

## TURKEY

**As red as a turkey-cock.**
Puterrot.
Rouge comme un coquelicot.
Rojo como tomate.
Rosso come un tacchino (come un peperone).

## TURN

**To turn on the waterworks.**
Losheulen.
Se mettre à pleurer.
Echarse a llorar.
Mettersi a piangere.

**To turn a deaf ear.**
Taub sein gegen ... – sich taub stellen.
Faire la sourde oreille.
Hacer oídos de mercader – Hacerse el sordo – el sueco.
Fare orecchi da mercante.

**To turn the tables.**
Den Spieß umdrehen.
Changer les cartes.
Alterar las posiciones originarias.
Cambiare le carte in tavola.

**To take a queer turn.**
Eine seltsame Wendung nehmen.
Prendre un mauvais pli.
Tomar un mal cariz – un mal talante.
Prendre una strana piega.

**To turn down something.**
Etwas ablehnen – jemandem einen Korb geben.
Refuser quelque chose.
Rechazar algo.
Rifiutare qualcosa.

I CAN TWIST HIM ROUND MY LITTLE FINGER
GYMNASIUM
WRESTLING
To Night
KILLER
JOE

**To turn in.**
Zu Bett gehen.
Se coucher.
Acostarse.
Coricarsi.

**He didn't turn a hair.**
Er zuckte nicht mit der Wimper.
Il n'a pas sourcillé.
No pestañeó ni siquera.
Non ha battuto ciglio.

**To turn up one's nose.**
Die Nase rümpfen.
Froncer le nez – Faire la moue.
Hacer muecas.
Arricciare il naso.

## TURTLE

**To turn turtle.**
Kentern – sich überschlagen.
Se retourner.
Ponerse boca abajo.
Capovolgersi.

## TWINKLE

**In the twinkle of an eye.**
Im Nu – im Handumdrehen.
En un clin d'oeil.
En un abrir y cerrar de ojos – en un dos por tres.
In un batter d'occhio.

## TWIST

**To twist someone round one's finger.** 671
Jemanden um den Finger wickeln.
Faire ce que l'on veut de quelqu'un.
Hacer lo que se quiere con una persona.
Fare di una persona quello che si vuole.

## TWO

**To put two and two together.**
Sich etwas zusammenreimen – seine Schlüsse ziehen.
Déduire avec logique.
Deducir lógicamente.
Dedurre logicamente.

## TWOPENCE-HALFPENNY

**It's worth twopence-halfpenny.**
Es ist keinen Pfifferling wert.
Ça ne vaut pas quatre sous!
Vale dos céntimos.
Vale due soldi.

# U

## UGLY

**As ugly as a scarecrow.**
Hässlich wie eine Vogelscheuche.
Très laid.
Más feo que Picio.
Molto brutto.

**As ugly as a toad.**
Eklig (hässlich) wie eine Kröte.
Laid comme un pou.
Muy feo - feote.
Bruttissimo.

**As ugly as a Sin.**
Schmutzig wie die Sünde (ein Sündenpfuhl).
Laid comme les sept péchés capitaux.
Feo como el pecado.
Brutto come il peccato.

**An ugly customer.**
Ein unangenehmer Kerl - ein übler Kunde.
Un mauvais type.
Un tunante - Un mal bicho.
Un brutto tipo.

## UMBRAGE

**To take umbrage.**
Anstoß nehmen.
Se vexer.
Ofenderse - Resentirse.
Offendersi - Adombrarsi.

## UNAWARES

**He was taken unawares.**
Er wurde kalt erwischt.
Il a été pris au dépourvu.

Fue cogido por sorpresa - desprevenido.
È stato preso alla sprovvista.

## UNCLE

**To talk to someone like a Dutch uncle.**
Jemanden väterlich ermahnen - jemandem eine Standpauke halten.
Parler sévèrement mais avec bonté.
Hablar con severidad, pero correctamente.
Parlare severamente - Fare una paternale.

## UNDER

**To be under a cloud.**
In Ungnade (in Verruf) stehen.
Ne pas être en état de grâce - Etre en disgrâce.
Estar en desgracia.
Essere in disgrazia.

**To be under the weather.** 699
Nicht in Form sein - einen Katzenjammer haben.
Ne pas être en forme - Etre à plat.
No estar en forma.
Essere giù di corda - Essere malaticcio.

## UNDERHAND

**Underhand dealings.**
Unsaubere Geschäfte - Geschäfte unter der Hand.
Des affaires louches.
Negocios sucios.
Affari loschi.

## UNDONE

**What is done, cannot be undone.**
Geschehenes kann nicht ungeschehen (rückgängig) gemacht werden - Was geschehen ist, ist geschehen.
Ce qui est fait est fait.
Lo hecho, hecho está - A lo hecho pecho.
Quello che è fatto è fatto - Cosa fatta capo ha.

## UNION

**Union is strength.**
Einigkeit macht stark.
L'union fait la force.
La unión hace la fuerza.
L'unione fa la forza.

## UNSTABLE

**As unstable as water.**
Labil – unbeständig.
Très instable.
Variable como el viento – Inconstante.
Molto instabile.

## UNSTUCK

**To come unstuck.** 677
In Schwierigkeiten sein.
Etre dans les ennuis.
Estar en un aprieto – apuro.
Essere nei guiai.

## UNTURNED

**To leave no stone unturned.**
Nichts unversucht lassen.
Faire tous les efforts possibles.
No dejar títere con cabeza.
Fare ogni sforzo possibile.

## UNWHIPPED

**An unwhipped cub.**
Ein unerfahrener junger Bursche – ein Flegel – ein grüner Junge – ein ungehobelter (ungeschliffener) Kerl.
Un voyou.
Un maleante – un calavera.
Un giovinastro – Un teppista.

ACME
GLUE COMPANY
WE'VE COME UNSTUCK!

## UP

**The game is up!**
Das Spiel ist aus (verloren)!
Tout est perdu!
¡Todo se ha perdido! – ¡Estamos perdidos!
Tutto è perduto!

**I don't feel up to it!**
Ich fühle mich nicht stark genug dafür – Ich fühle mich nicht dazu in der Lage.
Je ne me sens pas capable de le faire!
No creo ser capaz de poder hacerlo – No creo estar a la altura de las circunstancias.
Non mi sento all'altezza di farlo!

**It's up to you!**
Es liegt an Ihnen! – Es hängt von Ihnen ab!
C'est à vous – C'est votre tour!
¡Te corresponde a ti! – ¡Depende de ti!
Spetta a voi! – Tocca a voi!

**What have you been up to?**
Was habt Ihr im Schilde geführt (vorgehabt)? – Was zum Teufel habt Ihr angestellt?
Que diable avez-vous combiné?
¿Qué habéis hecho?
Che cosa diavolo avete combinato?

## UPON

**Upon my word!**
Auf mein Wort!
Ciel!
¡Cáspita! – ¡Caramba!
Caspita! – Perbacco!

**He took it upon himself.**
Er nahm es auf sich – Er übernahm die Verantwortung.
Il en a pris la responsabilité.
Ha asumido la responsabilidad.
Se n'è assunto la responsabilità.

## UPPER

**He's the upper storey.**
Er ist der Anführer (der Boss).
Il est le cerveau.
Él es el cerebro.
È il cervello – È la mente.

**To get the upper hand.**
Die Oberhand gewinnen.
Avoir le dessus – L'emporter.
Imponerse – Coger la delantera.
Avere il sopravvento.

**He's got something wrong in his upper storey.**
Er ist nicht ganz richtig im Oberstübchen.
Il est un peu fou.
Le falta un tornillo – Está algo chiflado.
È un po' matto – È un po' tocco.

**The upper ten thousand.**
Die oberen Zehntausend.
L'aristocratie – Le grand monde.
La aristocracia – El gran mundo.
L'aricrostazia – Il gran mondo.

## UPS

**The ups and downs of everyday life.** 680
Das Auf und Ab (die Höhen und Tiefen) des Alltagslebens.
Les hauts et les bas de la vie.
Los azares – las vicisitudes de la vida – Los altos y bajos de la vida.
Gli alti e bassi della vita quotidiana.

## UPSET

**It upset me!**
Es brachte mich aus der Fassung (durcheinander) – Es bestürzte mich.
Il m'a chambardé – Il m'a bouleversé!
¡Me ha trastornado!
Mi ha scombussolato!

OH, I HAVE MY UPS AND DOWNS
UP
DOWN
ELEVATOR

WE'RE ALL UPSIDE DOWN IN HERE THIS MORNING
MANAGER

## UPSIDE

**Upside down.** 681
Drunter und drüber – vollkommen durcheinander.
Sens dessus dessous.
Patas arriba.
Sottosopra.

## UPTAKE

**To be slow (quick) on the uptake.**
Schwer von Begriff sein – eine lange Leitung haben.
Etre lent (rapide) d'esprit.
Ser duro de mollera.
Essere lento (pronto) di comprendonio.

## USE

**I have no use for it!**
Ich kann es nicht gebrauchen – Ich kann nichts damit anfangen – Ich hab nichts dafür übrig.
Je ne sais pas quoi en faire!
¡No me sirve!
Non so cosa farmene!

**It's no use crying over spilt milk.** 402
Geschehen ist geschehen, hin ist hin.
La page est tournée.
A lo hecho pecho.
Non serve piangere sul latte versato.

# V

## VACANT

**A vacant mind.**
Ein Hohlkopf - geistlos.
Une tête vide.
Una cabeza hueca - una cabeza llena de serrín.
Una testa vuota.

## VAIN

**As vain as a peacock.**
Eitel wie ein Pfau - eingebildet wie ein Affe.
Fier comme un paon.
Arrogante - engreído.
Tronfio come un pavone.

## VALUE

**To set great value upon ...**
Großen Wert beimessen.
Faire cas de ... - Attribuer une grande importance à ...
Dar un gran importancia a ...
Attribuire grande importanza a ...

## VARIANCE

**To be at variance with somebody.**
Mit jemandem uneinig sein.
Ne pas être d'accord avec quelqu'un.
No estar de acuerdo con alguien.
Non essere d'accordo con qualcuno.

## VELVET

**An iron hand in a velvet glove.**
Die eiserne Faust unter dem Samthandschuh.
Une poigne de fer dans un gant de velours.

Mano de hierro en guante de seda.
Pugno di ferro in guanto di velluto.

## VENT

**To give vent to ...**
Sich Luft machen ...
Epancher.
Dar rienda suelta a ...
Dare libero sfogo a ...

## VENTURE

**At a venture.**
Aufs Geratewohl – auf gut Glück.
Par hasard.
A la aventura – a tontas y a locas.
A caso – A casaccio.

## VERY

**It's the very thing!**
Es ist genau (gerade) das Richtige!
C'est juste ce qu'il faut! – C'est vraiment ce qu'il faut!
¡Es lo que hace falta!
È proprio quel che ci vuole!

**The very idea!**
Das ist die Idee! – Das ist genau die richtige Idee!
Ça alors!
¡Qué ocurrencia!
Questa poi!

**At the very outside.**
Allerhöchstens – das Alleräußerste.
Tout au plus.
A lo más.
Tutt'al più.

## VICE

**As firm as a vice.**
Fest wie im Schraubstock (in der Zwinge).
Très ferme – Très solide.

Firme como una roca.
Molto saldo.

## VIEW

**A bird's eye view.**
(Ein Blick aus der) Vogelperspektive.
Vue à vol d'oiseau.
A vista de pájaro.
Veduta a volo d'uccello.

**With a view to ...**
Im Hinblick auf ... – mit (in) der Absicht zu – zu dem Zweck.
Dans le but de ...
Con el objeto de ... – Con el propósito de ...
Allo scopo di ...

## VINE

**To dwell under one's vine and fig-tree.**
In Frieden auf seinem Grund und Boden leben.
Vivre en paix sur sa terre.
Vivir en sana paz y en gracia de Dios.
Vivere in pace sulla propria terra.

## VIRTUE

**Virtue is its own reward.**
Tugendhaftigkeit (Rechtschaffenheit) macht sich bezahlt.
La vertu est un prix en elle-même.
El premio de la virtud es la virtud misma.
La virtù è premio a se stessa.

## VISITING

**We're on visiting terms.**
Wir verkehren miteinander.
Nos rapports sont assez cordiaux.
Tenemos relaciones bastante cordiales.
Abbiamo rapporti abbastanza cordiali.

## VOICE

**To give voice to ...**
In Worte fassen - Ausdruck geben (verleihen) - sich äußern.
Exprimer - Epancher.
Expresarse - Desahogarse.
Esprimere - Sfogare.

**With one voice.**
Einstimmig.
A l'unanimité.
Por unanimidad.
All'unanimità.

# W

## WADE

**He waded through a book.**
Er arbeitete sich mühsam durch ein Buch.
Il a eu toutes les peines du monde à terminer la lecture de ce livre.
Ha leído aquel libro con cierta dificultad.
È arrivato faticosamente in fondo ad un libro.

## WAFER

**As thin as a wafer.**
Hauchdünn.
Très fin.
Fino como el papel de fumar – fino como la seda.
Sottilissimo.

## WAG

**To play the wag.**
Die Schule schwänzen – schwänzen.
Faire l'école buissonnière – Sécher les cours.
Hacer novillos – Fumarse las clases.
Marinare la scuola – Bigiare.

**To set tongues wagging.**
Zu einem Gerede Anlass geben – Skandal hervorrufen.
Faire scandale.
Dar escándalo.
Dare scandalo.

## WAGON

**To be on the band wagon.**
Einflussreich sein – seine Hand im Spiel haben – mit am Steuer sitzen.
Avoir de l'influence – Etre dans le bain.
Ser influyente.
Essere influente – Avere le mani in pasta.

## WAIFS

**Waifs and strays.**
Verwahrloste Kinder – herrenlose Tiere.
Objets trouvés – Enfants abandonnés.
Objetos perdidos – Niños abandonados.
Bambini abbandonati.

## WAIT

**To lie in wait.**
Auf der Lauer liegen – im Hinterhalt liegen.
Rester aux aguets.
Estar al acecho.
Stare in agguato.

## WAKE

**To follow in the wake of ...**
Jemandem auf dem Fuße folgen – auf der Spur von ... – in den Fußstapfen von ...
Suivre les traces de ...
Seguir las huellas de ...
Seguire le orme di ...

## WALK

**He walked off.**
Er ging davon (fort) – Er verdrückte sich.
Il a filé.
Se escabulló.
Se l'è squagliata.

**To walk out on somebody.**
Jemanden im Stich lassen – jemanden stehenlassen.
Plaquer quelqu'un.
Dejar plantado a alguien.
Piantare in asso qualcuno.

**A walk-over.**
Mit Leichtigkeit gewinnen.
Une victoire facile.
Una victoria fácil.
Una vittoria facile.

**People in every walk of life.**
Leute aus allen Schichten (Stellungen, Berufen).
Des gens de toute espèce.
Gente de todas clases.
Gente d'ogni ceto.

## WALL

**To run one's head against a wall.**
Mit dem Kopf durch die Wand wollen.
Tenter l'impossible.
Darse de cabeza contra una pared.
Batter la testa contro un muro.

**To see through a brick wall.**
Das Gras wachsen hören.
Etre très perspicace.
Ser muy perspicaz.
Essere assai perspicace.

**To be with one's back to the wall.**
In die Enge getrieben sein.
Etre dans la gêne – Etre au pied du mur.
Estar entre la espada y la pared.
Essere messo alle strette – Essere con le spalle al muro.

**The weakest go to the wall.**
Die Schwächsten (Ärmsten) ziehen immer den Kürzeren.
Les plus faibles ont toujours le dessous.
El pez gordo se come al pez chico – Los más débiles sucumben.
I più deboli hanno sempre la peggio.

## WALLOWING

**To be wallowing in money.**
In Geld schwimmen.
Nager dans l'or.
Nadar en la abundancia.
Nuotare nell'oro.

## WANDER

**To wander about.**
Umherwandern (-ziehen, -irren, -schweifen).
Vadrouiller.
Callejear – Vagar.
Gironzolare.

**To wander from the subject.**
Vom Thema abweichen.
S'éloigner du sujet – Parler à côté du sujet.
Desviarse de un tema.
Andare fuori tema.

## WANT

**Want is a severe but efficient teacher.**
Not (Armut) ist ein harter, aber tüchtiger Lehrer – Not ist der beste Meister – Not macht erfinderisch.
Le besoin est un maître sévère mais efficace.
No hay mejor maestro que la necesidad.
Il bisogno è il miglor maestro.

## WARM

**As warm as wool.**
Warm wie Wolle.
Très chaud.
Muy caliente.
Molto caldo.

## WARP

**He has a warped mind.**
Er ist verschroben.
Il a un esprit perverti.
Tiene una mente retorcida – pervertida.
Ha una mente pervertita.

## WART

**To paint somebody warts and all.**
Jemanden mit allen Vor- und Nachteilen darstellen – jemanden ohne Verschönerungen schildern.
Peindre quelqu'un sans l'arranger.

Pintar a alguien tal y como es – tal cual.
Dipingere qualcuno senza abbellirlo.

## WASH

**It was a wash-out!**
Es war ein Reinfall!
Ce fut un four!
¡Fue un fracaso!
Fu un fiasco!

**I wash my hands of it!**
Ich wasche meine Hände in Unschuld!
Je m'en lave les mains!
¡Me lavo las manos!
Me ne lavo le mani!

## WASHED

**He looked washed out.**
Er sah erschöpft aus.
Il avait l'air chiffonné.
Parecía maltrecho.
Aveva un aspetto sciupato.

**To be all washed up.** 692
Völlig ruiniert sein.
Etre ruinés.
Estar perdidos.
Essere rovinati.

## WASTE

**Waste not, want not.**
Spare in der Zeit, so hast du in der Not.
L'économie est le meilleur gain.
El ahorro es la mejor ganancia.
Il risparmio è il miglior guadagno.

## WATCH

**Watch your step!**
Vorsicht! – Pass auf! – Gib acht!
Attention à ce que tu fais!

GENTLEMEN, WE'RE
WASHED UP!
ACME LAUNDRY Co.

¡Cuidado! – ¡Atención!
Attento a quel che fai!

**A watched pot never boils.**
Beim Warten wird die Zeit lang.
Le temps ne passe pas quand on attend.
Quien espera desespera.
I minuti sono lunghi quando si aspetta – Pentola guardata non bolle mai.

## WATCHFUL

**As watchful as a hawk.**
Wachsam wie ein Indianer.
Très vigilant.
Al acecho como la zorra.
Molto vigilante.

## WATER

**It made my mouth water.**
Es machte mir den Mund wässrig – Mir lief die Spucke (das Wasser) im Mund zusammen.
Il m'a mis l'eau à la bouche.
Se me hizo la boca agua – Me puso los dientes largos.
Mi ha fatto venire l'acquolina in bocca.

**To get into hot water.** 308
In des Teufels Küche geraten.
Se mettre dans de beaux draps.
Meterse en líos – en apuros.
Cacciarsi nei guai.

**Written in water.**
In den Sand geschrieben – schnell vergessen (verflogen).
Vite oublié.
Escrito sobre la arena.
Presto dimenticato – Scritto sulla sabbia.

**To keep one's head above water.**
Sich über Wasser halten.
Se tenir à la surface.
Mantenerse a flote.
Tenersi a galla.

**To be like a fish out of water.** 210
Am falschen Platz sein – nicht in seinem Element sein.
Etre un poisson hors de l'eau.
Estar como pez fuera del agua.
Essere come un pesce fuor d'acqua.

**To tread water.** 695
In Schwierigkeiten sein – in der Patsche (Tinte) sitzen.
Etre en difficulté – Naviguer en eaux troubles.
Hallarse en dificultades.
Essere in difficoltà – Navigare in cattive acque.

## WATERS

**Still waters run deep.**
Stille Wasser gründen tief.
Il n'est pire eau que l'eau qui dort.
Donde más fondo el río, hace menos ruido – Guárdate de las aguas mansas.
L'acqua cheta rovina i ponti.

## WAX

**To be in a wax.**
In Wut sein.
Etre en colère.
Estar furioso – cabreado.
Essere in collera.

## WAY

**By the way ...**
Übrigens, ... – nebenbei bemerkt, ...
A propos, ...
De paso ... – A propósito ...
A proposito ...

**In a way.**
In gewisser Hinsicht.
Sous certains aspects.
En cierta manera.
Sotto certi aspetti.

IT SEEMS YOU ARE TREADING WATER AT PRESENT
ACCOUNT
CENTRAL BANK
C. DAMP
PLUMBER

**To be in a bad way.**
Auf einem schlechten Weg sein.
Etre dans de beaux draps!
Hallarse en dificultades.
Essere in cattive acque.

**To pave the way.**
Den Weg bahnen.
Ouvrir la route.
Allanar - abrir el camino.
Spianare la strada.

**Where there's a will there's a way.**
Wo ein Wille ist, da ist ein Weg.
Vouloir c'est pouvoir.
Querer es poder.
Volere è potere.

**To feel one's way.**
Seinen Weg ertasten.
Aller à tâtons.
Ir a tientas.
Andare a tastoni.

**The farthest way about is the nearest way home.**
Die weitesten Umwege sind selten die kürzesten Heimwege.
Il vaut mieux tenir que courir.
Quien deja el camino viejo por el nuevo, se arrepiente.
Chi lascia la via vecchia per la nuova mal pentito si ritrova.

**To get one's way.**
Seinen Willen durchsetzen.
Obtenir ce que l'on veut.
Obtener lo que se desea.
Ottenere ciò che si vuole.

**To be in the way.**
Im Weg sein.
Etre une gêne pour quelqu'un.
Estar de más - Estorbar.
Essere d'impiccio.

**To go out of one's way.**
Ein Übriges tun - sich besonders anstrengen.

Se déranger.
Incomodarse.
Scomodarsi.

**An out-of-the-way place.**
Ein abgelegener (versteckter) Platz.
Un endroit hors de portée.
Un lugar apartado – alejado.
Un luogo fuori mano.

## WEAK

**As weak as a baby.**
Schwach wie ein Baby – empfindlich – schwächlich.
Très faible.
Delicado.
Debolissimo.

**As weak as a kitten.**
Sehr schwach.
Très faible.
Muy débil.
Debolissimo.

**As weak as water.**
Schwach wie ein Strohhalm.
Très faible.
Muy débil.
Debolissimo.

**That's his weak side.**
Das ist seine schwache Seite (sein wunder Punkt).
Ça c'est son faible – Ça c'est son point faible.
Ése es su punto débil.
Quello è il suo punto debole.

## WEASEL

**To catch a weasel asleep.**
Einen Spitzel überlisten.
Le faire à la barbe d'un sacré malin.
Burlarse de una persona astuta – Burlarse de la zorra.
Farla in barba a un furbo di tre cotte.

## WEATHER

**To be under the weather.**
Nicht in Form sein.
Etre maladif.
No estar en forma.
Essere malaticcio - Essere giù di corda.

**To keep one's weather eye open.**
Gut aufpassen.
Ouvrir l'oeil.
Estar alerta - al acecho.
Stare in guardia - Stare all'erta.

## WEATHERCOCK

**As pretty as a weathercock.**
Anmutig - graziös.
Très gracieuse.
Muy mona.
Molto graziosa.

**He's a weathercock!**
Er ist eine wetterwendische Person! - Er richtet seine Nase nach dem Wind!
C'est une personne très inconstante! - C'est une girouette!
Es como veleta al viento - Es una veleta.
È una persona molto incostante! - È una banderuola!

## WEED

**Ill weeds grow apace.**
Unkraut vergeht nicht.
La mauvaise herbe repousse très vite.
Hierba mala nunca muere.
L'erba cattiva cresce in fretta.

**To weed out.**
Aussondern - ausmerzen - säubern.
Eliminer - Epurer.
Eliminar - Depurar.
Eliminare - Epurare.

MISTER
BROWN IS
UNDER THE
WEATHER
AGAIN

I'VE GOT YOUR FRIEND WEIGHED UP, TOO
I SPEAK YOUR WEIGHT

**A weed.**
Schwach von Charakter.
Un faible – Une poule mouillée.
Débil de carácter – muy blando – poco severo.
Uno debole di carattere – Un rammollito.

## WEIGHED

**To have someone weighed up.** 700
Jemanden genau abschätzen.
Toiser quelqu'un – Mesurer quelqu'un.
Haber clasificado – catalogado a alguien.
Inquadrare qualcuno.

## WEIGHT

**To pull one's weight.**
Alles daransetzen.
Mettre tout son coeur.
Hacer todo lo posible.
Mettercela tutta.

**To throw one's weight about.**
Sich überschätzen.
Se donner trop d'importance – Etre fanfaron.
Darse demasiada importancia – Ser un fanfarrón.
Darsi troppa importanza.

## WELL

**Well begun is half done.**
Gut begonnen ist halb getan.
A moitié fait qui bien commence.
Obra acabada, medio empezada.
Chi ben comincia è a metà dell'opera.

**All's well that ends well.**
Ende gut, alles gut.
Tout est bien qui finit bien.
Todo está bien lo que termina bien.
Tutto è bene quel che finisce bene.

**He's well-off.**
Er ist wohlhabend – Er ist gut situiert.
Il se trouve dans de bonnes conditions financières.
Acomodado – Adinerado.
È in buone condizioni finanziarie.

**He's very well-meaning.**
Er meint es sehr gut – Er ist sehr wohlmeinend.
Il est très bien intentionné.
Es una persona bien intencionada.
È molto ben intenzionato.

**That's a well-worn story.**
Das ist eine abgedroschene Geschichte.
Ça c'est une histoire rabâchée.
Es un chiste muy trillado.
Questa è una storiella trita.

## WET

**As wet as a drowned rat.**
Pudelnass.
Trempé jusqu'aux os.
Mojado – calado hasta los huesos – Hecho una sopa.
Bagnato come un pulcino.

**He's a wet blanket.**
Er ist ein Spielverderber (Störenfried).
C'est un trouble-fête.
Es un aguafiestas.
È un guastafeste.

**To be wet to the skin.**
Bis auf die Haut nass sein.
Trempé jusqu'aux os.
Estar calado hasta los huesos.
Essere bagnato fradicio – Essere bagnato fino alle ossa.

## WHACKING

**A whacking fib.**
Ein mächtiger (gewaltiger, enormer) Schwindel – eine faustdicke Lüge.

Un énorme mensonge.
Una mentira enorme.
Una bugia madornale.

## WHALE

**To have a whale of a time.**
Sich wahnsinnig gut amüsieren.
S'amuser follement.
Divertirse mucho – Pasarlo muy bien.
Divertirsi un mondo.

## WHAT

**What's up?**
Was ist los?
Qu'est-ce-qui arrive?
¿Qué pasa?
Che succede?

## WHEEL

**To put one's shoulder to the wheel.**
Sich tüchtig ins Zeug legen.
Apporter son aide à une entreprise.
Echar – dar una mano.
Dare il proprio contributo a un'impresa.

## WHET

**The morsel whet my appetite.**
Dieser Happen (Bissen) hat meinen Appetit angeregt.
Ce morceau m'a ouvert l'appétit.
Ese bocado me ha abierto el apetito.
Quel boccone mi ha stimolato l'appetito.

## WHILE

**While there is life there is hope.**
Solange Leben da ist, gibt es auch Hoffnung.
Tant qu'il y a de la vie il y a de l'espoir.
Mientras hay vida hay esperanza.
Finché c'è vita c'è speranza.

## WHIP

**To have the whip hand on somebody.**
Jemanden an der Kandare (in der Gewalt) haben.
Avoir le dessus sur quelqu'un.
Llevar ventaja sobre alguien - Tener la sartén por el mango.
Avere la meglio su qualcuno - Avere il coltello dalla parte del manico.

**To whip the cat.**
Den Gürtel enger schnallen - haushalten - sparen.
Faire des économies - Serrer la ceinture.
Apretarse el cinturón.
Fare economia - Tirare la cinghia.

## WHIRL

**My head is in a whirl.**
Mir ist schwindelig - Mir dreht sich der Kopf - Mir dreht sich alles im Kopf.
La tête me tourne.
Me da vueltas la cabeza - Estoy mareado.
Mi gira la testa.

## WHIRLWIND

**He that sows the wind will reap the whirlwind.**
Wer Wind sät, wird Sturm ernten.
Qui sème le vent récolte la tempête.
Quien siembra vientos, recoge tempestades.
Chi semina vento raccoglie tempesta.

## WHISTLE

**To whistle for something.**
Sich vergeblich etwas wünschen.
Désirer en vain quelque chose.
Desear algo imposibile.
Desiderare invano qualcosa.

**I wet my whistle.**
Ich habe mir die Kehle angefeuchtet - Ich habe einen gehoben.
J'ai forcé un peu la dose.

Me he tomado - Me he echado un trago.
Ho fatto una bevutina.

## WHITE

**As white as a sheet.**
Kreidebleich - leichenblass.
Très blanc.
Blanco como la leche.
Bianco come un lenzuolo.

**As white as snow.**
Weiß wie Schnee - schneeweiß.
Blanc comme neige.
Blanco como la nieve.
Bianco come la neve.

**As white as wool.**
Puderweiß.
Très blanc.
Muy blanco.
Molto bianco.

**A white lie.**
Eine Notlüge.
Un mensonge innocent.
Una mentirijilla - una mentira inocente.
Una bugia innocente.

**To bleed somebody white.**
Jemanden bis zum Weißbluten auspressen.
Saigner à blanc quelqu'un.
Sacarle - chuparle la sangre a alguien.
Dissanguare qualcuno.

**To show the white feather.**
Sich feige zeigen.
Se montrer vil.
Demostrar cobardía.
Dimostrarsi vile.

**A white elephant.**
Ein lästiger Gegenstand.

Un objet inutile.
Un objeto inútil – un trasto.
Un oggetto inutile.

## WILD

**A wild goose chase.**
Eine vergebliche Mühe – ein fruchtloses Unterfangen.
Une folle entreprise – Une chose impossible.
Una empresa ardua – una cosa imposible.
Un'impresa folle – Una cosa impossibile.

**To sow one's wild oats.**
Sich austoben – sich die Hörner abstoßen.
Mener une vie de bâton de chaise – Jeter sa gourme.
Holgar – Holgazanear.
Correre la cavallina.

## WILL

**Where there's a will there's a way.**
Wo ein Wille ist, da ist ein Weg.
Vouloir c'est pouvoir.
Querer es poder.
Volere è potere.

## WIND

**There's something in the wind.**
Es liegt etwas in der Luft.
Il y a quelque chose dans l'air (une machination).
Hay gato encerrado – Huele a chamusquina.
C'è qualcosa nell'aria.

**To take the wind out of somebody's sails.**
Jemandem den Wind aus den Segeln nehmen.
Dégonfler quelqu'un.
Bajarle los humos a alguien.
Sgonfiare (smontare) qualcuno.

**To see which way the wind blows.**
Wissen, woher der Wind weht – erkennen, aus welcher Richtung der Wind kommt.
Voir de quel côté tourne le vent.

Ver por dónde sopla el viento.
Vedere da che parte tira il vento.

**That'll take the wind out of his sails.**
Das wird seine Pläne über den Haufen werfen.
Cela éventera ses plans.
Esto hará venir abajo sus planes.
Questo sventerà i suoi piani.

**To wind somebody round one's little finger.**
Jemanden um den kleinen Finger wickeln.
Dominer totalement quelqu'un – Mener quelqu'un par le bout du nez.
Tener a una persona en un puño – Dominar a una persona.
Dominare completamente qualcuno.

## WINDOW

**To have all one's goods in the window.**
Oberflächlich sein.
Etre superficiel.
Ser muy superficial.
Essere superficiale.

**Window shopping.**
Schaufensterbummel.
Faire du lèche-vitrine.
Curiosear por los escaparates.
Curiosare per le vetrine.

## WING

**To take somebody under one's wing.**
Jemanden unter seine Fittiche nehmen – jemanden unter seinen Schutz stellen.
Prendre quelqu'un sous sa protection.
Proteger a alguien – Tomar la tutela.
Prendere qualcuno sotto la propria ala (protezione).

## WINGS

**To clip someone's wings.**
Jemandem die Flügel stutzen.
Limiter les mouvements de quelqu'un.

Cortarle las alas a alguien.
Tarpare le ali a qualcuno.

## WINK

**I did not sleep a wink.**
Ich habe kein Auge zugetan.
Je n'ai pas fermé l'oeil.
No he podido pegar ojo.
Non ho chiuso occhio.

## WINKS

**To take forty winks.**
Ein Nickerchen machen.
Faire un somme.
Echarse una siesta.
Fare un sonnellino.

## WIPE

**To wipe the floor with somebody.**
Jemandem heimleuchten - mit jemandem Schlitten fahren.
Battre quelqu'un de façon humiliante.
Derrotar a una persona (incluso moralmente).
Sconfiggere qualcuno in modo umiliante.

## WIRES

**To pull the wires.**
Der Drahtzieher sein - seine Beziehungen spielen lassen.
Manipuler quelque chose.
Mover los hilos - Manipular una cosa.
Manipolare qualcosa.

## WISE

**As wise as a serpent.**
Vorsichtig wie eine Schlange - übervorsichtig.
Très prudent.
Muy prudente.
Molto prudente.

**As wise as Salomon.**
Weise wie Salomon.
Très sage.
Sabio como Salomón.
Saggio come Salomone.

**Everyone is wise after the event.**
Um eine Erfahrung reicher sein – Erfahrung macht klug.
Au retour des plaids on est sage.
El conejo ido, el consejo venido.
Del senno di poi son piene le fosse.

## WISER

**I'm none the wiser.**
Nicht klüger sein als zuvor.
Je n'en sais pas plus qu'au début – Je suis pas plus avancé.
Sé lo que sabía antes.
Non ne so più di prima – Ne so quanto prima.

## WISH

**The wish is father to the thought.**
Der Wunsch ist der Vater des Gedankens.
Il est facile de croire que ce que l'on désire ardemment est vrai – il est facile de prendre ses désirs pour des réalités.
Es frecuente creer que es real, lo que se desea ardientemente.
È facile credere che sia vero ciò che si desidera ardentemente.

## WISHES

**If wishes were horses, beggars might ride.**
Wenn alle Wünsche wahr würden, müssten auch die Bettler nicht mehr betteln – Wenn alle Wünsche Wirklichkeit würden, wären auch die Bettler reich.
Avec un si on pourrait même mettre Paris dans une bouteille.
Si buenas intenciones fueran pan, no habría más hambrientos.
I desideri non riempiono il sacco – Se i desideri giovassero, tutti sabebbero richi.

## WITHER

**To wither somebody with a look.**
Jemanden mit einem Blick vernichten.
Foudroyer quelqu'un du regard.
Clavar - fulminar a alguien con la mirada.
Fulminare qualcuno con lo sguardo.

## WITS

**To live by one's wits.**
Sich mehr oder weniger ehrlich durchs Leben schlagen.
Vivre d'expédients.
Vivir de expedientes.
Vivere di espedienti.

**He has his wits about him.**
Er hat seine fünf Sinne (seinen Verstand) beisammen.
Il est très éveillé.
Es muy listo - Es muy vivo.
È molto sveglio.

**To be at one's wits' end.**
Mit seiner Weisheit am Ende sein - sich nicht mehr zu helfen wissen.
Ne plus savoir à quel saint se vouer.
No saber qué hacer - a dónde agarrarse.
Non sapere più a che santo votarsi - Non sapere che pesci pigliare.

## WOLF

**To keep the wolf from the door.**
Sich über Wasser halten.
Retenir sa faim.
Contenerse el hambre.
Avere di che sfamarsi.

**A wolf in sheep's clothing.**
Ein Wolf im Schafspelz.
Un hypocrite.
Un lobo vestido de oveja.
Un lupo vestito da agnello.

## WOMAN

**To be tied to a woman's apron strings.** 23
Unter der Fuchtel einer Frau stehen – am Gängelband einer Frau hängen.
Etre pendu aux jupes d'une femme.
Estar aún prendido de las faldas de su madre.
Stare attaccato alle sottane d'una donna.

## WONDERS

**To work wonders.**
Wunder wirken.
Faire des miracles.
Hacer maravillas.
Fare miracoli.

## WOOD

**Don't halloo till you are out of the wood!**
Freue dich nicht zu früh!
Ne crie pas trop vite victoire!
De la mano a la boca se pierde sopa – Del dicho al hecho va un trecho.
Non dir quattro se non l'hai nel sacco!

**To be unable to see the wood from the trees.**
Den Wald vor lauter Bäumen nicht sehen.
Se perdre dans les détails.
Pararse en pelillos.
Perdersi nei particolari.

## WOODS

**He took to the woods.**
Er nahm die Beine in die Hand – Er schlug sich in die Büsche.
Il a pris ses jambes à son cou!
Tomar las de Villadiego.
Se l'è data a gambe.

## WOOL

**Don't lose your wool!**
Werden Sie nicht ärgerlich!
Ne vous énervez pas!
¡No se enfaden! – ¡No se enojen!
Non arrabbiatevi!

**To pull the wool over somebody's eyes.**
Jemanden hinters Licht führen.
Tromper quelqu'un.
Engañar – confundir – cegar a alguien.
Gettar fumo negli occhi a qualcuno – Ingannare qualcuno.

**Much cry and little wool.**
Viel Geschrei und wenig Wolle – viel Lärm um nichts.
Beaucoup de bruit pour rien.
Mucho ruido y pocas nueces.
Molto fumo e poco arrosto.

## WORDS

**Good words without deeds are rushes and weeds.**
Gute Worte ohne Taten sind wertlos.
Les beaux mots et les mauvaises actions trompent les sages et les fous.
Las buenas palabras con hechos ruines, engañan a sabios y a locos.
Belle parole e cattivi fatti ingannano savi e matti – Detto senza fatto, ad ognun par misfatto.

## WORKED

**To be worked up.**
Aufgepeitscht sein – sich in etwas hineingesteigert haben.
Etre surexcité.
Estar superexcitado.
Essere sovraeccitato.

## WORKMAN

**A bad workman quarrels with his tools.**
Ein schlechter Arbeiter gibt seinem Werkzeug die Schuld.
Un mauvais ouvrier rejette la faute sur ses outils.

Si un trabajo sale mal, la culpa no es de los instrumentos sino del artesano.
Il cattivo operaio se la prende con i suoi strumenti di lavoro.

## WORLD

**It's the same all over the world (The sun shines everywhere).**
Es ist überall das Gleiche auf der Welt.
C'est pareil dans le monde entier.
En todas partes cuecen habas.
Tutto il mondo è paese.

**To feel on top of the world.**
Sich wie ein König fühlen.
Etre comme un roi - Se sentir important.
Sentirse como un rey.
Sentirsi da papa (da re).

## WORM

**Even a worm will turn.**
Auch der Wurm krümmt sich, wenn er getreten wird.
La patience a des limites.
La paciencia tiene un límite.
Anche la pazienza ha un limite.

## WORN

**I'm worn out.**
Ich bin völlig erschöpft (todmüde).
Je suis crevé!
¡Estoy agotado! - ¡Hecho polvo!
Sono stanco morto - Sono esausto.

## WORST

**If the worst comes to the worst.**
Wenn das Schlimmste vom Schlimmen passiert.
Dans la pire des hypothèses.
En la peor de las hipótesis - En el peor de los casos.
Nella peggiore delle ipotesi.

I THINK YOU'VE GOT THE WRONG END OF THE STICK AGAIN, ENID
HOW TO PLAY GOLF

## WORTH

**A bird in the hand is worth two in the bush.**
Ein Spatz in der Hand ist besser als eine Taube auf dem Dach.
Il vaut mieux tenir que courir.
Más vale pájaro en mano que ciento volando.
Meglio un uovo oggi che una gallina domani.

**It's not worth while.**
Es ist nicht der Mühe wert - Es lohnt sich nicht.
Ça n'en vaut pas la peine.
No vale la pena.
Non ne vale la pena.

## WRACK

**To go to wrack and ruin.**
Untergehen.
Aller à la ruine.
Arruinarse - irse a pique.
Andare in malora.

## WRECK

**He's a nervous wreck.**
Er ist ein Nervenbündel.
Il est à bout de nerfs.
Tiene los nervios destrozados.
Ha i nervi a pezzi.

## WRONG

**He's got hold of the wrong end of the stick.** 714
Er hat es völlig missverstanden - Er hat die Sache in den falschen Hals bekommen.
Il a une impression tout à fait erronée.
Tiene una impresión equivocada del asunto.
Ha un'impressione completamente sbagliata.

**To have been born on the wrong side of the blanket.**
Unehelich geboren worden sein.
Etre fils illégitime.
Ser hijo ilegítimo.
Essere figlio illegittimo.

**He got out of bed on the wrong side.** 717
Er ist mit dem linken (falschen) Bein zuerst aufgestanden.
Il s'est levé du pied gauche.
Se ha levantado de malas - con el pie izquierdo.
Si è alzato di cattivo umore.

**I'm in the wrong box.**
Ich bin benachteiligt.
Je suis désavantagé.
Estoy en desventaja.
Sono svantaggiato.

HAROLD GOT OUT OF BED ON THE WRONG SIDE AGAIN, MOTHER

# Y

## YARD

**Give him an inch and he'll take a yard (mile).** 319
Gibt man ihm den kleinen Finger, so nimmt er die ganze Hand.
Donne-lui un doigt et il te prend tout le bras.
Dar una mano y que le tomen a uno el brazo.
Dagli un dito e lui ti prende il braccio.

## YARN

**Don't spin a yarn!**
Erzähle keine Lügenmärchen (Abenteuergeschichten)!
Ne racontez pas de sornettes!
No cuenten patrañas - mentiras.
Non raccontare panzane!

## YEARS

**It will take donkey's years!**
Es wird eine Ewigkeit in Anspruch nehmen!
Il faudra un siècle!
¡Hará falta - llevará una eternidad!
Ci vorrà un secolo!

## YELLOW

**As yellow as a guinea.**
Gelb wie Messing - messinggelb - metallgelb.
Jaune poussin.
Amarillo como un canario - como un limón.
Molto giallo - Giallo come un limone.

## YIELDING

**As yielding as wax.**
Nachgebend - nachgiebig - gefügig - flexibel.
Très flexible - maléable.

Muy flexible.
Molto flessibile – Malleabile.

## YOURS

**What's yours?**
Was nimmst du?
Qu'est-ce-que tu prends?
¿Qué coges?
Che cosa prendi?

# Z

## ZEAL

**He's got zip, zest and zeal.**
Er ist voller Saft und Kraft – Er ist voller Tatendrang – Er ist voller Schwung und Begeisterung – Er ist auf Zack.
Il est très zélé.
Se destaca en el trabajo – está muy sano.
È molto in gamba.

## ZOMBI

**He's a walking zombi.**
Er ist ein wandelndes (lebendes) Gespenst.
C'est un balourd (un nigaud).
Es un bobo.
È un babbeo.

# Register

| | |
|---|---|
| Hände | burn, fingers, blows, quarters |
| Handtuch | card, sponge, towel, underhand |
| hängen an | attached |
| Hansdampf | jack |
| Happen | whet |
| harmlos | harmless |
| hart | firm, stone |
| hartherzig | hard |
| Hase | hand, rub, see |
| hässlich | fright, ugly |
| Haufen | apple |
| Hauhaufen | needle |
| Hauptverkehrszeit | rush |
| Haus | house, on |
| hausbacken | homely |
| Haut | hide, leopard, shirt, shoes, skin, soak, stock |
| heilig | church |
| Heimat | home |
| heimlich | q.t. |
| heiraten | marry |
| Heiratsantrag | pop |
| heiser | hoarse |
| heiß | hot |
| Heißhunger | famishing, keen |
| helfen | lend |
| Heller | bean, cent, penny |
| hereinbitten | ask |
| Herr | agent, grey, such |
| herumdrucksen | hum |
| herumreiten | harp, string |
| herumstöbern | rummage |
| Herz | believe, boots, cold, heart, put, run, salt, set, steel |
| Herzblut | life |
| Herzensbrecher | lady |
| herzlich | hearty |
| Hetzerei | hustle |
| Heu | dry |
| Heuhaufen | hay |
| hilfsbereit | obliging |
| Himmel | blue, heaven, move, nineteen, sky, top |
| Himmelszelt | roof, seventh |
| Hinblick | view |
| hingerissen | swept |
| hinnehmen | put |
| Hinterbeine | get |
| Hintern | boots, suck |
| Hinz und Kunz | jack, tom |
| hitzköpfig | headed |
| hobeln | omelette |
| hoch | tall |
| Hochform | pink |
| hochmütig | high, mighty |
| Hochzeit | cake, eat |
| Hoffnung | gleam, hope |
| Höhe | mark |
| Höhen und Tiefen | ups |
| hohl | empty, hollow |
| Hohlkopf | shallow, vacant |
| Hölle | hell |
| Holz | stuff |
| Holzweg | barking, tack |
| Honig | soft |
| Coniglecken | rose |
| Hörner | oats, sow, wild |
| Hörweite | earshot |
| Hose | boots, grey |
| Huhn | goose |
| Hühnchen | bone, pick |
| Hülle | galore |
| Hund | cat, dog, go, lie, pot, sad |
| Hunde | bark, sleeping |
| Hundeleben | dog |
| Hundewetter | shocking |
| Hunger | hungry, sauce |
| hungrig | hungry |
| Hut | guard |
| ichbezogen | self-centred |
| Idee | very |
| im Gange | afoot |
| infrage | nothing |
| inoffiziell | record |
| insgeheim | sly |
| intellektuell | highbrow |
| interessieren | appeal |
| i-Punkt | dot |
| irgendetwas | old |
| ironisch | tongue |
| Irre | lead |
| jedenfalls | events |
| Jubeljahre | moon |
| Jugendjahre | salad |
| Jugendliebe | puppy |
| Kaffeekränzchen | hen |
| kahl | bald |
| Kaiser | due |
| kalt | cool, guard, marble, nip, shoulder, unawares |
| Kältewelle | spell |
| kaltstellen | coventry |
| Kandare | rein, whip |
| Kandidat | candidate |
| Kante | against, put, rainy |
| kaputt | cook, go, goose |
| Karriere | top |
| Karte | eggs |
| Karten | hand |
| Kasse | pinch |

| | |
|---|---|
| Last | brunt |
| lästig | white |
| Latein | rope |
| Lauer | lie, lurk, wait |
| Lauf | course, run |
| laufend | in |
| Laune | bed, cross, good, high, mind, mood, pip, spleen, sulks |
| Lebemann | man |
| Leben | blazes, dear, downs, facts, happy, hope, leaf, live, liven, picture, rough, scrape, skittles, smooth, while, wits |
| leben | eat, means |
| Lebensabend | declining |
| Lebensgröße | large |
| Leck | leak |
| ledig | marry |
| leer | hollow |
| lehren | teach |
| Leib und Seele | keep |
| Leib | arm, body, length |
| Leibeskräfte | might |
| leichenblass | pale, easy, fast, light, romp, sailing, saunter, shell, stands, take, walk |
| leichtsinnig | light |
| Leidenschaft | love |
| leidtun | awfully |
| leisetreten | pussy |
| leisten | afford |
| Leitartikel | article |
| Leitung | uptake |
| Lektion | drum |
| lernen | learn |
| letzter Schrei | all |
| Licht | limelight, murder, out, shed, wool |
| Lichtblick | lining |
| Liebe | door, fair, forget |
| lieben | love |
| Liebesmüh | horse |
| Lippen | lick |
| Liste | rolls |
| Lob | blow, pudding, trumpet |
| Loblied | trumpeter |
| Loch | leg, like |
| Lockvogel | stool-pigeon |
| Löffel | silver, spoon |
| Lorbeeren | rest |
| los sein | rubbish |
| Los | bread, cast, lot, quarrel, ship, straw |
| losheulen | turn |

| | |
|---|---|
| loswerden | get, rid |
| Löwenanteil | lion, share |
| Luft | airing, breather, brewing, gasp, get, relieve, vent, wind |
| lügen | lie |
| Lügner | consummate |
| lumpig | measly |
| Lunge | lungs |
| Lunte | rat, smell |
| Lust | good, humour, keen, mind |
| lustig | funny, gig, merry, poke |
| lustlos | half, heart |
| Luxus | high |
| Macht | might |
| Machtwort | foot, put |
| Made | snug |
| Magd | maid |
| Magen | belly, bite |
| Magenknurren | pangs |
| Mann | street |
| Märchen | yarn |
| Mark | backbone, core |
| Maske | mask |
| Maß | fault |
| matt | faint |
| Mauer | run |
| Mauerblümchen | shelf |
| Maul | shut |
| Maulwurf | mole |
| mausetot | mutton |
| meckern | chooses |
| Medaille | medal |
| mehr | more, share |
| Meinung | air, back, better, bit, change, compare, differ, make, mind, piece, say |
| meistern | master |
| Menge | few, galore, load |
| Mensch | propose |
| merken | mark |
| Messer | razor |
| messerscharf | sharp |
| Miene | bear, brave, face, grin |
| Miete | half |
| minderjährig | age |
| Mischung | concoction |
| miserabel | miserable |
| Missverständnis | clear |
| Mitgefühl | feel |
| Mitgiftjäger | fortune |
| Mitläufer | hanger |
| mitnehmen | lift |
| mittelmäßig | indifferent |

| | |
|---|---|
| Pauke | racket, red |
| Pech | down, lines, rotten, run, slice, tough |
| Pechvogel | bird |
| Pelz | cook |
| Perlen | dog, pearls |
| Persönlichkeit | mark |
| Pest | like, poison |
| Pfau | gaudy, peacock, proud, punch, vain |
| Pfeife | beck |
| Pfeil | straight, swift |
| Pfennig | bean, cent, cut, flint, pence |
| Pferd | back, cart, good |
| Pfifferling | hoot, twopenny-halfpenny |
| Piekfein | nines |
| Pike | rank |
| Pille | pill |
| pingelig | sticky |
| Plan | carry, cold, pour |
| Pläne | wind |
| platt | flat |
| Platz | cat, place, room, square, swing, water |
| plaudern | chinwag |
| pleite | broke, rocks, stoney |
| plötzlich | all, tumble |
| plump | heavy |
| Pontius | pillar |
| Posten | feel |
| Potztausend | jingo |
| prächtig | proud |
| Preis | crook, fall, name, price, drop |
| Pro und Kontra | cons |
| probieren | practice |
| Problem | figure |
| Programm | draw |
| protzen | show, sporting |
| protzig | purse |
| Prozess | shrift |
| prüfen | look |
| Pulver | set |
| pünktlich | tick |
| pur | neat |
| Quälgeist | nuisance |
| Quatsch | fiddlesticks, rot |
| quitt | quits |
| Rabe | hoarse |
| Rad | dog |
| Radau | racket, shindy |
| raffiniert | tricky |
| Rampenlicht | limelight |
| rar | scarce |
| rasen | tearing |
| Rat | advice, counsel |
| Rätsel | riddle |
| Ratten | leave |
| Rauch | fire, smoke |
| rausfliegen | push, sack |
| Rechnung | reckoning, score |
| recht | fish, goose |
| Recht | infringe |
| recht | sauce, serves |
| Rechtsweg | go |
| Rede | mention |
| reden | golden, less, mend, soon, speech, talk |
| Redewendung | figure |
| redlich | honest |
| Redner | glib |
| Regel | exception, rule |
| Regeln | fast |
| Regen | caught, fire, like, smoke |
| regnen | cats, dog |
| reich | haves, rich |
| reichlich | plentiful |
| reif | ripe |
| Reihe | jump, step |
| Reinfall | wash |
| reinlegen | take |
| reisen | know |
| reizbar | highly |
| reizen | needle |
| Rekord | cake |
| Respekt | contempt |
| richtig | right, stuff, very |
| Riesensumme | ransom |
| Ringe | rings |
| riskant | touch |
| Rockzipfel | apron, string |
| Rom | rome |
| rosarot | side, spectacles |
| Rose | rose, thorn |
| Ross | ride |
| rot | red, ruby, see, turkey |
| Rückgrat | backbone |
| rücksichtslos | gloves |
| Ruf | stake |
| Ruhe | alone, keep, level, quiet |
| ruiniert | washed |
| rund | round |
| rundlich | plump |
| Rute | rod, spare |
| Saat | sow |
| Sache | beside |
| sachlich | matter, sober |
| Sack | lock, sackcloth, stock |
| säen | reap |
| Saft | juice |
| Saiten | tune |

| | |
|---|---|
| Tatendrang | zeal |
| Tatsache | proof, grist |
| taub | deaf, doornail, ear, turn |
| Taube | bird |
| teilen | share |
| Teufel | blazes, confound, devil, hot, jericho, kite, luck, send, sup, tails, water |
| Tier | noise |
| Tinte | pickle, queer, soup |
| Tipp | tip-off |
| Tod | die, meat, nature, quit |
| todsicher | dead, sure |
| Toilette | spend |
| Tollpatsch | thumbs |
| Ton | note |
| tot | dead, deadlock, doornail |
| Träne | break |
| Tränendrüse | sob |
| Traufe | fire |
| Traum | perish |
| traurig | look |
| Treffer | hit |
| trennen | part |
| treu | colours, true |
| Tricks | tricks |
| trödeln | dawdle, linger |
| Tropfen | straw, stroke |
| Trott | rut |
| trotz | teeth |
| trüb | troubled |
| trügerisch | loose |
| Tube | move |
| tüfteln | puzzle |
| Tugend | bargain, virtue |
| Tür | bang, door, gate, show |
| übel nehmen | amiss |
| übel | lot |
| überall | here, world |
| überdenken | think |
| überdrüssig | sick |
| übereinstimmen | eye, see |
| überempfindlich | strung |
| überfallen | let |
| übergeschnappt | hare, hatter, mad, rocker |
| überglücklich | tickled |
| überhäufen | ply |
| überleben | soul |
| überlegen | second |
| übermütig | beans |
| überragen | stick |
| überrumpeln | napping |

| | |
|---|---|
| übersät | studded |
| überschätzen | weight |
| überschlafen | pillow |
| überspannt | keyed |
| übertreiben | hat, make |
| überwinden | bring |
| übrig | left, over |
| Übung | make |
| Uhrwerk | regular |
| ulkig | rum |
| umgehen | round |
| Umstände | ado, chances |
| umständlich | roundabout |
| Umweg | way |
| unbedingt | all, means |
| unbeständig | unstable |
| unehelich | wrong |
| unehrlich | nest |
| uneinig | variance |
| unerfahren | green |
| unerhört | never |
| unerträglich | bearing, miserable |
| Ungeduld | horses |
| ungeduldig | clock, heels |
| ungeheuer | mighty |
| ungehobelt | unwhipped |
| ungeschoren | scot |
| ungleich | chalk |
| Unglück | bag, dog, dregs, fill, lark, lining, nurse, pour, rain, rod, silver |
| unglücklich | sick |
| Unglücksfall | accident |
| Unglücksrabe | bird |
| Ungnade | under |
| Unheil | court, mischief |
| unheilbar | cure |
| Unkraut | ill, weed |
| Unmenge | end |
| unmöglich | blood, stone |
| unpassend | ill |
| unschlüssig | straddle |
| Unschuld | clear, wash |
| unschuldig | innocent |
| unsicher | paint, town |
| Unsinn | moonshine |
| untergehen | wrack |
| unterkriegen | bob |
| Unterlassung | quittance |
| unumgänglich | imperative |
| unverblümt | point |
| unverschämt | bare |
| Unverschämtheit | abide |
| unversucht | leave, stone, unturned |
| Unwissende/r | know |
| Unwissenheit | affect |